教｜育｜知｜库

小学计算教学的方法与策略

王 凌

—— 著

光明日报出版社

图书在版编目（CIP）数据

小学计算教学的方法与策略 / 王凌著 . -- 北京：
光明日报出版社，2022. 10

ISBN 978 - 7 - 5194 - 6626 - 8

Ⅰ. ①小⋯　Ⅱ. ①王⋯　Ⅲ. ①小学数学课-教学研究
Ⅳ. ①G623. 502

中国版本图书馆 CIP 数据核字（2022）第 092608 号

小学计算教学的方法与策略

XIAOXUE JISUAN JIAOXUE DE FANGFA YU CELÜE

著　　者：王凌

责任编辑：刘兴华　　　　　　　责任校对：阮书平
封面设计：中联华文　　　　　　责任印制：曹　净

出版发行：光明日报出版社

地　　址：北京市西城区永安路 106 号，100050

电　　话：010 - 63169890（咨询），010 - 63131930（邮购）

传　　真：010 - 63131930

网　　址：http：//book. gmw. cn

E - mail：gmrbcbs@ gmw. cn

法律顾问：北京市兰台律师事务所龚柳方律师

印　　刷：三河市华东印刷有限公司

装　　订：三河市华东印刷有限公司

本书如有破损、缺页、装订错误，请与本社联系调换，电话：010-63131930

开　　本：170mm×240mm

字　　数：313 千字　　　　　　印　　张：18. 5

版　　次：2023 年 1 月第 1 版　　　印　　次：2023 年 1 月第 1 次印刷

书　　号：ISBN 978 - 7 - 5194 - 6626 - 8

定　　价：78. 00 元

前　言

　　2000 年 5 月，在南京市教研室组织的市级教研活动中，我上了一节"分数加法"教研课，自此开始了计算教学研究之旅。计算教学在当时是鲜有研究课的，在公开课的观摩过程中也几乎听不到计算课，我在 2000 年之前于市区教研活动中只听过特级教师范建国先生上过三年级的一节计算课"乘数是两位数的乘法"。由于计算教学在小学数学教学中所占比重较大，"会算"也是数学学习的基础，作为数学测试的基本内容，教师的经验之一便是抓好学生的计算基本功，那么考试分数就有了基本保证，所以教师也极其重视计算训练，不过多数以重复训练为主。这种现状为计算教学的研究留下了大片的空白，并且课程改革也刚刚开始，新的教学理念怎样与教学内容有效结合也是极其富有挑战性的。于我个人而言，这种挑战会让计算教学的研究显得更加"好玩"。

　　在 2000 年的年末，我与夏青峰在南通大学参加首届江苏省骨干教师培训，其间他问了我一个问题："什么是数学？"对于一个当时已经工作 12 年，但又从未思考过类似哲学问题的教师来说，这个问题如同点燃教育智慧的火星，启动了对自我教学理念的从不自觉到自觉的思考，从而踏上对数学教育的求索之路。在求索过程中，南京大学郑毓信教授的一系列书籍给我提供了丰富的营养，使我在脑海中不断地产生着教学追求的新天地。不管教师是否意识到，他们的教学行为必然受到某些教学理念的影响，尽管这些教学理念可能隐性存在于他们的潜意识当中，因此教师的教学理念决定着他们的教学行为。这正如法国著名数学家汤姆所说："所有的数学教学法都建立在一定的数学哲学之上……"现代科学技术的迅猛发展，已经逐渐渗透在人们的生活、工作和学习中，对数学教育教学也产生了重大的影响。例如，计算器的普及就要求我们思考如何调整学习内容与学习方式以适应这种变化。我们如何认识计算教学在发展儿童数学学习能力中的作用，这是个不容回避的问题。如果仅将计算教学定位于培养儿童的计算技能是远远不够的,"今天一个其数学本领仅限于计算的人,几乎没有什么可贡献于当今的社会。因为廉价的计算器就能够把事情办得更好。"正因为如此,计算教学必然会成为课程改革的热点之一。

在接下来的近二十年中,所研究的课例中,计算教学占了很大的比重。随着课例的增加,所思考的问题也从琢磨一节课的课堂教学转向更为普遍的问题:计算教学中为什么要创设情境?怎样帮助学生理解算理?算法多样化与算法优化之间怎样达成平衡?计算技能究竟有哪些内涵?口算、估算、笔算三者之间的关系如何统合?学生怎样才能成为学习的主人?这些问题都成为教学研究的内容。在研究过程中,始终从课例研究入手,通过大量的基础课例反思教学,总结经验。在这个过程中,坚持理论学习,并主动地将理论与教学实践主动地结合起来,越发感到理论对实践的指导作用。有时会在听课过程中结合所学习的理论去反思教学改进,有时是有了成功的课例之后才发现教学过程契合了教学理论,一旦有了这种发现,理论往往在类似的课例中得到迁移,从而达成主动地用理论指导教学实践。

感谢我的家人,这些年默默地支持我,使我能长期坚持研究工作。感谢建邺区教育局给予的支持,感谢诸多同行的支持和帮助,使得我总结了一些计算教学的方法,结集成书,诚请同行批评指正。

目　录
CONTENTS

对计算教学的认识

计算教学之我见

（一）

《义务教育数学课程标准（2011 年版）》中与计算教学相关的核心概念有数感和运算能力，数感主要是指关于数与数量、数量关系、运算结果估计等方面的感悟。建立数感有助于学生理解现实生活中数的意义，理解或表述具体情境中的数量关系。运算能力主要是指能够根据法则和运算律正确地进行运算的能力。培养运算能力有助于学生理解运算的算理，寻求合理简洁的运算途径解决问题。从上述描述可以看出，计算教学不单纯指向学生的计算技能。我们寄希望学生在学习计算的过程中通过情境发现问题，理解其中的数量关系，理解运算的原理，并且能够用合理的运算方法解决问题。由此，必须摆脱以单纯重复的计算技能训练为主的教学窠臼，要营造一个好的环境，由实际的情境中引出数学问题，全班同学思考解决问题所需要考虑的必要条件，再由教师提供或同学再次在生活中收集信息，学生通过自主探究与合作交流开始对问题的解决，其间有表述、有提议、有争论、有验证，各种思想自由地表达，教师负责组织与引导，特别是关注学生从模糊到清晰、从不自觉到自觉的反思回顾。在解决该问题后，又由此引出相关的新问题，教师根据同学的相关基础确定下面的学习内容，同学们课后继续收集、了解解决这个新问题所需的信息，并且在生活中寻求真实的信息以供课堂解决。如此不断进行下去，教师要做的只不过是将教材的学习序列以同学们讨论决定的次序重新编排，当然教师应当对学生的基础知识和技能能准确地把握，对不符合学生认知规律的学习次序教师应当重新给予安排，以保证数学学习的系统性。而学生则将课堂当作是现实生活的延伸，是真正研究现实问题的学习场所，在这里学习的结果都能在实际生活中如鱼得水般地得到应用。所以应当把儿童的计算学习过程定位在：是一个发现问题、提出关于解决问题的猜测、尝试解决、验证与修正、形成算法、推广应用的过程，是一个学生实现再创造与数学化的过程，这其中包含了丰富的数学实践，是培养学生掌握数学学习方法的良好途径。从这个角度来认识计算教学，可以使我们的教学过程更加接近计算教学的真谛。

由此，我们可以理解课程改革以来，计算教学的一般教学方法所蕴含的教学意义。

表1-1　计算教学的一般教学方法蕴含的教学意义

教学过程	教学意义
创设情境	发现问题
启发学生思考如何解决问题	提出关于解决问题的猜测
算法多样化	尝试解决
检验	验证与修正
交流算法并适度优化	形成算法
解决问题	推广应用

任何改革都必须高度重视理念的更新，同样，教学方法的改革是需要以教学理念的变革为前提的，其中对数学教育功能的认识、教师的教学观、学生观是其中的核心。但是我们又不能期待教学理念的变化会带来教学行为的正效应，毕竟将好的想法变成现实和想一个好想法是两回事。2002年参加南京市赛课活动，赛课的课题是"分数除以整数"，教学内容包括理解分数除法的意义和分数除以整数的计算法则，例题是："把$\frac{4}{5}$米平均分成2份，每份是多少米？"虽然本轮课程改革在当时还未开始，但是我区的教研员刘美玲老师始终坚持"教学要放"，"放"反映了对学生主体作用的一种追求，也是落实学生主体作用的具体方法。刘老师听了试教后说"放得还不够"，却又不说如何才能"放够"，于是"怎样放"成为困扰我的一大难题。在苦思冥想得不到答案的时候，灵机一动：既然要放，何不去问问学生呢？真是山重水复疑无路，柳暗花明又一村！学生刚看到算式"$\frac{4}{5} \div 2$"就一口报出得数，所用的方法多为"$\frac{4 \div 2}{5}$"，还有人想到"$0.8 \div 2$"；接着再出"$\frac{4}{5} \div 3$"，

学生又用 "$\frac{12}{15} \div 3$" 顺利解决，还有人用 "$0.8 \div 3$"，得数用循环小数表示。找到了学生的一般算法，也发现学生还很难想到利用分数乘整数的倒数解决问题，又不能生硬地将这种方法教给学生，同时还要关注学生主体作用的发挥，让学生有探究学习的空间，于是将教学设计定位在 "以旧引新，自主探究，算法多元，体验比较，优化算法"。重点考虑如何引导学生在学习过程中进行积极的认知参与和情感参与，从而培养学生利用旧知探求新知的方法和精神。在教学设计时，坚持从学生的已有基础出发，提供富有挑战性的、有利于学生进行观察、实验、猜测、推理、归纳的学习内容，以动手实践、自主探索与合作交流为主要的学习方式，教师的教学侧重点是组织和引导。力求学生能运用化归思想自主推导分数除以整数的计算方法，进一步体会化归思想在数学学习中的重要作用，并且有良好的情感体验。这一课例获得了成功，也为我日后的教学留下了非常重要的一种方法——学情调查方法。事后我突然发现，我所采用的学情调查不正与奥苏伯尔的观点吻合吗？在我的论文中出现多次的话 "如果我不得不将所有的教育心理学原理还原为一句话的话，我将会说，影响学习的最重要因素是学生已经知道了什么" 原来这么有用！

（二）

通过上述分析可以理解计算教学在促进儿童学习能力发展中所起的作用，下面进一步分析计算教学过程需要关注的一些问题。

一、如何理解计算教学中的情境创设

过去数学知识的呈现过于抽象、数学教学与学生的生活实际联系不够。这使得学生难以真正理解计算的现实意义，因为根据情境提出实际问题是理解运算意义的重要基础。这些正是我们的数学课堂需要改良的。因此教学时，应通过解决实际问题进一步培养学生的数感，增进学生对运算意义的理解；避免将运算与应用割裂开来。

创设情境，由解决问题引入计算教学，可以帮助学生经历从具体到抽象的过程，理解计算的现实意义，学生根据情境提出实际问题是理解运算意义的重要基础。例如，苏教版小学数学教材二年级上册教学乘法的认识，引导学生观察情境图提出问题：小鸡是怎样站的？小鸡一共有多少只？通过相同

加数的连加来学习乘法，有助于儿童理解乘法运算的意义，并且得以在今后的类似情境中进行迁移而得以应用。现在老师们都在创设情境，却又出现了情境运用不当的情况。比如，情境中的非数学因素过多，反而干扰了学生的学习活动。在创设情境时，关键要考虑情境是否能与数学内容紧密结合，能够凸显"数学味"，促进学生的数学学习。在这方面，教材为我们提供了较好的素材，以苏教版三年级下册（2004年版）"两位数乘整十数的乘法"为例。

要解决"10箱一共有多少瓶牛奶"这个问题，必然引出 12×10 这一亟待解决的计算问题。12×10 这个算式的结果究竟是多少，情境图充分关注到儿童已有的生活经验和知识基础，学生通过对情境图不同角度的理解，可以想到：①竖着看，可以用 12×5×2；②横着看，可以用 12×2×5；③已放好 9 箱，正在搬最后一箱，可以用 12×9+12；④借助已有的学习经验，可以想用 12×1，再在积的末尾添一个 0；⑤可以在每箱中先取 10 瓶，然后再取 2 瓶，即 10×10+2×10。这样，教师就可以组织学生讨论 12×10 的结果究竟是多少，怎样算比较简便以及为什么可以这样算。可以发现，情境不仅应该展示生活内容，而且应是数学学习内容的载体；好的情境能激起学生学习的兴趣，凝聚学生的注意；情境要能激活学生已有的知识基础和生活经验，有利于学生进行探究活动，帮助学生顺利地进行同化；情境要能凸显数学学习的线索，能在学生探索知识的发生、发展的过程中发挥作用。

教师在创设情境的过程中，要注意从具体材料、具体动作入手而不是从抽象语言入手进行教学。从平时的听课情况看，这是很多一线教师存在的认识误区：挂情境图＝创设情境。以一年级上册连减问题为例：

教科书为教学提供了图画情境。有的教师认为，学生和教师一样，也能很容易地把图画表象和抽象语言符号与现实客体联系起来，能依靠图画表象和抽象语言符号对客体的关系进行认识。这是不符合实际情况的，许多教学失败的真正原因也就在此。有学生看图所想到的是"摘下3根，还有5根没有摘，一共有多少根？"或者是"已经摘下3根，再摘1根后还剩4根，原来一共有多少根？"学生这样的理解方式与"连减"这一教学内容出现较大偏差的原因恰恰在于教师对情境图的不恰当使用。事实上，正如前面已经指出的，只有学生对学习对象有了丰富的具体经验以后，才能使学生对学习对象进行主动的、充分的理解，达到对知识及其关系的相应水平的认识。因此教师应把教科书中的图画转化为具体实物或以课件动态呈现，通过具体的操作过程引导学生观察，从而感知和理解图意而获得丰富的具体经验。

二、对计算教学中算法多样化的思考

算法多样化是学生自主探索，经历算法探索过程的成果呈现。探索是学生主体性发展的过程，意味着学生认识能力、情感体验、控制能力的提高。如果说情境起着激发学生的学习兴趣和探求问题的欲望，探索则体现了人独立思考的过程，具有浓烈个性学习色彩。算法多样化是学生个性差异发展的重要渠道。算法多样化是学生学习方式改善的必然结果。学生的学习不能再是单纯地依赖模仿与记忆，而是他们从自己的现实出发，主动地进行观察、实验、猜测、验证、推理、交流等有效的学习活动，得出有关数学结论的过程。这种活动带有不同的个体体验，所以就会出现多种不同的算法。在这过程中，他们与教材及教师相互作用，形成数学知识和能力，发展情感态度，提升思维品质。

怎样才能实现有效的算法多样化呢？首先，学习素材应该是学生在自己的生活中熟悉的，能激发他们解决问题的愿望。教科书在学习素材的呈现上

7

做出了精心安排，教师要将教材中的学习材料用生动、有趣的方式呈现给学生。其次，给学生探索的机会。教师要做的，是鼓励学生树立信心，在学生遇到困难时，引导学生思考寻求解决问题的方法，例如，"你是不是可以通过操作学具得到问题的解答"；而不是放任自流，从这一角度看，算法多样化也体现着社会化活动的成分。再次，要考虑估算在学生探究时的作用，将两者有机地结合起来，充分利用估算确定结果的大致范围，同时也为探究算法进行适当的前期准备。最后，要关注促进学生思维的发展，使学生不仅能探索出结果，更要关注探索算法。教师要合理地组织探索过程，根据不同的学习内容安排相应的探索操作活动。通过行为操作、表象操作、符号操作参与实现从具体到抽象的心智活动，达到对算理的理解。

教师要组织学生广泛地交流。交流时引导学生探讨"怎样算"和"为什么这样算"，理解算法中的道理；要引导学生关注他人的算法，把学生间的交流与师生间的交流融合起来，丰富解决问题的视角，理解不同算法的道理，为算法比较做好准备。算法多样化的交流过程是一个对算理理解的重要过程。

很多教师反映他们知道要让学生探究，要体现算法多样化，但是往往课堂过于开放，结果很难完成预定的教学任务。由此我们有必要考虑：在引导学生进行算法多样化的过程中，教师怎样才能做到收放自如呢？这需要教师对学生的学情具有比较充分的了解，只有知己知彼，方能百战不殆。以苏教版小学数学教材五年级上册"小数除以整数"为例，学生究竟会怎样探究？教师就可以通过课前的学情调查来了解。

题目：小明用 11.4 元买了 3 盒同样的酸奶，每盒酸奶多少元？

学生出现的解题方法有：

1. 11.4 元 = 114 角　　　　114÷3 = 38（角）　　　　38 角 = 3.8 元

2. 将 11.4 乘 10 得 114，用 114÷3 = 38，再用 38 除以 10 得 3.8。

3. 用竖式计算会出现两种不同的情况：

$$
\begin{array}{r}
3.8 \\
3\overline{)11.4} \\
9 \\
\hline
2.4 \\
2.4 \\
\hline
0
\end{array}
\qquad
\begin{array}{r}
3.8 \\
3\overline{)11.4} \\
9 \\
\hline
24 \\
24 \\
\hline
0
\end{array}
$$

通过学情调查，教师就可以将教学的重点放在引导学生讨论怎样进行竖式笔算的方法和理解如何确定商的小数点的位置及其道理。当然，实际教学时也可能出现学情调查中未出现的情况，这就需要教师要有较高的教学素养和对学生的信任。

需要注意的是，并非所有的计算教学内容都适合让学生进行探究学习，在让学生进行探索的教学情境中，不能包含太多的要求学生修正自己的认知结构以后才能获得的知识，否则学生或者意识不到问题的存在，或者被问题搞得不知所措。以二年级下册隔位退位减法为例。

题目：202-34

我们请学生在课前试做并询问他们的想法，出现的解决方法有：

1. 202-34＝172

学生思路：个位 2 减 4 不够，向十位借 1，但十位是 0，个位上就用 4 减 2。十位 0 减 3 不够，向百位借 1，结果是 172。

2. 202-34＝78

学生思路：个位 2 减 4 不够，向十位借 1，虽然十位上是 0，但十位是 0，就向百位借 1 到个位，12 减 4 得 8，十位 0 减 3 不够，向百位借 1，结果是 78。

3. 202-34＝178

学生思路：个位 2 减 4 不够，向十位借，但已有经验都是能借到"10"的，这样个位只要计算 12 减 4 得 8。前面 20 减 3 得 17，结果是 178。

根据我们的学情调查，学生的解决方案有七种之多，上述的三种是较为常见的。解答正确的学生也有，但是总体看来数量较少。从学生的口述思路可以看出，不同的学生在解决该题时，都自觉地调动了自己已有的知识基础和相应的解题经验进行了自我建构，尽管答案不正确，但是在他们自身看来都是合理的。这就说明该题的难度与学生现有的发展水平不匹配，在这种情况下，再盲目地要求学生进行探究学习来发现隔位退位减法的计算方法就显得不合适了。只有当教学情境中的问题的新奇性、差异性与学生现有发展水平相适应时，才能出现主动学习。

三、教师必须树立培养学生进行检验的意识和习惯

很多学生习惯了解题，但是不习惯对解题结果进行验证。教师们大都遇到过学生交上来的作业本中出现"种了 45.6 棵树"这类荒诞的错误，而学生们往往对此类错误无动于衷。这与我们教学过程中对验算不恰当的教学法

密切相关。通常，我们都是在学生已经掌握算法，能正确计算之后才要求学生对相应的式题进行验算，事实上，此时的验算已经成为一种摆设，学生往往不能正确地认识验算的作用，仅将其当作教师要求的一个过程而已，所以常常会出现计算结果与验算结果不一致时，学生并未想到要对计算结果做出调整。我们认为：验算应当在学生探究时发挥最有效的作用。因为此时虽然探究出结果，但是结果是否正确尚不得知，通过验算才能知道探究结果是否正确。这正是高水平解题者与低水平解题者的一种重要区别，是学生元认知水平高低的一种具体体现。

验算的方法既可以利用运算间的关系，如利用差加减数等于被减数对减法进行验算，也可以考虑用计算器进行验算，如初学小数运算时，计算器的应用就可以成为验算的有效路径。在某些情况下，恰当的估算也是一种常用的验算方法。

四、加强对不同算法的体验，引导学生进行算法优化

学生自主探索找到的算法是学生的创造，是他们的学习成果，其中既包含着数学知识，还包含了宝贵的精神和态度。对学生算法的尊重，是教师引导学生进行算法优化时必须遵守的行为准则。要精心设计引导优化算法的教学过程，让各种算法在碰撞、争论、比较中显现各自的特点。优化算法的主体是学生，对好的算法只有个体有了充分的体验，才会自觉自愿地去应用。体验的前提是理解各种算法的算理。算理的理解是算法优化的重要基础。

算法优化的方式可以是体验不同算法，自主选择，优化算法。也可以在同类问题的纵深发展过程中优化算法。以"分数除以整数"的教学片段为例。

教师引导学生思考 $\frac{1}{5} \div 3$ 如何计算。

师：你能将 $\frac{1}{5} \div 3$ 转化成已经掌握的分数除法吗？小组讨论并将讨论结果记录下来。

小组汇报。

生1：$\frac{1}{5} \div 3 = \frac{3}{15} \div 3 = \frac{1}{15}$

生2：$\frac{1}{5} \div 3 = \left(\frac{1}{5} \times 5\right) \div (3 \times 5) = 1 \div 15 = \frac{1}{15}$

生3：$\frac{1}{5} \div 3 = (\frac{1}{5} \times \frac{1}{3}) \div (3 \times \frac{1}{3}) = \frac{1}{5} \times \frac{1}{3} \div 1 = \frac{1}{15}$

师：你能归纳自己小组讨论的分数除以整数的计算方法吗？

生1：先将分子和分母同时扩大相同的倍数，使除数能整除分子，再用前面的方法计算。

生2：利用商不变性质，将分数除以整数转化成1除以一个数，再计算。

生3：利用商不变性质，将分数除以整数转化成一个分数除以1，再计算。

师：观察第三种方法：

$$\frac{1}{5} \div 3 = (\frac{1}{5} \times \frac{1}{3}) \div (3 \times \frac{1}{3}) = \frac{1}{5} \times \frac{1}{3} \div 1 = \frac{1}{15}$$

这个计算过程还可以更简洁些，你能看出来吗？

生：计算过程中的除以1可以省略，因为任何数除以1结果还是任何数。

师板书：$\frac{1}{5} \div 3 = (\frac{1}{5} \times \frac{1}{3}) \div (3 \times \frac{1}{3}) = \frac{1}{5} \times \frac{1}{3} = \frac{1}{15}$

师：观察$\frac{1}{5} \div 3 = \frac{1}{5} \times \frac{1}{3}$，你能说一说吗？

生1：我发现分数除以整数，等于分数乘整数的倒数。

生2：我觉得他讲得太烦琐了，我有一个好记的方法只要四个字就够了：化除为乘。

生3：我还有补充，我觉得这里的除数必须不等于0，所以应该说分数除以整数（0除外），等于分数乘整数的倒数。

师：刚才小组讨论时，每组用一种方法计算了$\frac{1}{5} \div 3$，现在你能用其他的方法计算一下吗？（学生计算后）你认为哪种方法最好？为什么？

生1：我喜欢用分数乘以整数的倒数这种方法，计算起来比较方便。

生2：如果分子正好是除数的倍数，我喜欢用分子除以整数的商做分子、分母不变的方法。

师：如果请你选择一种方法作为分数除以整数的计算法则向其他班级的同学介绍，你觉得介绍哪一种方法好？为什么？

生：我觉得分数乘以整数的倒数这种方法好，不仅计算简便，而且适用于所有的分数除以一个不是0的整数的题目。

师：你的意思就是说这种方法在计算分数除以整数时具有普遍性，是吗？对其他的计算方法，你有什么观点要说吗？

生：当分子能被整数整除时，可以直接用分子除以整数的商做分子、分母不变的方法计算。

在进行算法优化的过程中要避免教师主导功能过强，采用简单化的方式来要求学生运用某种方法进行计算。例如，有的教师明确要求学生在口算加法时必须从个位加起，利用笔算的方法进行口算，事实上心理学家经过研究，发现口算加法从低位加起，或从高位加起，无论从方法的优越程度还是口算的速度方面，均没有明显差异，在这种情况下，就应当允许学生使用自己喜欢的方法进行口算。教师也应避免对算法优化采用一种绝对化的态度，忽视算法的辩证性，忽视算法中的教育功能，导致学生丧失选择的能力。

五、练习巩固，掌握算法，初步形成技能

张孝达先生在《理解知识，训练技能，发展能力，培养态度》中指出："初中数学尤其是代数中的技术性知识占有重要的地位，比如，有理数运算法则、整式四则运算法则、解方程步骤、各种图形、画图、证题基本方法等，这些知识必须转化成技能，否则这些知识既不能巩固，也不能应用；也只有在这些知识转变成技能后，其他的知识如有理数的性质、运算定律、方程同解原理和图形性质等才变得有用；也只有在前面知识转变成技能后，才能比较容易理解新知识，比如，推导一元二次方程的解的公式，就要有整式运算包括因式分解、分式和根式运算等一系列基本技能，其中任何一个技能不过关，就会使推导产生困难。数学技能的重要性，越是在基础部分越是显著。所以，初中数学教学一定要重视基本技能的训练。"这个道理对小学阶段的计算教学同样适用，如乘法口诀的学习就是一个典型的例子，如果技能不过关，那么后续学习就会困难重重。

计算技能的发展阶段是：步步有据、运算准确——准确迅速地运算——善于观察分析、筛选方法、灵活运算。在计算教学的新授课中，应避免过于追求计算的速度，而应关注学生在计算过程中对算理的理解，即这样算的道理是什么？这样的计算题，它的计算方法是什么？在计算的练习课与复习课中，关注学生的计算技能的培养和计算素质的提高。教师尤其要关注提高学生灵活计算的水平，笔者曾经请部分六年级同学计算 0.625×0.625，有许多同学仍然选择用小数乘法解决问题，反映出学生在算法选择上过于机械。

在计算练习的过程中，要避免练习形式单调的问题，尽可能地让计算的技能训练富有趣味。关键还是在于如何调动学生。可以考虑从改变呈现形式、设计数学游戏、关注学科整合等方面入手。在考虑趣味时，我们关注的中心仍然是其中的数学味道。在学生感受趣味、体验快乐的过程中，促进学生思考，在思考中品味数学的内在魅力，这应是数学教师的追求。例如，乘法口诀的复习，教师就可以通过"数字火车"的游戏组织教学，先出示第一节火车车厢上的数字，再出现第二节火车车厢上的数（如下图）。

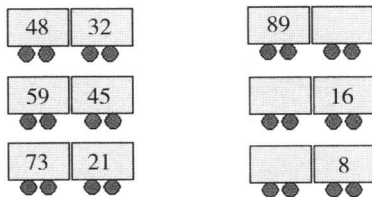

学生经过观察，很快发现第一节车厢上的两个数相乘得到第二节车厢上的数，应用的就是乘法口诀。后面就可以安排：

1. 给出前一节车厢上的数，想后一节车厢上的数。

2. 给后一节车厢上的数，想前一节车厢上的数。如果后一节车厢上是16，那么前一节车厢上可以是44、28、82。

3. 给出第一节车厢上的数，排出后面所有车厢上的数。例如，第一节车厢上是89，那么后面依次是72、14、4。

4. 给出最后一节车厢上的数，想出完整的火车车厢可能是怎样的。这时答案就不唯一了，需要学生能有序地进行思考。

（三）

采用恰当的教学方法，数学学习必然会使学生经历一个自主建构的过程。其中包含了丰富的数学实践，计算教学的理想境界并不囿于关注知识与技能，也并不止步于关注引导学生探究，体现个性发展下的共性学习，而是在此基础上促进学生在自主学习能力上的进一步发展。回顾计算教学的一般过程，我们经历的是发现问题、拟定计划、实施计划、检验修正、推广应用，而这与学生今后在生活、工作中解决问题的过程具有高度的相似性。无论从事何种行业，都可以为解决不同的问题提供一个思维的模式。所以在教学中，我们可以将这种充满"数学味"的解决问题的方式在学生面前展现得更明确些。

　　在教学中不仅要帮助学生解决问题、求得结果，了解到"这节课我们学习了什么？你有哪些收获？"更重要的是让学生了解我们是用什么方法来解决问题的，即"经历了哪些过程，我们学习了这些知识"。教师如果能经常性地组织学生对解决问题的过程与策略进行反思，必然"能够促进学生对自己原有知识基础和学习背景进行不断地检验和发展"。

厘清认识　发展运算能力

"理论和计算是数学的两条腿，每种数学理论都有它的计算问题，每个计算问题当然也离不开计算的对象。随着数学对象及其计算的发展，数学领域也不断地扩张"。《数学课程标准（2011 年版）》将运算能力作为课程内容核心。运算能力不仅是"数与代数"的核心内容，也与其他领域中的数学问题紧密联系，是解决问题的基本方式。可以说，运算能力是小学数学最基础的关键能力。没有运算能力，数学学习就无从谈起。

那么，学生的运算能力是否得到高水平的发展？数学教学中如何发展学生的运算能力？让我们先从一道题谈起。

	甲班	乙班	丙班
全班人数	50	49	49
得优人数	8	7	8

（　　）班优分率最高。

如果让数学教师解决这个问题，大家普遍的做法是先观察数据，不难发现三个班的班级人数接近，得优的人数也接近，显然可以直接进行比较。

方法 1：因为 8/49 >8/50 >7/49，所以丙班优分率最高。

方法 2：因为 8/49 >8/50，8/49 >7/49，所以丙班优分率最高。

学生的解题情况是否和教师一致？我们选择了六年级的一个班进行了测试。全班 36 人中有 34 人都分别计算出三个班的优分率，再比较大小。仅 2 人采用方法 2 来比较大小。和学生访谈发现，他们是一看到"优分率"，就想到要计算优分率。这不禁引发我们思考：教学是在训练学生的程序性运算技能，还是在发展他们的运算能力？

《数学课程标准（2011 年版）》将运算能力定义为：能够根据法则和运

算律正确地进行运算的能力。根据运算律正确运算不能简单地理解为按简便计算的要求进行运算，而是自觉地根据数据特征选择方法进行运算，反映出的是关于运算方法选择的策略水平。因此，能正确地根据法则进行计算，可以视作具有相应的运算技能，而运算能力更偏重于影响完成运算活动效率的个性心理特征。

吴仲和博士对491名六年级学生进行了计算能力调查，测试工具是涉及整数、小数、分数四则运算的7道一步计算的式题，要求学生计算这些题；在理解的基础上，建立自己的模型图来解释算理；用所给式题创设一个现实生活的情景。调查的结果，显示学生的计算正确率明显高于他们的数学概念理解和在实际生活中的应用。因此，计算教学必须会计算、会解释、会运用。现阶段大部分小学生的运算水平囿于运用计算法则正确计算，还没有达到利用数学模型解释算理，根据数据特点和解决问题的需要灵活地选择运算方法。

一、运算教学的问题分析

学生运算水平的发展与教师教学存在密切关系。反思目前的运算教学，主要有以下三个方面的问题。

第一，教师主要关注获得计算程序，忽视对运算模型的建构。教学过程看似重视对算理的理解，往往只停留在表面：或者缺少学生的主动建构，或者只停留在教师灌输式的引导上。教学"两位数乘两位数的笔算"，教师通常会根据教材提供的教学线索引导学生用学过的数学知识探究24×12的计算结果，可以将12分解成2×6，也可以将12分解成10+2，两种计算方法也可以用点子图表示。在探究计算结果之后，就会教学两位数乘两位数的竖式计算方法。这样的教学活动机械地割裂了探究活动与竖式计算规则之间的联系，学生不能深层次地理解竖式计算方法的合理性。如果就学生的探究活动继续下去，是不是还可以引导学生进一步思考：12还可以怎样拆？学生不难发现还可以拆成3×4、9+3……多种形式，此时学生未必在算法优化的过程中选择24×2+24×10的计算方法。继续让学生探究，如果计算23×17，你打算怎样计算？通过比较，学生感悟到虽然拆的方法是多样的，但是将17拆成10+7再计算是最方便的，从而真正明白两位数乘两位数的笔算算理和竖式计算方法的普适性。

第二，将运算能力与计算技能混为一谈，忽视发展计算策略。在学生获得计算法则之后，教师通常是通过纯技能的训练发展学生计算的熟练程度，对发展学生的运算能力重视不足。计算技能是运算能力的重要组成部分，计算技能的发展也是循序渐进的，教师需要了解计算技能发展的不同阶段要求。从学生学习的角度看，计算技能的发展大致可以划分为三个不同的层次：在学习新知识时，能做到步步有据，可以准确描述每步计算的意义；掌握计算法则后能通过练习，达到正确、熟练地根据法则进行计算的程度；在日常练习中，通过对不同运算式题求解过程的感悟发展数感，通过同伴交流与教师指导丰富计算方法，最终达到能根据数据特点灵活地选择合适的计算方法进行计算。

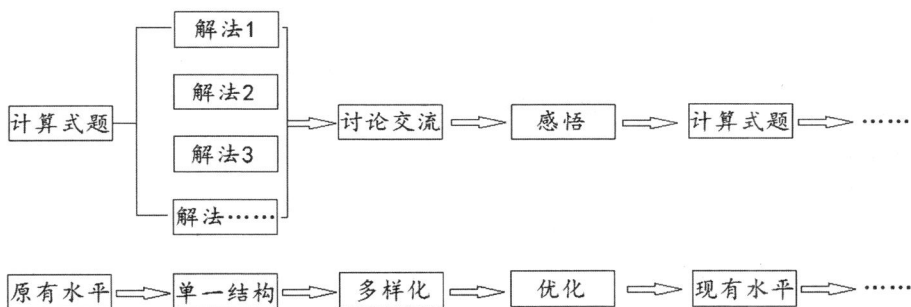

仍以上述"两位数乘两位数的笔算"为例，在学习新知识时，学生需要理解竖式计算的算理，能合理地解释每步计算的意义并能用相应的模型进行解释；掌握两位数乘两位数的计算法则后，通过练习应该达到熟练、正确计算的要求；通过对不同式题多样化计算过程的交流，达到根据数据特点灵活选择方法进行计算的水平。如果是计算 26×47，可以选择竖式计算；计算 24×15，就可以用 24×5×3 的方法进行计算；计算 24×99，就可以用 24×100−24 的方法进行计算。只有当学生摆脱单一的竖式计算方法，能灵活地选择算法进行计算并能给出合理解释时，才真正意义上形成运算能力。要达到这样的要求，必须在日常教学过程中时刻关注发展学生的运算能力，适时地组织学生开展对同一式题的不同计算方法进行讨论，让学生浸润在算法多样化与优化的过程之中，不断地通过对解题活动的反思最终发展运算能力。

第三，口算、估算、笔算人为割裂。教师只是将口算作为计算的基本技能训练，忽视口算式题内隐的联系，不利于发展学生的数感。在解决问题的过程中忽视引导学生发现应该根据情境选择口算、估算或者笔算的方法解决问题。教师普遍对于估算的作用认识不到位，将估算视为计算教学的点缀。

认知发展心理学的有关研究表明，在儿童计算能力的发展过程中，估算能力的发展要相对早于精算能力。表现为由以估算能力为主逐渐过渡为以精算能力为主的发展模式。估算作为运算能力的重要组成部分，不仅表现在对计算结果的监测，也表现在对具体问题的求解过程中。《美国学校数学教育的原则和标准》指出：特定问题和情境以及涉及的数据，都会影响学生的选择。学生应该衡量问题情境，决定是否给出估计即可，还是需要精准的答案。

尽管教材在例题教学中精心安排了估算，在实际教学中，一旦归纳出相应的计算法则进入练习阶段，教师的教学中就再难以看到估算的应用。

二、运算能力的基本构成

发展运算能力是小学数学教学的重要目标。运算能力由口算、笔算和估算等方面的能力构成。教师需要厘清口算、估算、笔算的教学要求，深刻地理解并且把握不同计算方式教学的关键。

1. 口算能力

《数学课程标准（2011 年版）》要求：能熟练地口算 20 以内的加减法和表内乘除法，能口算简单的百以内的加减法和一位数乘除两位数。口算的熟练程度是关键，要让学生快速准确地进行口算并能有效地应用。口算能力的形成需要重视以下几个方面的问题。

口算方法的个性化与多样化。引导学生用个性化的方法进行口算，在交流中丰富多样化的口算路径，发展思维的灵活性，进一步发展学生的数感。朱莉亚·安吉莱瑞发现"教会学生如何找出数字之间的联系成为数学教学的当务之急"。例如，48 不仅是 $40+8$，也是 $50-2$ 和 24 的 2 倍，同样，$8×1/4$ 不仅是 8 个 $1/4$，也是 $8÷4$。$29+29$，学生原来只囿于自己的口算方法，通过交流后能认识到不同的口算方法，从而丰富对口算的认识：① $20+29=49$，$49+9=58$；② $20+20=40$，$9+9=18$，$40+18=58$；③ $30+29=59$，$59-1=58$；④ $30+30=60$，$60-2=58$；⑤ $25+25=50$，$4+4=8$，$50+8=58$。在后续的口算中，学生可能仍然选用自己熟悉的方法，也可能会对不同方法进行比较和优选。因此，教师应该积极地鼓励学生用不同的方法进行口算。

开展必要的口算方法指导。其一，通过题组训练，对易混的口算进行比较。例如，$24×5$ 和 $25×4$，$16×5$ 和 $15×6$。其二，联系概念，理解算式意义。例如，0.5^2 和 $0.5×2$。其三，对强信息干扰式题的指导。例如，$2×3÷2×3$，$75+25×2$。

关注强化口算式题的内在联系。避免孤立地进行纯技能口算，需要将有联系的式题联结起来，发现不同口算式题之间的关联，从而形成能力，发展数感。

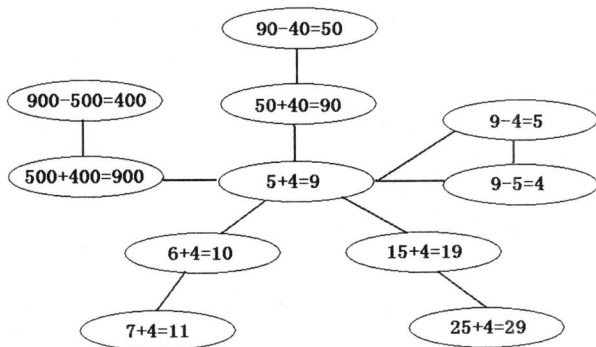

2. 估算能力

儿童计算能力的发展也是估算能力逐步精确化、程序化，过渡为精算能力，并进一步促进原有估算能力发展的过程。董奇教授在《估算能力与精算能力：脑与认知科学的研究成果及其对数学教育的启示》指出：估算能力与精算能力是个体计算能力的两种基本形式……估算能力则指个体在利用一些估算策略的基础上，通过观察、比较、判断、推理等认知过程，获得一种概略化结果的能力。

首先，教师必须了解常用的估算策略，并且在教学中逐渐地发展学生的估算策略。常用的估算策略有：

将接近整十、整百的数进行凑整（四舍五入），例如，将98+46看作100+46或100+50。

利用数据特征进行估算，例如，计算127×8时可以借助125×8＝1000进行估算。

往大估或者往小估，即将算式中的某数放大或缩小，估算计算结果。例如，49人去公园，门票每张8元，400元够吗？

结合往大估和往小估以确定计算结果的范围，例如，35×29的结果比30×20大，比40×30小。

对计算结果进行补偿，例如，计算48+50+49+53+52可以将其看作50×5估算，并且有些数比50小，有些比50大，可以将比50多出的部分补偿给比50少的部分。

可以选取部分数值进行估算，例如，估算下图中环湖小路一共多少米，就有多种估算方法。可以将数据凑整估算为200×5+300；可以利用补偿策略将其估算为200×6；也可以选取部分数估算，将5条小路长度看作200，再加260米，估算其长度为1260米。

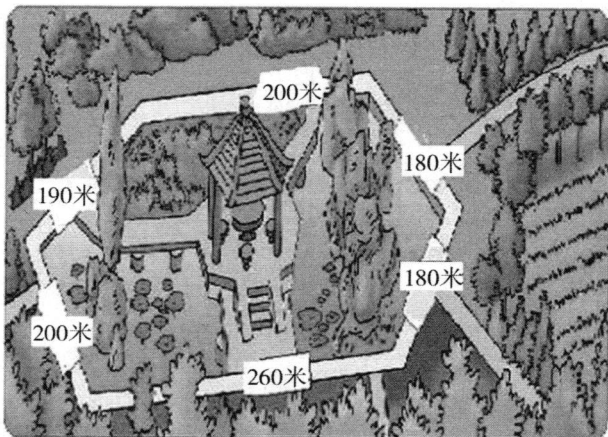

其次，教学时还可以适度开展估算的技能训练。例如，51×7的结果接近多少？实际结果和估算结果比，偏大还是偏小？

再次，结合问题情境，开展有意义的估算活动。聂艳军老师认为：完整的估算活动，应该是一个融入现实情境、激发学生的估算需求，继而根据数据进行便捷性运算并最终根据运算结果加以判断作出结论的过程。估算活动一般要经历三个阶段：第一步，理解题意，情境驱动估算意识；第二步，选择所需信息用合适的策略进行粗略计算；第三步，根据运算结果和情境目标指向进行推理判断，作出结论。关键是让学生结合情境理解所求问题的要求。如果解决问题不需要准确结果，那么合理的估算就够了。如果问题需要精确结果，那么估算结果只能监测结果的合理性而不能作为问题的求解。如果解决问题既可以通过精算解决，也可以通过估算解决，就需要学生根据学习经验自主选择解题方法。例如，甲、乙两城之间的公路长360千米，小王自己驾车从甲城去乙城，出发前他去加油站加满了一箱油。当行驶了200千米时，他看了一下燃油表，发现油箱里的油还剩下2/5。如果中途不加油，他能驾车到达乙城吗？

同时，可以在具体情境中适度提高对估算精度的要求。例如，每张电影票45元，买39张电影票大约准备多少元？在三年级可以用50×40进行估算，到五年级可以用45×40进行估算。

最后，良好的口算技能是估算的前提保障，结合笔算教学适时开展估算，以便检验笔算结果的合理性。

3. 笔算能力

理解算理、掌握算法是形成运算能力的两翼。理解算理、掌握算法的本质就是不仅要知道该怎么计算，而且还要明白为什么要这样计算，即要在理解算理的基础上掌握算法。因此，笔算的熟练程度既需要概念性理解和计算技能间的联系，又必须努力使两者达成平衡。脱离算理，仅依赖机械记忆法则通过强化练习获得的计算方法往往会出现结构性的错误，同样，理解算理但没有形成计算技能又会影响问题解决的过程。

（1）理解算理的常用方法

通过操作活动理解算理。操作分为三个不同的层次：行为操作、表象操作、符号操作。以"隔位退位减法"的教学为例，教材体现了操作理解算理的主线。首先，可以通过拨珠活动完成 204-108 的行为操作过程，再通过表象操作过程，通过看图回顾行为操作过程，内化、压缩相关操作活动，进一步理解十位是 9 的道理，最后以行为操作、表象操作为基础，完成竖式的计算过程，即符号操作，在符号操作阶段归纳隔位退位减法的计算方法。

通过旧知理解算理。新知与旧知存在较强关联的计算教学内容，教学时要善于把握新旧知识之间的联系。因为从认知的角度看，数学学习过程是数学认知结构的不断建构（或组织与重新组织）过程。以"两、三位数乘一位数的笔算"教学为例，学生往往在笔算 12×3 时会引发争论：究竟从个位乘起还是从十位乘起？以学生现有的知识水平和解题经验去讨论这一问题，两种观点自然是难分高下。教材编写中已考虑了 12+12+12 的连加算法，教师教学时不妨将 3 个 12 连加的竖式计算过程与 12×3 的竖式计算过程进行联系，让学生体会 12×3 的竖式计算就是解决 3 个 12 连加的竖式计算，因此两者的计算方法应该也是有联系的，通过讨论不难从连加竖式的计算方法推导出两位数乘一位数的计算法则。

通过建立模型理解算理。教师要引导学生学习合理地解释自己的探究过程，要学会用不同的方法去说理，比较常用的教学方法是通过几何直观的方式去建构数学模型。因此教师在教学中不能囿于学生探究出相应的结论或计算结果，而应进一步发展学生"讲理"的意识与能力。学生对"理"的建构过程正是将新的概念与已有的知识和经验建立联系的过程，缺少讲"理"的数学教学，新知与原有的认知结构很难建立有效的连接，新知也很难在解决综合问题时被有效地调用，更值得注意的是会影响学生的学习信念。以苏教版教材三年级上册"混合运算"为例，为什么要按照先乘除后加减的运算顺序进行计算？这就既要考虑调用学生的生活经验，同时也需要从数学的角度帮助学生理解先算乘法的合理性，将算式先还原成最初的状态，写成加法连加的形式是 20+5+5+5 或者是 5+5+5+20，从算式简洁的角度，联系乘法的意义理解可以将 3 个 5 连加写成 3×5，那么 3×5 表示的就是 3 个 5 连加的部分，那么在 20+3×5 或者 3×5+20 中，3×5 都是一个整体，如果先算加法就与算式的意义相悖，因此无论算式怎样写，都要先算乘法，再算加法。

类似的，在计算 0.3×0.2、30×20 时，我们也可以用相应的模型解释计算的道理。

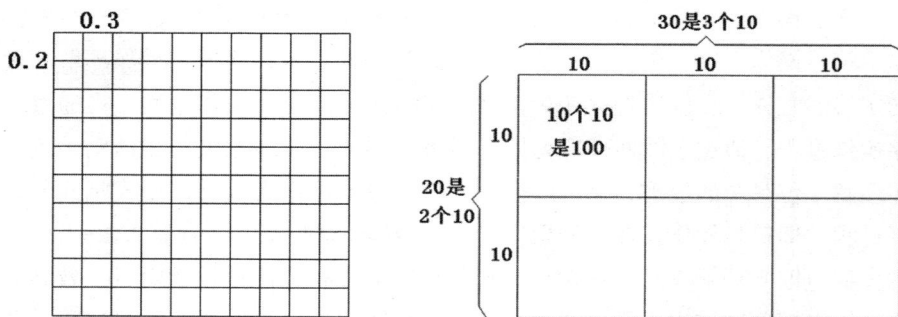

通过推理理解算理是小学高年级计算教学常用的理解算理的教学方法。学生已经有了相应的数学知识，也有较为丰富的数学活动经验，在探究新的计算方法时，可以通过简单的推理活动进行推导。例如，小数乘小数的计算方法就可以通过小数点位置移动引起小数大小的变化、积的变化规律进行推理。分数除以整数的教学，也可以根据分数与除法的关系以及除法的性质进行推理：3/7÷5 = 3÷7÷5 = 3÷（7×5）= 3/35。

（2）关注形成运算技能

成功的数学教学所必需的要素之一是"以培养学生的基本技能及其应用为目的的训练"，强调必须使学生获得一定的口算、笔算以及估算的技能，提倡心算、笔算和计算器的灵活应用。能够熟练地进行计算，在一定程度上意味着明智地选择和适时利用计算工具，教师应当提供机会，帮助学生选择心算、笔算、估算或运用计算器计算。我们在学生计算正确率的技能训练方面卓有成效，不过也存在计算技能训练的单一化倾向。在学习新知识时，教师都提倡并且能在教学中落实算法多样化，一旦通过算法优化后，只关注按法则进行程序性计算，对计算的熟练程度要求高，但是对于计算的灵活性关注不够。造成学生运算路径单一，思维僵化。以 24×15 为例，在学生探究时会出现 24×3×5、24×5×3、24×10+24×5 等多种方法，一旦教学竖式计算方法之后，学生就只会用竖式计算而不会想到其他的计算方法。这和邬瑞香老师所举的例子如出一辙，邬老师的女儿在上幼儿园大班时能解决"一块比萨饼 199 元台币，3 块比萨饼多少钱"，上学以后遇到同样的问题，却告诉妈妈"没有纸和笔就算不出来了"。对此，邬老师表示："只差两年，我女儿就变得不会解题、只会计算了。"

因此，教师可以根据笔算能力的不同水平表现考虑在教学中发展学生的运算能力。可以对笔算能力的水平做些层级划分：能根据计算法则正确进行计算；能理解算理，可以解释计算过程中每步的意义；能识别或自主建构计算过程的模型；能自觉地运用估算等不同的方法对结果进行检验；能理解同一式题的多种不同计算方法；能根据运算数据的特点灵活选择方法进行计算。

三、发展运算能力的教学建议

如前所述，但运算能力不是口算、估算和笔算能力的简单组合，而主要是基于解决实际问题的过程灵活选择合理的方式。"不积跬步，无以至千里"，教师在教学中应全面认识运算能力的内涵，整体把握，多管齐下，发展学生的运算能力。

1. 加强口算训练，提高口算水平

口算是笔算的基础。在一、二年级要能根据课程标准的要求正确、熟练地口算 20 以内进位加法和退位减法以及表内乘、除法。三、四年级能正确、熟练地口算 100 以内的两位数加、减两位数和两位数乘一位数以及相应的除法。五、六年级能正确、熟练地口算相应的小数和分数运算。

2. 增强技能训练的趣味性

在计算练习的过程中，要避免练习形式单调的问题，尽可能地让计算的技能训练富有趣味。可以考虑从改变呈现形式、设计数学游戏、关注学科整合等方面入手。在学生感受趣味、体验快乐的过程中，促进学生思考，在思考中品味数学的内在魅力。这应是数学教师的追求。例如，乘法口诀的复习，教师就可以通过"数字火车"的游戏组织教学。

3. 理解运算的本质

教学时还需要重视运算概念、公式、法则的教学，帮助学生理解运算的本质。有些学生运算能力差，究其原因是没有牢固掌握相关的运算知识。以乘法分配律的教学为例，当学生列出 24×（6+4）和 24×6+24×4 两道算式后，教师提问：如何说明两个算式相等？学生除了通过计算说明两道算式结果相同的方法之外，还可以通过建立相应的数学模型进行解释。

教师继续呈现下一个问题：

上衣每件 50 元，裤子每条 40 元。买 3 件衣服和 3 条裤子，一共要多少元？

学生可以进一步用不同的模型结构进行解释。只有如此，学生才能摆脱简单的模仿，真正理解乘法分配律内在的意义。

4. 结合解决问题的过程，不断呈现算法多样化

在解决问题的过程中，不仅要关注学生利用数量关系正确列式求解，也必须关注求解过程中运算的灵活性。例如，修一条路，如果每天修 24 米，需要 18 天完成。如果每天修 36 米，多少天可以修完？在列出 24×18÷36 之后，教师需要及时地引导学生思考怎样计算更合理。

5. 有意识地进行估算练习

教师在教学时既可以结合笔算学习，合理监测笔算结果，也可以结合具体情境，体会估算在生活中的应用。例如，爸爸买一台微波炉要用 568 元，买一个剃须刀要用 225 元。营业员应收多少元？爸爸应准备多少元？

6. 发展选择算法的策略意识

教师在教学时还应该提供开放、多元的问题，让学生在多样的计算方法比较中发展选择算法的策略意识。教师需要重点关注发展学生选择算法的策略意识，在解决问题的过程中避免单一思维结构的解题路径。以下面的问题为例：

两个登山小队上午 8：00 同时出发，上午 11：00 樱花小队前进 1500 米到达山顶，上午 11：30 海棠小队前进 1700 米到达山顶。如果大家都没有休息，哪个小队的登山速度快？

除了计算速度之外，还可以有其他的解法：樱花小队平均每小时前进 500 米，则半小时可以前进 250 米，可以知道樱花小队 3.5 小时可以前进 1750 米，可以判断樱花小队的登山速度快。当然还有其他的方法解决这个问题，重点在于判断"哪个小队的登山速度快"，而不是仅限于计算两个小队的速度。

参考文献

［1］胡作玄. 数学是什么［M］. 北京：北京大学出版社，2008.

［2］安吉莱瑞. 如何培养学生的数感［M］. 徐文彬，译. 北京：北京师范大学出版社，2007.

［3］董奇，张红川. 估算能力与精算能力：脑与认知科学的研究成果及其对数学教育的启示［J］. 教育研究，2002（5）.

估算要求的变化及教材编写分析

数的运算是小学数学的重要学习内容，在小学数学学习中，运算占有较大的比重，学生需要花费较多的时间和精力去学习和掌握关于运算的知识与技能。《数学课程标准（2011年版）》指出：运算能力主要是指能够根据法则和运算律正确地进行运算的能力。而运算能力又不是一种孤立的、单一的数学能力，在运算分析的实施过程中以及解决问题的过程中，都要求学习者善于分析数据特点，选择运算方法，使得运算过程合理简洁，体现数学的美感。因此，运算能力不仅是一种程序性的操作能力，更是一种数学的思维能力。

在过去，大家更加关注精算能力，对估算能力关注不够。在《九年义务教育全日制小学数学教学大纲（试用）》（以下简称大纲）中提道：培养学生的计算能力，要重视基本的口算训练。口算既是笔算、估算和简便计算的基础，也是计算能力的重要组成部分。……笔算教学要引导学生理解算理、掌握法则，通过必要的练习逐步达到教学要求。要鼓励学生使用学过的简便算法，合理、灵活地进行计算。在大纲中，关于估算只在乘、除数是两、三位数的乘、除法中提到有"乘、除计算的简单估算"，并且是选学内容。根据董奇、张红川的研究，精算能力与估算能力是个体计算能力的两种基本形式，估算能力是指个体在利用一些估算策略的基础上，通过观察、比较、判断、推理等认知过程，获得一种策略化结果的能力。估算能力的认知操作表现出较强的直觉化、跳跃化与内隐化特点，在个体解决实际问题的过程中发挥重要作用，利用估算能力，个体不但可以节约认知步骤，提高问题解决的效率，并且可以帮助个体探索问题解决的策略、估计结果的合理性与正确性、形成恰当的认知决策，因此在日常生活中使用较为频繁，具有很强的实用性。

美国数学教师联合会（NCTM）在20世纪80年代就明确提出将估算能力作为数学教育的重要目标之一。我国在2001年颁布的《数学课程标准

（实验稿）》（以下简称旧课标）中也将估算列入小学教学内容，并将估算提高到与口算、计算并列的高度，编入教科书并渗透到各年级中进行学习。根据孙卫红、陈朝东的研究，在数与代数方面，估算主要体现于对大数的估计以及对计算结果的估算等；图形与几何方面，主要体现于对图形边长、面积等几何量的估测、估量等；统计与概率方面，主要体现于可能性的估计、预测等；综合与实践方面，主要体现于生活实践中的计划与安排等。在旧课标中关于估算的近义词和相关词的统计表明共有102处，较为明确的提法有：能估计运算的结果，并对结果的合理性做出解释。了解四则运算的意义，掌握必要的运算（包括估算）技能。能初步描述物体的相对位置，获得初步的测量（包括估测）、识图、作图等技能。应重视口算，加强估算，提倡算法多样化。

课程标准自2003年开始修订，通过广大地区的实验与反馈，最终于2011年年底颁布了《义务教育数学课程标准（2011年版）》（以下简称新课标）。两个不同版本的课程标准中关于估算的要求也相应发生变化。孙卫红（2013）经过研究指出，对于估算表征的相关词汇在新课标中广泛体现，共计出现117处，新课标中关于估算的相关词汇频数提高，从数量上显示出对估算教学的进一步关注。特别是关于估算教学的要求在发生变化。例如，第一学段的估算要求。

表1-2　第一学段的估算要求

	旧课标	新课标
数与代数（数的认识）	结合现实素材感受大数的意义，并能进行估计	在生活情境中感受大数的意义，并能进行估算
数与代数（数的运算）	能结合具体情境进行估算，并解释估算的过程	能结合具体情境，选择适当的单位进行简单的估算，体会估算在生活中的作用
图形与几何	能估计一些物体的长度，并进行测量；能用自选单位估计和测量图形的面积；能估计给定的长方形、正方形的面积	能估测一些物体的长度，并进行测量；会估计给定简单图形的面积

可以看出，在第一学段数的认识中，将"现实素材"调整为"生活情境"，更有利于教师把握估算背景，更加贴近学生的生活实际。在数的运算要求中，适当降低要求，不再要求"解释估算的过程"，强调了"结合具体情境，选择适当的单位进行简单的估算"。在估算的策略中，凑整计算的核心就是通过选择适当的单位，借助口算估计笔算结果。例如，学校组织987名学生去公园游玩。如果公园的门票每张8元，带8000元钱够不够？解题时，可以将987人看成1000人进行估算，这里适当的单位就是"1000人"。在度量的估计中，选择适当的单位是指确定合适的计量单位。例如，估计教室的长度时，通常以"米"为单位；估计书本的长度时，通常以"厘米"为单位。也可以用身边熟悉的物体的长度为单位，如步长、臂长等。

第二学段的估算要求也适度降低。旧课标要求"应重视口算，加强估算"，在新课标中删去了"加强估算"的要求；在旧课标中要求"能选择合适的估算方法，养成估算的习惯"，在新课标中删去了"养成估算的习惯"。

总的看来，新课标适当降低了估算的要求，但是更加关注估算与学生生活实际的关联，更加凸显估算在培养学生数感和经历解决问题过程、积累基本数学活动经验中的作用。通过运算培养学生的估算意识和能力，以此发展学生的数感应成为我们现在课程教学的目标。因此在教学中应有意识地利用数量估计、度量估计进行估算的渗透，为教学估算做知识准备和思想铺垫；注意让学生在解决实际问题的过程中体会估算的思想，掌握估算的要领；经常安排应用估算探索笔算法则、验算笔算、解决实际问题等活动，培养估算的意识，提高估算能力。

通过大纲、旧课标及新课标中对于估算要求的变化，不难看出相应教材编写的变化脉络。在苏教版九年义务教育六年制小学数学教科书中，根据教学大纲的要求，就安排有估算的教学内容。例如，第七册第12页第11题：下面是一个剧场的平面图。估计一下，这个剧场大约有几百几十个座位？除去对数量的估计，也有在解应用题的过程中运用估算解决问题，不过通常以口答的方式进行。例如，第八册第25页第12题：这本书一共有192页。这本书每页有26行，每行有24字。口答：①这本书每页大约有几百字？②这本书大约有多少万字？在综合实践活动中，也结合具体内容安排估算。如第七册实践活动"我们去秋游"，就要求学生"你能估计出这次活动每人大约要交多少钱吗？（包括门票和车票）"。在图形与几何方面，也安排有估量和在解决问题中的估算等，如第十册第22页第11题：校园里的旗杆竖在一个长方体台阶上。量得台阶的长 4.98 米，宽 2.02 米，高 0.5 米。估计一下，这个台阶的体积大约是多少立方米？

　　在苏教版九年义务教育小学数学教科书中虽然编排有估算内容，总体看所占比重比较小，教材中没有安排估算教学的例题，通常各册中涉及估算的习题不超过 5 题，一般在相关练习中有少量涉及，并且缺少相关估算策略的指导。苏教版义务教育课程标准实验教科书中估算内容得到充分重视。首先，估算内容大大增加，以三、四年级为例，在教材中安排的估算内容均超过 20 处。其次，将估算与精算的教学紧密结合，培养学生的估算能力，通过估算促进对算理的理解，发展学生的数感。例如，在三年级下册第 30 页例题：我家订一份牛奶。一份牛奶（每天一瓶），全月 28 元。订一份牛奶一年要花多少钱？就先引导学生估算：$28×10 = 280$，$28×12$ 要比 280 多，可能是 300 多。最后，关注渗透估算的策略，在取整、截取、补偿、转换、确定范围等方面精心设计例题。例如，三年级下册第 33 页例题：我家有 42 头奶牛。一头奶牛一天大约可挤奶 29 千克，照这样算，家里的奶牛一天大约可挤奶多少千克？教材中给出的三种估算方法就蕴含了不同的估算策略：①估计得数比 800 多；②估计得数比 1500 少；③估计得数在 1200 左右。估算的呈现形式丰富多样，既有数学本身的纯数学问题，如五年级下册第 82 页第 7 题。

　　先估计哪几题的结果比较接近 $\dfrac{1}{2}$，再计算。

$$\dfrac{4}{5}+\dfrac{2}{3} \qquad \dfrac{1}{10}+\dfrac{3}{7} \qquad \dfrac{2}{9}+\dfrac{1}{3}$$

$$\dfrac{5}{8}-\dfrac{1}{5} \qquad \dfrac{3}{5}-\dfrac{1}{2} \qquad 1-\dfrac{1}{9}$$

　　也有与生活实际联系紧密的数学问题，如五年级上册第 89 页第 3 题：一种西服面料，每米售价 58.5 元。买这样的面料 5.2 米，应付多少元？（先估计得数，再计算。）

在新课标颁布之后，苏教版教材也随之进行了相应的调整。在保持原来优势的基础上，教材在估算安排上具有以下的特点。

估算与口算、笔算的联系更加紧密，相辅相成、相互促进。以三年级下册第一单元除法编写为例，笔算教学的例题都是先估计再笔算，这样的例题编写特点能有效地激活学生已有的学习经验，以估算的方式鼓励学生自主探索，为笔算教学有效地化解难点。例如，986÷2，引导学生先估计"900多除以2得400多"，为笔算时理解4要写在商的百位上做好准备。值得指出的是，教材在笔算教学后继续安排有估算的内容，要求学生先估计商是几百多还是几十多，然后再计算，这些估算的安排都对学生理解算理、掌握算法、提高试商能力起到了积极的作用。这样的教材编写方式较好地体现了估算与精算的关系，帮助学生了解何时需要估算，何时需要精算，怎样通过估算促进精算等，如右图所示。

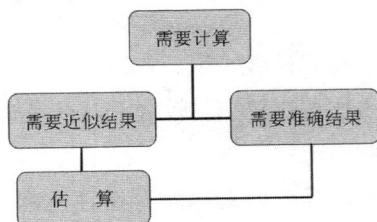

精心编写例题，凸显估算与现实情境的联系，帮助学生理解估算的现实意义。估算并非是无意义的猜测，估算的结果应当尽可能地接近实际情境，避免出现过大的误差。因此进行估算需要经过符合逻辑的思考，要有依据，所以好的数学估算问题能够通过估算对实际问题做出合理的解释。例如，三年级下册第2页的例题。

② 王大伯把去年收获的蒜头装在同样大的袋子里，一共装了60袋。为了估算总产量，他从中任意抽出5袋称一称，结果如下表：

第一袋	第二袋	第三袋	第四袋	第五袋
28千克	31千克	31千克	29千克	33千克

根据称出的结果，你能想到什么？

有的比30千克少一些，有的比30千克多一些。

每袋蒜头都差不多重。

每袋大约重30千克。

你会估算王大伯去年大约一共收获蒜头多少千克吗？

这是以生活中的实际问题为背景，并且所用的估算方法可以顺利地迁移到类似场景中去解决类似问题。现代社会充满着大量的数据，运用好这些数据需要人们对数据进行分析，体会数据分析的价值。随机抽样获得五袋蒜头的质量也在默默地渗透通过数据分析体验随机性。这个数学问题将数据获取、分析、选择算法（估算）解决实际问题整合起来，帮助学生更深刻地体验估算的价值与作用。

教材的编写中还关注到估算策略的渗透。墨菲（1989）发现学生能通过系统的教学获得估算技能，经历过估算技能教学和实践的学生比没有接受这种教育的学生估算能力更强。教材在加法、减法教学中，不仅都强调联系现实情境，还关注渗透凑整的估算策略，即把参与运算的数看作与之接近的整百数或整千数来进行估算。这样的安排符合学生的认知，学生容易理解估算的基本方法，也乐于用估算去解决实际问题。在乘法、除法教学中渗透截取、补偿的估算策略。例如，四年级上册第 9 页教学 380÷30 时，提出"你能估计商大约是多少吗？"教材中引出的思路：①30×10＝300，商比 10 大；②30×20＝600，商比 20 小；③商应该在 10－20 之间。估算的难易或成功与否，取决于估算的合理和准确。只有采用了恰当的估算策略，个体才能得到正确的估算结果。教材中关于估算策略的渗透是显而易见的，需要教师在实际教学时进一步关注估算策略的教学。

总体来看，新旧课标与大纲相比，估算的教学地位明显提高到与口算、计算并列的程度，并且教学要求明确具体。从课程标准的修订情况看，估算的要求适度降低，使之更加贴切学生的实际，新课标更加重视估算的现实背景，突出估算的单位选择，将估算活动作为丰富数学活动经验、发展学生数感的一种重要手段。苏教版小学数学教材在估算方面的编写紧贴课标要求，关注紧密联系现实的生活情境，在解决问题的过程中感受估算的价值与意义。不同年级估算教学的要求具有鲜明的层次性和适度性，关注估算策略的渗透。在编写时将估算与口算、笔算紧密结合，对发展学生的运算能力起到积极的促进作用。

参考文献

[1] 中华人民共和国教育部．义务教育数学课程标准（2011 年版）[M]．北京：北京师范大学出版社，2012.

[2] 董奇，张红川．估算能力与精算能力：脑与认知科学的研究成果及

其对数学教育的启示［J］. 教育研究，2002（5）：46-51.

　　［3］孙卫红，陈朝东. 中国数学课程标准对估算要求的变化探析［J］. 数学教育学报，2013，22（5）：27-31.

　　［4］教育部基础教育课程教材专家工作委员会. 义务教育数学课程标准（2011 年版）解读［M］. 北京：北京师范大学出版社，2012.

　　［5］陈丽兰. 小学四~六年级儿童估算策略选择的干预研究［J］. 数学教育学报，2011，20（3）：63-66.

重视培养学生的估算能力

数学教学要发展学生对数学学习的情感，除了在情境化和趣味性上下功夫之外，让学生体会数学的学科价值是更为深层和更稳定的路径，在小学阶段重在体会数学与生活的联系，并且在解决问题的过程中感受数学的作用。在解决问题的过程中，常常需要用到精算与估算，估算是解决实际问题常用且有效的策略与方法。学生在利用估算解决问题时，需要在具体情境中利用已有的知识和经验去把握数的大小关系，并且选择恰当的运算方法去解决问题。所以，教师不能简单地将估算作为精算的补充，也不能简单地将估算视作一种程序性算法。根据董奇、张红川的研究，精算能力与估算能力是个体计算能力的两种基本形式，利用估算能力，个体不但可以节约认知步骤，还能提高问题解决的效率、估计结果的合理性与正确性、形成恰当的认知决策，因此在日常生活中使用较为频繁，往往具有很强的实用性。

教师目前的教学现状是怎样的呢？是否对估算在解决问题的过程中有足够的重视？是否掌握将估算与教学内容整合的方法并形成教学能力？我们可以从教师的教学片段去观察教学现状。F 老师是一名认真负责的年轻教师，重视学生双基的训练。下面是她执教四年级下册乘法单元三位数乘两位数的片段。

【教学片段】

师：请同学们完成第 2 页第 5 题，得数直接写在书上。

21×4	60×9	43×2	12×40
21×40	600×8	20×34	70×20
210×4	60×50	3×230	3×900

学生完成后校对结果。

教师出示 144×5 和 44×15，指出这是过去学过的乘法，请同学们做在练习本上。做完后，教师根据学生 44×15 的竖式提问：220 是怎么来的？竖式中的 44 表示多少？660 是怎么得来的？

教师出示例题：月星小区有 15 幢楼，平均每幢楼住 144 户。月星小区一共住了多少户？请学生说出题中的信息和所求问题。

师：今天我们学习三位数乘两位数，144×15 怎样计算呢？自己在练习本上试一试。

学生独立练习，教师请学生板演。

师：你说一说是怎样算的？

生：先用 144×5 = 720，再用 144 乘十位的 1 得 1440，然后相加。

师：720 是怎样算出来的？1440 是怎样算出来的？2160 呢？

生：144 乘 5 得到 720，144 乘十位的 1 得到 1440，然后把 720 和 1440 相加得 2160。

师：同座互相说一说是怎样算的，想一想计算时要注意什么？

接下来教师要求学生完成相应的计算练习，多数是以技能训练为主。

从教学片段中分析，教师往往还没有将估算水平的发展与学生解决问题的能力发展结合起来。因此在教学中如果有关于估算的教学例题，教师才会安排相应的教学活动，教师是孤立地将估算教学内容作为数学知识点进行教学的。在《义务教育数学课程标准（2011 年版）》指出：在生活情境中感受大数的意义，并能进行估算。能结合具体情境，选择适当的单位进行简单的估算，体会估算在生活中的作用。所以教师要重视联系生活实际，在探究和解决问题中合理估算和选择合适的算法去发展学生的能力。

另一方面，估算也关系到学生元认知能力的发展。元认知能力是指在解决问题的过程中的自我监控与调整能力，例如，对解题过程合理性的判断、对结果的自觉检验、对完整解题过程的回顾等。学生的计算往往只聚焦于获得计算结果，往往不考虑是否正确。因为在长期的学习生活中，我们的教学方式带给学生的观念是：学生需要完成教师布置的任务，结果正确与否，教师会做出判断。因此，教师必须关注培养学生自我描述其对结果的获取过程，能对结果的合理性做出解释。只有如此，学生才会关注思路是否合理，而不是将数学简单地处理成题目中数据的混合运算。改变这样的现状，一个方面是需要进一步发挥学生的主体性，让学生意识到自己是学习的主人，学习是自己的事情。其次是培养责任意识，需要对自己的行为负责，包括解题结果。最后，需要关注自我监控能力的培养。在这方面，估算毫无疑义地是一种重要的方法。

估算有其特性，单纯的估算并无太大的意义，除了起到训练估算的技巧，形成估算技能之外，并不能让学生感受到估算的作用。因此，估算的学习必须把握的基本原则是将估算与解决问题紧密地联系起来，使得估算与生活实际联系起来，与要解决的数学问题联系起来，让学生感受估算的应用价值。正如单墫教授所说的"在游泳中学习游泳"，在解决问题中合理地运用估算。墨菲（1989）发现学生能通过系统的教学获得估算技能，经历过估算技能教学和实践的学生比没有接受这种教育的学生估算能力更强。相应的，可以先安排一定的估算技能训练，但是必须及时地将其与问题解决结合起来。就估算水平的发展来看，随着学生能力的发展，也会有不同的估算方法。学生最常用的估算方法是凑整，即将接近整十、整百……的数看作整十、整百……这样的数去进行运算，学习小数后，将一个小数看作整数也用到凑整的方法。例如，192÷3.2，将3.2看成3进行试商就利用了凑整方法。随着估算能力的发展，学生在估算时会用到确定结果范围和补偿的方法，这些估算方法也需要教师有层次、有步骤地组织学生学习。需要关注的是，教师在组织学生学习估算时，尤其是当学生掌握了不同的估算方法后，要引导学生对估算的结果进行分析和调整，其目的首先是引导学生回顾估算的过程与方法，积累估算经验，其次是对结果的合理性进行解释，并且通过不同估算方法的比较，调整估算方法，使之更加合理。

那么，估算怎样整合在日常的数学教学之中呢？

1. 估算可以用于引入数学问题

教师可以加工例题，将题目中确定的信息加工为不确定信息，这样增加了问题的开放性和层次性，更好地吸引学生参与到问题的讨论之中。以苏教版小学数学教材二年级下册"两位数加两位数的口算"为例。

师：在超市买过东西吗？生活中买很多东西时我们都是准确地算出结果吗？比如，一种商品价格是29元。

生：可以把29看成30。

课件出示玩具汽车和火车的价格：2□　　　3□

2□元　　　3□元

师：两种玩具各买一个，可能付多少元？

生：有可能是五十几元。

师：有可能是六十多元吗？为什么？

生：有可能，如果个位相加进位就是六十多。

师：能举个例子吗？

生：比如，28+39 就是六十多。

师：那什么时候是六十多呢？

生：当个位相加出现进位时，结果就是六十多。

师：有可能结果是七十多吗？

生：不可能，因为十位 2 加 3 等于 5，个位就算是 9 加 9，最多只能向十位进一，也才是 68。

师：那什么时候是五十多呢？

生：个位相加不进位。

师：看来两位数加两位数的口算可以分成个位进位和不进位两种情况。像二十几加三十几的和就可能是五十多，也可能是六十多。顾客买东西可以估算，但是谁是不能估算的？（营业员）所以生活中的口算会根据数量的多少或者是不同的职业特点，有可能是估算，也可能是精确计算。如果要精算出结果，必须知道商品的价钱。你能说说两种商品可能的价格吗？

生：汽车的价钱可以从 20 元到 29 元，火车价钱可以从 30 元到 39 元。

师：能说个和是五十几的例子吗？（21+31）和是六十几的？（25+36）想一个难些的。（29+39）

接下去教师用学生提供的算式作为例题开展教学。

2. 自主探究时利用估算确定结果范围

计算教学中常常会请学生自主探究，要使探究活动有意义，必须让学生形成对探究结果自觉进行检验与解释的习惯。学生在判断计算结果正误的过程中，不仅要运用估算方法，而且感受到估算对笔算的监控作用。正如郑毓信教授所言："我们未必一定等到专门讲'估算'时才去进行估算，而应将这一活动渗透于平时的学习活动之中。"实际教学中可以灵活运用，既可以先估算再笔算，也可以先笔算再估算，通常以先估算再笔算为多，应用估算检验笔算，有助于学生形成检验的习惯。以苏教版小学数学教材五年级上册"小数乘小数"为例。

教师课件出示情境图。

师：小明家搬进新房了，这是新房的平面图，从图中你知道哪些信息？又能提出哪些数学问题呢？在小组中互相说一说。

生讨论后反馈（略）。

师：3.6×2.8的积大约是多少呢？谁能将自己的想法说一说？

生1：可以把3.6×2.8想成4×3，所以结果大约是12，不过应该比12小，因为4比3.6大，3也比2.8大。

生2：如果把2.8当成3，3.6也当成3，结果是9，感觉结果应该比9大。

生3：把2.8看成3是可以的，但是把3.6看成3，相差有些远了，如果就想成3.5×3，结果应该和10接近。

师：同学们说得有道理，通过我们的估算，我们可以确认的是结果应该比12小，还有的同学估算结果比9大或者是与10接近。那结果究竟是多少呢？我们可以自己去试算，然后再和估算的结果比较。

3. 估算中可以蕴含计算方法

估算也可以为新知的计算方法提供必要的思路指引，通过估算可以帮助学生更好地探究新知的结果。以五年级上册"小数除以整数"为例。

出示情境图，图中的信息是："买4盒牛奶一共6.8元。"

师：图中有哪些数学信息？你能提什么数学问题呢？

生：4盒牛奶一共6.8元，可以求一盒牛奶多少元。

师：如果我有2元钱，也想买一盒牛奶，够不够呢？

生：够。

师：请问你是怎么想的？

生：因为6.8除以4等于是1元多。

师：怎么算出1元多一些的？

生：它是6元多，如果只用6元除以4，商是1元多一点。

师：对了。只要用几除以4就可以估算出商大约是多少？

生（齐）：6。

师：只要用6除以4，我们就可以估算出每盒牛奶大约是1元多。到底是1元多多少呢？还需要精确计算6.8÷4的商是多少。

教学片段中估算可以帮助学生初步感受"先用小数的整数部分除以整数"的计算次序，其次能大致估计商的近似值，有利于学生理解商的小数点与被除数的小数点对齐的道理。最后，利用估算还可以引出"计算准确值"

的话题，以引出后面的教学过程。

4. 联系实际开展估算，发展数据处理能力

现代社会充满着大量的数据，合理地处理数据是对数据进行分析的前提。数据的处理过程往往会用到数据的分段整理、估计与估算，这样的过程有利于学生体会数据分析的价值，发展数据处理能力。

5. 练习设计关注估算与解决问题的融合

将估算与日常教学整合，常用的方式就是在练习设计中合理地安排估算，将估算与解决实际问题相结合，发展学生的估算能力。以三年级上册第一单元两、三位数乘一位数中"整百数乘一位数的口算"教学为例。

在完成教材中的练习后，教师出示自编习题。

师：王叔叔加工检测零件，一小时加工检测 203 个，每天工作 8 小时，大约检测多少个零件？你觉得这个题目中，哪个词引起了你的关注？

生：大约。

师：大约这个词你懂吗？

生：就是这个数大约是多少，比如，203 大约就是 200。

师：这个大约是多少，就和咱们生活当中常说的差不多、接近、左右的意思是一样的。咱们来想一个问题，如果要考虑王叔叔一天大约加工检测多少个零件，需要计算出准确加工的零件数吗？

生：不需要。

师：那这儿的 203 咱们就想做多少呢？

生：200。

师：请问，想王叔叔大约加工检测多少个零件，只要想几乘几？

生：$8 \times 200 = 1600$。

师：解决这个问题给我们带来的启发是什么？（停顿）我们前面做的题目中的数值正好都是？

生：整百数。

师：但是生活中，会有那么多正好是整百数的情况吗？

生：不会。

师：商场里面卖衣服打折最容易出现这种情况，衣服打折后价格是 199 元，或者 299 元等，这时要估算需要花多少钱，你会用 299 去乘吗？

生：麻烦。只要把 299 想作 300。

师：我们下面就先估一估。第一题 48×5，大约得多少？

生：大约是 250，把 48 想作 50。但是积比 250 要小。

师：397×3，估算积大约是多少？

生：1200。把 397 看作 400，积比 1200 小。

师：510×7 会估算吗？

生：把 510 想成 500。积大约是 3500，正确的积比 3500 要大。

师：好，下面就用估算来解决问题。（出示题）小朋友秋游，门票每张 8 元，小朋友一共去了 290 人。老师带了 2500 元，够吗？

生：够。因为 290 接近 300，8×300＝2400。2400 都小于 2500，而且实际的钱还不到 2400，所以绝对够。

参考文献

[1] 王林，等. 小学数学课程标准研究与实践 [M]. 南京：江苏教育出版社，2011.

[2] 王凌. 估算要求的变化及教材编写分析 [J]. 小学数学教育，2015 (Z2)：35-37.

[3] 王凌，余慧娟. 关于数学教育若干重要问题的探讨——对话特级教师王凌的读书笔记 [J]. 人民教育，2008 (7)：39-45.

[4] 陈丽兰. 小学四~六年级儿童估算策略选择的干预研究 [J]. 数学教育学报，2011，20 (3)：63-66.

一道题引起的思考

有一次教学片进行数学学业水平测试，在测试前，学校照惯例抽取样卷存档，发现一年级的数学试卷上有两道看图列式题，第一幅图意是大树上有 3 只鸟，稍远处有 3 只鸟向大树方向飞，更远处也有 3 只鸟向大树方向飞。第二幅图意是小河中有 4 只鸭，远处岸上有 2 只鸭，还有 3 只鸭刚刚上岸。

应该怎样列式呢？这引起了部分教师的兴趣，大家各抒己见，列出了不同的算式（只限加减法），并且给出了相应的理由。

第一幅图：

算式	列式理由
3+3+3＝9	树上和天空一共有几只鸟？
9-3-3＝3	一共有 9 只鸟，天空飞着 2 群鸟，每群都是 3 只，树上有几只？
3+3-3＝3	在天空飞的鸟比树上的鸟多几只？

第二幅图：

算式	列式理由
2+3+4＝9	一共有几只鸭？
2+3-4＝1	岸上的鸭比河里的鸭多几只？
9-2-3＝4	一共有 9 只鸭，除去岸上的，河里的有几只？

究竟本题的答案是什么？

1. 任课教师认为本题的标准答案为：

第一幅图：3+3+3＝9，理由是第一幅图描述的是：两群小鸟往树上飞，表示把树上的小鸟和飞来的小鸟合起来，是指连加情境。

第二幅图：$9-3-4=2$ 或 $9-4-3=2$，理由是第二幅图描述的是：9 只小鸭是一个总数，先后游走了两群小鸭（从鸭头的方向观察），表示从总数中去掉两部分，因此必须列连减算式。并且在教材上找到相应的例题来支持自己的观点。

2. 每位给出算式的教师都认为自己列出的算式是对的，因为题目中只要求看图列式，也就是根据自己对图意的理解列出算式，而自己对图意的理解显然是站得住脚的。

3. 在阅卷过程中，我们发现同学对图意的理解呈现多样化，列出的算式也不同。

经过激烈的争辩和询问出卷人，大家达成共识：只要算式能给出合理解释，就应判为正确算式。从而使该题的答案呈现开放性。

关于这道题的争论结束了，但由此引出更多的思考。

数学教学，教师首先应有关于对数学的理解。

"数学是模式的科学"

"数学是科学，数学更是一门创造性的艺术"

"数学是科学，数学也是一门技术"

"数学是一种语言"

"数学是一种文化"

……

不同的时期、不同的人对数学有不同的认识，随着社会的发展，数学也被赋予更具时代气息的内涵。数学教学在于帮助学生学习一种科学语言、一种思维方式，通过数学学习可以训练心智、形成技能、丰富观察世界的视角，并在多种途径服务于现实生活。从这样的观点看，如果认为第一幅图只能是 $3+3+3=9$，第二幅图只能是 $9-4-2=3$，那教给学生的一定不是数学，只是一种在刺激—反应机制下产生的记忆结果，是看图回忆某个特定对应算式的机械记忆，而且会使学生形成错误的认知和数学信念。

一、为什么学数学

在古代，"数"作为"六艺"之一，学习数学的目的是"经世致用"，注重数学的显性价值；在应试教育的年代，学数学的目的是应付考试。如果从这些方面看数学，我们根本找不到大多数人学习数学的理由，因为社会中的绝大多数人可能根本无须学习小学程度以上的数学。根据数学教育家波利亚的调查：社会中数学家、数学研究人员大致占总人数的 1%，大约 29% 的人在工作中可能会用部分数学知识，70% 的人在他们的一生中可能用不到小学程度以上的数学知识。

所以，作为教师，更要思考"学生为什么学数学"！

在现代，数学已经越来越多地融入我们的生活，数学已经成为生存和发展的基本技能、成为一种基本素质。大多数人想起数学，总是会联想到计算，这是从数学的显性价值上看。事实上，从数学的隐性价值来看，学生学习数学的目的已经不仅是数学知识的掌握和数学技能的形成，更重要的是通过学习形成一种数学素养和继续学习数学的能力，在大量的事实中，能够运用数学思想去发现问题、分析问题，从而解决问题。人们的相互交流会出现众多的数学信息；决策需要收集、整理数据，进行分析，从而进行判断；数学在各种职业领域中的作用越发凸现。

下面是发生在三年级学生课间活动时的真实例子。

甲同学："我有很多画片，昨天我用 3 元钱买了 50 张。"

乙同学："我给你 10 元钱，你给我买多少张？"

甲同学："这么多钱啊，我给你 100 张。"

乙同学有些意外地说："哇！有这么多张啊！"

可以看出，一个人的数学素质对处理事务的能力有很大的影响。

二、学生的学与教师的教

目前教与学的方式，仍然有相当一部分以被动接受式为主要特征。学生的知识主要通过教师的讲授获得，知识的掌握主要依赖于反复演练习题，学生很少有发表自己观点的机会，当自己的认识与教师或者课本相悖时，常常遭受指责，课本与教师是不可动摇的权威，一切学习活动以教师和课本为中心。结果造成高分低能的客观事实，缺乏基本的数学素养。

学习不是学生对教师所授予的知识的被动接受，而是依据已有的知识和经验做出主动的构造，这个构造过程是一个社会化的过程。学生不是知识的接收器，他们学习数学的过程应该是一个积极参与、经历实践和创新的过程，其间应该保持较高的认知水平和积极的情感体验。

在李忠如翻译的《实施初中数学课程标准的教学案例》中介绍的数学改革项目之一——"QUASAR 计划"的主要目标是给学生提供更多的思维、推理、问题解决和数学交流的机会，并且认为除非学生经常地、主动地和富有成效地参与认知上具有挑战性的任务，否则学生的学习不可能深入或获得更加丰富的概念。并且发现有必要把数学教学任务定义为：不仅是课本上或教师授课计划中出现的问题，而且是围绕教师和学生组织和实施那些问题所进行的课堂活动。在阅读了该书介绍的案例和案例分析后，发现教师在分析案例时，非常注重学生在课堂上的认知水平是否保持在一个较高的水平，是否积极参加到数学活动中，是否保持着积极的情感，教师在课堂上是否通过自己的提问、参加学生活动等教学组织活动，促使学生保持在较高的认知要求水平，并以此作为评价一节课质量的标准。大部分案例在一节课中的绝大部分时间都是由学生自己在进行探索性的自主学习，有时并没有完成教师课前的预定教学任务。总体来说，在一节课中教师关心的不是知识的获得和掌握，而是学生如何去获得知识，因而要求师生的课堂活动尽可能保持在高水平的思维层面上。当然，我们不能照搬现成的教育模式，需要在"四基"与"四能"的掌握与能力的发展之间寻求一种更符合学校现实的基础教育。但能否从同行的工作中受到这样一种启示：高质量的高等教育正是基础教育长期"授渔"的结果。学习过程的积累产生了对数学本质的认识，这是一个由量变到质变的过程。

有一份教师问卷调查：如何看待学生在考试中的失分？教师的回答是：如果教过的，那不应该错，要让学生再次反复练习；如果没有教过，可以原谅。说明在教师的潜意识中，学生的学习是一种模仿，学习就是操作，操作就能掌握，信奉"熟能生巧"。长期以来，我们可能把数学课演变成了单纯的数学知识灌输课或数学技能训练课，忽略了学生的实质参与、学生的积极情感、学生的数学思想的形成。注重的是学生学习的短期效应，带有较强的功利色彩。要通过创设问题情境，让学生自主学习与合作交流，不仅掌握数学知识，更注重学习方法、思维方法和积极情感的养成，形成继续学习数学的能力和思维方式，为终身学习打下坚实的基础。

三、教师教什么

"考什么，教什么"，这恐怕在很多地方很长时间内都是不争的事实。但是对于大多数人来说，掌握数学与外部世界的密切联系，从而获得能力，适应于当今社会的生存与生活，并进而能够改革社会，促使其发展才是更重要的。

因此要教基本的数学知识和数学技能，不仅为进一步学习做准备，而且能解决生活中种种涉及数学的问题，满足基本的生活需要，成为生活中的思维工具。随着时代的不同，"双基"的内涵也在发生变化，例如，计算器的普及，使计算的速度不再是追求的目标，而对信息的搜集整理、对随机事件发生的不确定性的判断则成为一种基本要求。这些都应当是教师应该正确理解的。

教师应该教给学生如何使用数学的语言，教数学的思维方式，教数学的交流，教学生用数学观念反映世界，教对未来学习可引起持久良性变化的学习能力。这就要求学习内容是现实的、有意义的和富有挑战性的。这里的"现实"是指学生的现实，一方面指学生的生活现实，另一方面也指学生的数学现实。学习的内容应该有意义，以了解数学的精髓。陈重穆教授响亮地提出"淡化形式，注重实质"，提出改变过分追求形式化的现状。例如，在低年级中，如果小鸟的头朝大树就一定要用加法，小鸭的朝向不同就一定要用减法，这显然是荒谬的。富有挑战性应该是指没有明确的解决问题的途径的数学问题，而不是指步骤繁杂或者过分强调解题技巧，例如，做相关问题的社会调查、描述图表的含义并根据已有信息对未来事件做出预测。

四、如何正确地理解教材

首先应该正确地理解教材，而不是将教材绝对化。正如教材上的连加例题（小鸟飞树图），在教学参考书上写道："教材只安排了一道例题，这道例题通过树上有 2 只鸟，又飞来 3 只，远处还有 1 只在飞来，一共有几只鸟的演示过程说明了连加的意义和计算的顺序"。可见，必须有一个动态的过程，才有利于学生对连加的理解。对于一幅静态的图，当然可以列出连减或者加减混合的算式。

在教材中，连减例题是通过一幅"采摘丝瓜"的图来进行教学的，图中画了一个丝瓜藤，藤上还剩 5 根丝瓜，采摘丝瓜的小朋友手中拿着 1 根丝瓜，筐中还有 3 根采摘下的丝瓜。在教学参考书上这样写道："教学例题时，可以引导学生看图，问原来一共几条丝瓜？第一次采下几条？算式怎样列？口答还剩几条丝瓜；再问第二次又采下几条？算式里又要怎样写？……"从第一个问题："问原来一共几条丝瓜？"可以看出，这幅图可以列出连加的算式。

作为一个新知识点教学的例题，通过这样的图和动态演示来反映连加与连减的意义，并无不妥。但是在具备一定的知识和学习能力之后，学生的认知结构与认知能力发生了变化，经过一段时间再次看见这样的看图列式，必然会在现有的基础上重新建构，这就不难理解为什么绝大多数同学，尤其是高年级同学解这道题会出现不同的情况。

从辩证关系看，教材只是提供一个教学内容的载体，是一个教学的辅助工具，教师可以根据学生的生活现实修改例题，创设情境、以更有利于学生学习、有利于再创造。教材中提供的解答是正确的，但不一定是唯一的。在学生的认知结构不断变化时，在学生的认知能力不断发展时，如果再以静止的眼光看待发展的事物，必然会阻碍学生的发展。因此提倡在正确理解的前提下，提倡算法多样化。对教材，教师应该做到不唯本、不唯上；在以学生为中心的前提下，用好教材、用活教材。

三维解读：实现有效教学的重要策略

如果脱离对人的教育，脱离促进学生的和谐发展，那么要想真正实施有效教学就无从谈起，毕竟学科教学也仅是学校教育的一个部分，当然也是相当重要的部分。因此，要真正实施有效教学，最根本的是先要树立以育人为本的教育理念，树立为学生服务、促学生发展的教学思想。只有如此，才能真正落实"在情境中发现问题，引发学生形成猜测、进行探索、验证与修正、形成规则、推广应用"的数学学习过程，才能理解数学学习何以在培养学生的科学精神的进程中如此重要，才能真正理解数学何以是一种文化，才能理解课程改革为什么要将改善学生的学习方式放在突出的位置。

当然，有效教学还需要在理念指导下的行为，就我个人体会，从教材、学生、教法的三维角度作综合思考，是实施有效教学的必由之径。

教材是教学的素材，是依据儿童的年龄特点和认知规律将教学内容进行科学编排的教学媒介。教材的编写者中汇集了众多的一线优秀教师，将教学经验和教育理念有机结合，具有便教利学的特点。目前的状况是有些教师认为教材存在这样或那样的"不如意"，试图在改动教材的前提下进行教学设计。首先我觉得这是一个好现象，因为这其中有着教师对教材的分析与思考，有着对教材的初步研究，但是这样的研究还缺少更为深入细致的思考与比较：教材改动后的教学起了哪些变化？不改动教材进行教学，效果真的不好吗？

很多教师谈到教材的情境与当地的实际情况存在较大差异，于是改变教材情境，这样做当然是可以的。不过换个角度思考：是否学习内容必须有了生活经验才能纳入教学内容？是否城市孩子只能学习以城市生活作为题材载体的数学知识，而乡村孩子只能在解决蔬菜、家禽数量的问题中学习数学呢？我想，作为教师，我们有义务引领儿童了解这个世界，去感受这个世界。试想在语文教学中，海南的孩子不也在学习《雾凇》吗？东北的孩子不也在学习《曼谷的小象》吗？我们可以通过创设情境让学生了解未知的领域。

我曾执教过"搭配的规律"一课，备课伊始一味地困在修改教材例题的思路中，总认为教材例题编写的难度过浅，层次不丰富，拓展不够。但是细细研读教材后，却发现原来仅是读教材了，但是没有读懂教材。教材的编写意图是让学生在探索的活动中体会有序思考的数学方法，在交流的过程中体会符号化思想，体会图解的策略，教学过程应当是一个学生的数学学习探索的活动过程，方法是学生在体验的过程中悟出来的。这样的立意是原先所未曾想到的。事实上，原来的思路在数学知识的传授上，学科本位意识还是偏重了，作为学校教育的"数学教育"，若脱离"教育"来谈"数学教学"，难免会脱离数学教育的本意。读懂教材、读透教材，是有效教学的前提。只有在读懂、读透教材的情况下，才能谈得上对教材进行再加工，才能体现编写意图，做到"形变而神不变"。

学生是学习的主体，对学生已有知识和生活经验的把握，对儿童数学学习心理的了解，是我们在教学中是否能真正落实学生学习主体性的关键。有某些教学内容教师普遍反映学生存在学习困难，教学的难度大。那么我们有必要问自己：我们课前对学生做过调查吗？对学生的学习困难我们了解了什么？须知"知己知彼"，方能"百战不殆"。例如，四年级下册的"旋转"，学生本身没有关于旋转的操作性经验，那么我们就必须在课堂教学时加强相关的实际操作，才能借助操作培养空间想象能力。再如，"两位数除以一位数"的例题52÷2，教材编排是5筒羽毛球，每筒10个，旁边还有2个羽毛球，要平均分成2份。我们请学生做了实验，多数学生会先将2个单独的羽毛球先平均分，然后再将5筒羽毛球平均分。这样的操作过程与竖式计算之间就存在不协调，所以我们把例题改成了52÷4。这种改动是基于对学生操作活动的了解的。只有通过学习、通过不断地对学生进行调查了解，才能丰富我们关于学生学习的知识，这是实施有效教学的重要资源，是有效教学的基础。

教法的合理选择是实施有效教学的保证。教法的选择基于对教材的准确把握和对学生的深入了解，脱离这两个基本要素考虑教学设计，其有效性是很难得到保证的。教法的选择首先应是在尊重学生数学学习规律的基础上考虑如何落实教材的教学要求。如果教学内容对学生来说是可以借助已有知识、经验进行同化的，我们就应当考虑如何进行迁移；如果教学内容对学生来说是必须顺应的，我们就应当考虑如何引导学生经历学习过程，促进对知识的理解，使知识结构重新达成一种平衡。例如，我对四年级"认识整万数"的教学设计就是考虑到对学生而言，这一内容的学习是一种同化的学习。其次，教学方法的选择必须考虑让学生作为学习的主人真正参与到学习活动中，教师在组织教学的过程中，很重要的一个方面就是为学生营造一个好的学习环境，教师要在此基础上，引导学生将探索的知识、学习的方法经历从模糊到清晰、从不自觉到自觉的过程。有老师担心学生的探究活动会影响教学内容的按时完成，于是在教学中会越俎代庖。但是要知道：知识是可以传授的，经验是无法传授的。数学教学不仅是数学知识的学习，还要在学习过程中感受学习方法，理解数学思想和方法，获得数学活动经验。

计算失误的成因及纠正

在教学实践中经常发现一些学生在计算上失误，我们把学生做错的题目收集起来，分析其原因，发现有的学生是没有养成良好的学习习惯，有的是口算不过关，有的是没有掌握计算法则，没有牢固地掌握运算顺序以及运算定律，……所以我们不能认为计算错误都是学生粗心造成的，必须分析产生错误的原因，以利于指导计算教学。

1. 视觉负迁移造成的错误

一些学生计算时注意力不集中，急于求成，造成观察不仔细，视觉表象模糊，结果形成对数字、运算符号等的感知错误，如把 10.78 抄成 0.78，把 3+3 看成 3×3，……从而造成错误。

2. 强信息引起的干扰

强信息在大脑中留下的印象深刻，当遇到与强信息相似的外来信息时，原有的强信息痕迹便被激活，干扰正常的思维活动。如 25×4 = 100 是一个强信息，很多同学在计算 24×5 时受到干扰而产生错误，再如 4.3×5.4+4.3×3.6 这类题在提取公有因数后，其余两数相加一般是 10 或 100，这是一个强信息；受其干扰，有的同学把这道题算成：4.3×5.4+4.3×3.6 = 4.3×（5.4+3.6）= 4.3×10=43。

3. 基础知识、基本技能方面的缺陷引起的失误

小学数学中的概念、性质、公式、法则、定律等基础知识，学生只有在真正理解、牢固掌握的前提下，才能正确、灵活地加以应用，提高计算能力。有的同学对乘法分配律不能正确理解和灵活运用，于是就把 53×23+47×23 误算成（53+47）×23×23 或（53+47）×（23+23）；有的同学口算不过关，计算方法不明确，这些基本的技能没有形成，也是计算失误的重要原因。

有些计算的失分是学生受到知识缺陷的影响而造成的。例如，计算整数加、减分数的计算，由于教材中完全没有涉及，教师也没有补充，大部分学

生只会将整数化为假分数进行计算，如：

$$13-\frac{1}{12}=\frac{156}{12}-\frac{1}{12}=\frac{155}{12}$$

过程繁杂，计算量大，很容易算错。从这个角度看，在小学当中，完全不教带分数的相关计算是不可取的。可以适当地开展关于带分数加、减法的教学，计算过程的道理学生也很容易与小数加、减法的道理进行联系。

针对这些错误原因，在教学中应采取行之有效的方法进行纠正。

首先，加强针对性练习，排除强信息产生的干扰。例如：

$24×5$ $\quad$ $100÷25×4$ $\quad$ $9×\frac{1}{9}÷9×\frac{1}{9}$ $\quad$ $1-0.01$

$25×4$ $\quad$ $100÷（25×4）$ $\quad$ $9×\frac{1}{9}+9×\frac{1}{9}$ $\quad$ $10-0.01$

其次，加强口算练习，初步形成熟练的口算技能和技巧。对一些易错题应坚持反复口算，如 $1-0.01$、$24×5$、0.2^2 等；对一些技巧性口算，如 $5×8÷5×8$、$7.2+3.8-7.2+3.8$、$48×34÷34$、$51×37×0$ 等，也要不时训练。

再次，牢固掌握基础知识，并能正确、灵活地运用。为使学生牢固掌握基础知识，必须帮助学生形成正确、完整、清晰的概念，如小数加法的数位对齐和小数乘法的末位对齐有什么联系，为什么整数减法中借"1"当"10"，而在带分数减法中借"1"又可以不当"10"等。只有概念清晰，计算正确才有保证。在理解的基础上灵活地运用基础知识，如 $485÷25÷4$、$3.8×62+138×3.8$ 怎样算比较简便，从而起到培养学生计算能力的作用。

最后，帮助学生端正学习态度，严肃认真地对待计算。要经常对学生进行教育，使他们意识到计算是一项十分细致的工作，来不得半点马虎，必须端正态度，一丝不苟地对待学习。同时，要有意识地培养学生良好的学习习惯，教会他们认真审题。对题目要全面地观察，确切了解每一个数据和运算符号。刚开始教学四则混合运算时，我们要求学生，每一次计算必须在题中划出先算的一步，然后再计算。如：

$45+（23+48÷3）÷13$

$=45+（23+16）÷13$

$=45+39÷13$

$=45+3$

$=48$

针对学生草稿不整洁、杂乱、字迹潦草等情况，我们规定个别差错率较高的同学把草稿写在作业本上。每页练习纸左边做习题，右边打草稿，格式如下：

$$45×12-175 \qquad\qquad 45 \qquad\qquad 540$$
$$=540-175 \qquad\qquad ×12 \qquad\qquad -175$$
$$=365 \qquad\qquad\quad 90 \qquad\qquad 365$$
$$\qquad\qquad\qquad 45$$
$$\qquad\qquad\qquad 540$$

这样有利于克服学生观察粗糙的困难，防止学生急于求成、忙中出错，杜绝不认真、散漫所造成的感知错误。

计算教学的方法与策略

教师要了解创设情境的目的和方法

一、为什么要创设情境

情境就是情景、境地，或者说是具体场合的情形、景象。既包含教学时空中的物理环境，也包含师生教学过程中的情感氛围。从广义说，整个教学活动都是在教学情境之中的。通常，创设情境指为引入教学内容所呈现相应学习素材的一种教学方法。

对于创设情境，教师首先应该清楚创设情境的目的是什么，即明白"为什么要创设情境"，否则容易走入为创设情境而创设情境的误区。

曾经听过一节课，教师开门见山问学生"猜猜今天是什么日子"，学生说了很多节日，教师都笑着摇头，告诉学生"不对"，听课教师也猜不出"今天是什么日子"，这时有个学生说："今天是老师的生日"。我们都觉得这应该是正确答案了，还笑着小声评论这个学生的情商高。教师依然笑着说"不对"，下一个学生说："老师，今天是你妈妈过生日吧"。全体听课教师都笑了，教师终于不让学生接着猜下去了，在课件上呈现出圣诞老人的图片，我问旁边的听课教师"到圣诞节了吗"，她告诉我下周才到圣诞节。这时听到教师和学生说"圣诞老人正在到班级的路上"，课件中出现了一个圣诞礼盒，金光闪闪的，十分吸引学生的注意。教师告诉学生"圣诞老人给我们带来了礼物，你们想看吗"，全班学生都大声地说"想看"，于是教师用鼠标在礼盒上点了一下，礼盒缓缓地打开后，从礼盒中飘出了一道计算题。教师告诉学生"这就是圣诞礼物，圣诞老人请小朋友帮他算算这道题的答案是多少"。所有的听课教师都被逗笑了，下课后问执教教师"为什么这样设计教学情境"，她说"教材中的情境要么是商场购物，要么在图书馆借书，学生都已经不感兴趣了，所以就想有些新意，正好圣诞节快到了，就想用圣诞礼物来引入例题"。

　　这个例子正表明，如果仅仅把情境视作新授教学的敲门砖，只想到用有趣的、新奇的事物去吸引学生，往往得不到预期的效果。学生往往会被情境中新奇有趣的事物吸引，而不考虑情境中的数学问题。情境创设应该为学生的数学学习服务，应该让学生用数学的眼光关注情境，为数学学习提供支撑，为数学思维的发展提供土壤。因此，教师首先要弄清情境创设的意义是什么。通常来说，计算教学中的情境创设通常有以下四个方面的考虑。

　　1. 通过创设情境，感受计算的现实意义

　　以苏教版二年级上册"认识除法"为例。

6个小朋友坐 🚡 ，每车坐2人，要坐( )车。

　　学生借助操作活动，用6个圆片代表6个小朋友，在平均分的过程中，获得计算结果，通过教师的引导学习除法，结合情境理解除法算式中被除数、除数和商的意义，感受除法的现实意义。通过情境学习除法便于学生积累学习经验，并能结合学习活动将除法运算应用于平均分的场景中。类似的，"认识乘法"的教学也同样可以显现情境的作用，学生可以在学习过程中，通过观察情境图感受生活中常见的相同加数连加的现象，学习相同加数连加可以用乘法表示，进而在后续的学习和现实场景中，会用乘法解决相似的问题，感受乘法的现实意义。

　　2. 创设情境，可以引发学生的认知冲突，产生学习的心向

　　在创设情境的过程中，如果能够抓住学生学习的起点，在学生似会非会的水平状态引出数学问题，可以引发认知冲突，从而激发学习动机。这就需要教师对学生的学情有着较为准确的把握，并且能够寻求到恰当的生活素材与教学内容有效地整合起来。

　　例如，苏教版三年级上册"小数的初步认识"的教学，通过学情调查不难发现学生对于小数有所了解的。通过日常的生活经验，他们知道3.5元就是3元5角，反过来，8角就是0.8元。他们知道考试成绩中的99.5分是小数，大部分学生还知道小数的读法。但是学生这种源于经验的认识固化了对小数的认识，他们会认为小数就是"几点几"，因此他们就会出现将3元5

分表示为 3.5 元，将 2 米 3 厘米表示为 2.3 米。学生对于小数处于似会非会的状态。可以借用"公园售票处规定身高达到 1.2 米的儿童需要买票，小明身高 1 米 5 厘米，你认为小明需要买票吗？"这样的情境引入，学生中的两种意见所产生的冲突正是引入课题的良机，因为"不理解小数的意思，连是否需要买门票都弄不清楚"。所以通过创设情境可以强化认知冲突，从而引发深入学习小数的学习心向。

3. 通过创设情境，唤醒已有经验解决问题

经验对学生的数学学习十分重要，教师要善于通过创设情境唤醒学生的已有经验，便于学生学习新知。通常，教师可以在分析教材的基础上，从学生的生活经验或学习经验中找寻与新知相关的入手。以苏教版三年级下册"两位数乘整十数的口算"教学为例。

教材创设了李叔叔送彩椒到敬老院的情境，自然地引出问题"一共送了多少个彩椒"。在得到算式 12×10 之后，怎样算出结果呢？不要认为学生会很容易地想出结果，在所做的学情调查中，一定有学生会想到用 12 乘 1 之后，在得数后面再添 0 得 120，也会有其他的结果，例如，108、102、112等。如果教师在上课时，直接指定会算的同学说出口算方法，然后其他同学跟着用这种方法进行口算，无疑是以知识灌输为主。恰当的方法应该是让学生结合已有经验自主探究 12×10 的结果，在算法多样化的基础上进行算法比较，优化算法并明确算理，进而在此基础上进一步学习。

怎样唤醒学生的已有经验呢？学生在观察情境图后，发现有两个信息：每箱 12 个，有 10 箱。教师提问"你怎么看出有 10 箱"，学生可以看到地上有 9 箱，李叔叔还抱着 1 箱；还可以想到如果把抱着的 1 箱放上去，那么竖着看就有 2 个 5 箱，横着看就有 5 个 2 箱。这些不同的观察视角就蕴含着算法多样化的路径。在引出算式 12×10 后，教师请学生想一想结果是多少，当学生说出不同的答案之后，教师请同学们结合情境图用过去学过的方法去算一算，看 12 乘 10 的结果究竟是多少。学生用不同的方法算出答案都是 120，

再比较"你觉得哪种方法最简便",进而讨论为什么 12 乘 1 后面要添 0。可以看出,创设情境不是简单地将情境图呈现在学生面前,而是要善于寻找情境图与学生经验之间的联系,用好用活情境图,有效唤醒已有经验,为学习新知搭好脚手架。

4. 通过创设情境,有利于理解数量关系

学生关于计算的学习,会不断丰富对于数的多样性表征方式,以及强化这些不同表征方式之间的联系。例如,对于 48,他们就可以想到 4 个 10 和 8 个 1 组成 48;同样也是 16 的 3 倍或是 24 的 2 倍等类似倍数关系,这样的倍数关系为什么可以互相转换,可以怎样在数轴上将这些倍数关系表示出来等;还可以想到比 50 少 2 等。除去这些,计算的学习也会发展运用数学知识解决实际问题的能力,这些对于学生数感的形成及发展无疑都是非常重要的。

学生要能通过现实情境发现问题、提出问题、解决问题、解释过程。这种能力的形成需要有一个逐渐发展的历程,情境创设有助于学生理解和解释现实问题,有助于学生理解数量关系。例如,下图中要求"树上原来有多少个桃",联系到相关信息"已经采了 23 个桃,树上还剩 5 个",学生可以想到要用"采了多少个桃加还剩多少个桃就等于树上原来有多少个桃"。如果脱离情境,对于低年级学生来说,理解相应的数量关系就要困难得多。

二、创设情境中存在的误区

1. 创设情境过于重视趣味性

有些教师认为创设情境一定要有趣味性,因此往往在课件的色彩、装饰、音效等方面过于强化,也会常用些动画片中的主人公作为本节课"学习闯关"的主角。还有些教师会直接选用现实生活中的真实场景,但是却不对相关的图片进行相应的加工，例如，淡化某些与教学内容无关的元素，并称之为富有"生活味"。这样的情境往往会在课堂教学中分散学生的注意力，使其不容易快速地聚焦到相关的学习内容中，从而影响学习效率。

例如，教学六年级"折扣"，教师选用了春节期间商场打折销售商品的情境，这与教学内容有紧密的联系。但是在入题时无关的谈话过多，师生围绕春节、春节习俗、压岁钱谈论了3分钟才引入商场打折销售的问题，影响了教学效率。教学"小数的初步认识"，教师呈现了超市中的食品柜台的照片，照片中琳琅满目的商品都是孩子们熟悉的，教师期望通过商品的价格引入课题，不过学生似乎更多地被诱人的食品所吸引。

创设情境时，应首先考虑情境与教学内容的关联程度，一个好的教学情境，不仅在引入课题时可以发挥作用，在新知学习时仍然可以促进学生深入理解。犹如一条主线贯穿在教学的整个过程。教师要善于对情境进行再加工，要凸显与教学内容有联系的元素，淡化其他的干扰元素。所以，在保证情境具有"数学味"的前提下，才需要进一步考虑情境的趣味性。

2. 教师提问不聚焦

出示情境后，教师提出的问题要明确，指向要清楚，要抓住关键，使人一听就知道这是问什么。问题要尽量围绕教学内容提问，提出的问题力求突出重点，避免提问不聚焦而出现的教学失误。在听课过程中，我们发现教师经常会问学生"观察情境图中有哪些信息"，这是个不聚焦的问题，学生不知道所谓的"信息"究竟是什么。

曾经听一位教师教学"认识乘法"时，教师就问学生"图中有哪些信息"，学生回答说"有小鸡和小兔"，教师认为学生没有描述准确，于是追问"你再仔细看看"，这仍然是个指向不清的提问，"仔细看看"到底要看什么？于是学生开始了"仔细看看"，他们告诉老师"还有草地、小河和小桥""后面还有大树"，老师让学生"再仔细看看"，图中还有什么需要学生"再仔细看看"？于是学生的想象力开始发挥作用，他们继续告诉老师"小河里还有小鱼和小虾""小鸡正在吃草地里的虫子呢"。

兔一共有多少只？鸡呢？

提问指向不明正是造成上述片段的主要因素，教师应避免提出类似"你能发现哪些信息"等含糊不清的问题。上图中的数学问题"兔一共有多少只？鸡呢？"这两个问题可以分别提出。

师：图中有小兔子，还有小鸡。同学们看一看小兔子是怎么站的。

师：要求兔一共有多少只？你会怎样列式？

生：2+2+2＝6。

师：你能上来指着图说一说你是怎样想的吗？

生答略。

师：鸡一共有多少只？你会怎样列式呢？先想一想，然后把你的想法和同桌的小朋友说一说。

3. 播放情境图≠创设情境

我在听课过程中发现，有教师简单地认为将教材配套光盘中的情境图通过 PPT 播放出来，就相当于创设情境了。这样的想法就显得过于简单了。教材是纸质媒介，因此教材中的情境图都是静态的，呈现的情境图将教学内容完整地包含在内，但是并不表示教师机械地呈现就等于创设情境。以苏教版一年级"连加"的情境图为例，要突出连加的意义就需要将情境图以动态的方式呈现，并且教师需要引导学生用语言将情境图反映的信息有效地组织起来。

教师可以将情境图分割为三个场景，并通过主人公小丽第一次运 4 个南瓜、第二次运 2 个南瓜、第三次运 1 个南瓜将情境图通过语言有效地组织起来，请小朋友提出用加法解决的问题，情境图的动态呈现很好地体现了连加

的意义。

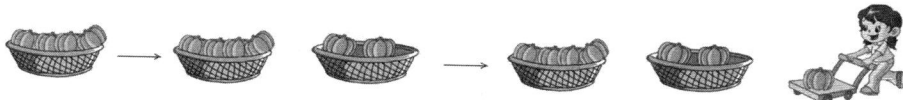

三、常用创设情境的方法

首先，我们仍然建议教师要用好教材的情境图，理解情境图与教学内容的联系，理解情境图在促进理解新知识时所起的作用，避免机械呈现情境图，思考呈现情境图的方式方法。其次，教师应该关注生活与数学的联系，收集、加工相关情境，使之与相关教学内容产生联系。这就需要教师有一双慧眼，在学生熟悉的游戏中、动画片中、校园中、大家关注的大事件中有意识地加工学习素材。学生课间活动中常玩的"抱一抱"游戏，例如，有 7 个同学，每两个同学抱在一起，剩下的一位同学需要表演节目，这个素材就可以在有余数的除法教学中作为教学情境；成语"朝三暮四"就可以作为加法交换律的教学情境，奥运会等大型赛事中也有众多可用的素材。加工素材时，一定要注意素材本身应该是学生较为熟悉的，否则学生不能理解素材，就会影响到对学习内容本身的理解。有教师用反映机床厂一年生产量变化情况教学折线统计图，教学过程很顺利，当提问"你通过折线统计图还发现什么"时，有学生回答"我发现 12 月份结婚的人少"，这下老师懵了，追问"你怎么发现的"，学生说，因为 12 月份天气冷，所以结婚的人少，因此"床"的销量也是全年最低的。原来学生将"机床"和"床"弄混了。同样，我曾经利用打靶的靶纸创设情境教学小数的初步认识，三年级的学生对靶纸没有了解，并不能收到预期的教学效果。最后，教师自编的情境中，相关的数据要符合生活实际，所描述的植物高度、动物速度、城市间的铁路长度等自然、社会领域的事物数据要基本与事实吻合。

有了基本情境素材之后，需要根据不同的教学内容合理地创设情境，创设的情境要与教学内容紧密联系，能成为学习主线；创设的情境要能有效地激发学习动机；创设的情境要有利于激发学生的主动参与。小学阶段必须逐步让学生意识到学习数学是有趣的，同时也是艰苦的，数学本身是美的，数学是有实际用途的，而不仅是为了考试和升学。低年级学生着重心理层面，以激发儿童喜欢数学、肯参与活动为主；中年级着重社会层面，关注数学与生活的联系，以促进小组间的合作交流为主；高年级着重科学层面，发展学生发现问题、提出问题的能力，以自学辅导、讲究效率为主。

1. 通过游戏引入数学问题

以"有余数的除法"教学为例。教师先问小朋友喜欢玩"抱一抱"的游戏吗？请 12 位同学上台，让他们 2 人一组，正好是 6 组。请学生根据刚才的游戏说出相应的除法算式。继续活动，让他们 3 人一组，正好是 4 组，请学生说出相应的除法算式。然后让学生 5 人一组，发现分成 2 组还多 2 人，提出问题"像这样的情况能用除法表示吗？"从而引入新课。

2. 通过童话、故事、数学史料等引入数学问题

以"加法交换律"教学为例。教师先讲一个故事：从前有个养猴子的人，他拿栗子喂猴子。他告诉猴子每天早上给每个猴子三个栗子，晚上给四个栗子，结果所有的猴子都不高兴，觉得栗子太少了；后来养猴人告诉猴子，每天早上给四个栗子，晚上给三个栗子，结果所有的猴子都高兴了。这就是成语"朝三暮四"的由来，听了这个故事，你有什么想法？学生表示猴子不够聪明，因为 3 加 4 和 4 加 3 的结果都是 7 啊。教师顺势板书：$3+4=4+3$。告诉学生在这道等式中还有我们今天要学习的数学知识呢，引入课题。

3. 通过生活场景引入数学问题

教材中选取生活场景作为教学情境的例子很多，在图书馆、超市、校园、商场等学生比较熟悉的场景中，提供信息，有利于学生发现问题和提出问题。例如，"小数除以整数"的教学，教材给出的情境就是"在夏天，买 3 千克西瓜用了 9.6 元，求平均每千克多少元"。这些情境与学生的生活经验贴近，可以感受到生活中的数学应用，教学时可以直接根据教材中的情境图引出数学问题。教师也可以结合当地特色合理改编例题，改编例题时要在理解教材的基础上进行合理改编，使得改编的例题仍然能够与教学内容紧密结合，并且有助于学生理解算理，能够突出教学重点。

4. 通过旧知延伸引入数学问题

以"分数加法"教学为例。教师可以出示小数加法的竖式改错题，请学生改错并说理，通过复习旧知可以发现计算小数加法，列竖式时需要将数位对齐，因为计数单位相同的数才能直接相加，整数加法也要遵循同样的规则。那么分数加法又是怎样呢？这节课就请同学们一起学习分数加法。

5. 通过学生自主编题引入数学问题

以"两位数加两位数的口算"教学为例。教师出示玩具汽车和火车的价格。

2□元　　　　3□元

提问：两种玩具各买一个，可能付多少元？结合学生回答得出结果可能是五十多元，也有可能是六十多元，并且这是由于个位是否进位而产生的不同。教师将学生所说的算式有选择地写在黑板上，例如，21+32、28+39。继续追问：有可能结果是七十多吗？指出黑板上的算式就是本节课要学习的两位数加两位数的口算。

6. 复习旧知引入

以"乘加乘减"教学为例。随着乘法口诀的学习，口诀会逐渐增加，帮助学生掌握记忆口诀的方法就显得非常重要，其中核心的方法就是根据某句口诀推算出联系的相邻口诀。乘加乘减的教学既可以帮助学生掌握相应的方法，也可以学习根据口诀解决简单的实际问题。怎样抓住新知与旧知的联系来学习乘加乘减呢？利用复习旧知引入就是可用的方法。教师可以从原有的口诀复习引入，根据口诀引出相应的点子图，在点子图的基础上引出新课。

师：根据"二四得八"这句口诀，你能想到哪些乘法算式？

生：2×4＝8，4×2＝8。

出示下图：

师：你能结合点子图说一说为什么"二四得八"能表示两道乘法算式吗？

生1：横着看，有2排，一排有4个，就是2个4相加。

生2：还可以竖着看，就是4个2相加。

师：无论是2个4相加，还是4个2相加，都可以列算式"2×4"或"4×2"来计算，而无论是"2×4"还是"4×2"，都可以利用"二四得八"算出结果。（出示下图）看下面这幅图，你能想到用乘法求出一共有多少盆花吗？

　　当然，创设情境的方法是多样的，只要教师知晓创设情境的目的，理解创设情境的作用，就能更好地通过创设情境激发学生的学习动机，提供学习新知的支撑，促进学生主动参与，从而让学习真的发生。

案例 　　　精研教材　　把握教材编排的主线

——"乘加、乘减"教学例谈

　　"乘加、乘减"是苏教版二年级上册"表内乘法"单元的内容。因为随着乘法口诀教学的推进，乘法口诀也逐渐增多，对学生来说，记忆口诀的难度也相应地增加。而口诀记忆的熟练程度不仅对后续的乘法学习有着奠基性作用，对表内除法也至关重要。因此教材在"5的乘法口诀"之后安排"乘加、乘减"的教学，以帮助学生学会根据某句乘法口诀推算出相邻口诀。有些教师认为学生记忆乘法口诀只需多读多背就可以了，不需要利用口诀之间的联系来进行推算。这样的看法是与认知科学的研究结论相悖的。认知心理学的研究表明，意义记忆要优于机械记忆。信息加工理论也指出记忆存在储存与提取，在提取相关记忆时，能够引发提取的线索越多就越容易帮助我们回忆。相比机械记忆，意义记忆毫无疑问地会提供更多的提取线索。从学习情感上考虑，采用意义记忆的方法可以激发学生对数学学习的积极情感，获得学习的成功体验，了解口诀之间的联系，增强对数学学习的兴趣。以下是笔者对"乘加、乘减"一课的教学实践与思考。

　　一、复习导入

　　师：同学们，我们已经学习了1~5的乘法口诀，你会把下面的口诀填完整吗？

　　三三得（　　）　　　　（　　）二得四

　　三（　　）十二　　　　（　　）五十五

　　二四得（　　）　　　　（　　）五二十

　　指名口答。

　　师：同学们，学习了乘法口诀，对你有什么帮助？

　　生1：记住乘法口诀，算得更快了。

　　生2：算得比较简便。

　　利用多元表征可以有效地促进数学理解，对于口诀学习来说，教师要善于把握好语言表征、图像（模型）表征、计算表征、应用表征之间的联系与转换，促进学生真正理解乘法口诀的意义，达到不仅会算，也会用语言、用图像去表达；在后续的学习中，不但会用乘法口诀解决问题，也能结合乘法口诀去编生活中常见的乘法问题。

二、教学乘加

出示例题的场景图（图略），师：学校生物小组养了一些鱼，仔细观察这幅图，说一说从图中知道了什么？

生：前 3 个鱼缸，每缸里有 4 条鱼，最后一缸里有 1 条鱼，一共有多少条呢？

师：求一共有多少条鱼，会算吗？把自己的想法和你的同座说一说。

生 1：（边说边在屏幕上圈划）3×4+1，3×4 求的是这 3 缸里的鱼，后面还有 1 条鱼，所以再加 1。

生 2：4+4+4+1，4+4+4 求的是前 3 缸里的鱼，再加 1 就是一共有多少条鱼。

生 3：我也是这样想的，算式是 4×3+1。

生 4：我用 4×4-3，假如最后那个鱼缸里原来也是 4 条鱼，减去 3 条，不就还剩 1 条了吗？

师：你们的想法都有道理。3×4+1 和 4×3+1 的意思是一样的，同意吗？

生：同意。

师：我们来观察 4+4+4+1 和 3×4+1 这两道算式，思路相似，都是先算出前 3 缸鱼的条数，列式上有什么不同？

生：4+4+4+1 是连加，3×4+1 有乘法，有加法。

师：我们将 4+4+4 用 3×4 表示，就可以得到 3×4+1 这道算式。你觉得哪个算式更简便？

生：3×4+1 简便，连加虽然好列，但如果有好多个 4，列连加算式就很烦。

师：说得有道理。像 3×4+1 这样既有乘法、又有加法的算式，我们把它叫作乘加算式。乘加算式先算什么呢？

生：先算乘法 3×4。

师：3×4 求的是什么？你能在图中指一指吗？

生：（边指边说）3×4 求的是前 3 缸一共有多少鱼，加 1 就是再加最后一缸里的 1 条鱼。

师：你们觉得他说得有道理吗？你能像这样和同座说一说吗？

师：我们一起来口算 3×4+1 的结果。

生：（齐）3×4＝12，12+1＝13。

出示"想想做做"第 1 题，让学生在数学书上完成，并组织反馈。

师：4×5 表示什么？为什么要加 2？

小结：计算乘加算式要先算什么？再算什么呢？

出示场景图后，学生会根据已有知识和经验列出算式，因此必然会有多样化的算法，教师首先抓住连加算式与乘加算式的比较，因为乘加算式与连加算式是具有内在联系的。接着引导学生联系实际问题的事理弄清这样算的道理，有利于学生理解"先算乘法，再算加法"的运算顺序。

三、教学乘减

师：（出示例题图）刚才有同学列式是 4×4-3，说说你是怎样想的？

生：前面 3 个鱼缸里都是 4 条鱼，如果把最后一个鱼缸里也想成是 4 条，然后减去 3 条，不就行了吗？

师：（在第 4 个鱼缸里加上 3 条金鱼）是啊，如果最后一个鱼缸里也是 4 条鱼，我们就可以想到什么乘法算式？

生：4×4。

师：就像刚才同学说的那样，再从最后一个鱼缸里取出 3 条鱼（动态演示），现在有多少条鱼呢？

生：4×4-3，因为最后一个鱼缸里不是 4 条了，拿走了 3 条。

师：像 4×4-3 这样的算式叫作乘减算式，你会算吗？

生：4×4，等于 16，再减 3 等于 13。

师：4×4 表示什么？为什么要减 3？

生：4×4 表示原来 4 缸鱼一共有 16 条，拿走 3 条，所以要减 3，现在有 13 条。

师：同一幅图，观察的角度不同，得到的算法也不同，可以用乘加解决问题，也可以用乘减解决问题。无论乘加还是乘减，计算时都要先算什么？

……

对于乘减算式，如果仅仅通过乘加算式的运算顺序去类比，不免显得牵强。教学时通过动态演示从 4 个 4 条中取走 3 条的过程，让学生看到乘减算式的形成过程，有利于他们自主建构乘减算式，对理解"先算乘法，后算减法"可以起到积极作用。

事实上，低年级的教学中，情境图在使用时是需要考虑"静态图、动态用"的。教材作为纸质媒介，情境图只能以静态的形态呈现，但是教师在使用时应该在理解教材的基础上合理使用。例如，教学进位加法、连加连减、隔位退位减时，《数学教师教学用书》中都明确指出需要借助操作或动态演示来帮助学生理解算理。

四、巩固练习

1. 完成"想想做做"第 2 题。

让同座同学说说先算什么，然后写在书上，指名核对答案。

2. 出示导入时的盆花图，师：你能用学到的知识解答图中一共有多少盆花吗？

生 1：可以用 $4×2+3$，$4×2$ 是算横着的两排有几盆花，再加下面的 3 盆花。

生 2：也可以用 $3×3+2$，竖着看，$3×3$ 求的是三行花有多少盆，再加上后面的 2 盆。

生 3：还可以用 $4×3-1$，在空着的地方补上 1 盆，就是 $4×3$，然后再减去 1 盆。

小结。（图）

3. 师：下面这两道题，你会口算吗？

（1）出示：$2×5+5=$　　　$3×5=$

师：这两道题，为什么得数相同呢？

生 1：$2×5$ 是 2 个 5，再加 1 个 5 就是 3 个 5。

生 2：$3×5$ 就是 3 个 5。

师：说得有道理。（出示下图）像这里一个花瓶里有 5 朵花，是 1 个 5，1 个 5 再加 5 是 2 个 5，列式是 $2×5$；2 个 5 再加 5 是 3 个 5，所以，$2×5+5$ 等于 $3×5$。

$$2×5+5$$

（2）出示"$3×5+5=$（　　）$×5$"和"$4×5+5=$（　　）$×$（　　）"，让学

生说说括号里应填什么数，并说明理由。

师：同学们发现了吗？这样的数学问题和乘法口诀有关系呢！

（3）出示：

二五一十 2×5

三五十五 2×5+5=3×5

四五二十 3×5+5=4×5

五五二十五 4×5+5=5×5

让学生在同桌间说说有什么发现。

出示：

5×5-5 = （　）×（　）

3×4+3 = （　）×（　）

4×4-4 = （　）×（　）

4×2+4 = （　）×（　）

让学生独立完成，并组织反馈。

……

练习部分首先完成教材"想想做做"第2题，帮助学生进一步巩固运算顺序。然后解决课始的盆花问题，引导学生从不同的视角去进行思考。在此基础上，重点将"想想做做"第3题做了改编，用丰富的层次不断地开展练习，引导学生在比较中体会两道算式之间的联系，并以此感受相邻两句乘法口诀的联系。这对后面学习更复杂的乘法口诀时通过相邻口诀的关系进行推算是有帮助的。

教师对教学内容理解到了何种程度，教学效果才有可能达到相应的程度。只有精研教材，厘清教材编排的线索，才能够从整体上去把握教材，才会将宏观与微观结合起来，将单元目标与课时目标结合起来，才能避免就例题教例题的状态，使得教学内容相互联系、顾盼生趣、富有灵气。乘法口诀的学习是二年级上册的重要教学内容，也是小学数学学习中最为核心和基础的内容之一。学生能否熟练地掌握乘法口诀，不仅影响到基本运算能力的形成和对基本数学概念的理解，更进一步的，会直接影响到学生学习数学的信心和兴趣。因此，学口诀、编口诀、记口诀、用口诀将贯穿在整个口诀学习过程当中，要想口诀用得好，记口诀就非常重要。随着乘法口诀教学的展开，口诀也越来越多，记忆的要求也随之提高，如果不考虑记忆的方法指导，仅靠机械记忆只会加重学生的记忆负担，同时也损伤他们的学习情感。

教材在教学 5 的乘法口诀之后安排教学乘加、乘减，重点在于引导学生学会根据相邻两句口诀之间的关系进行推算，为学生理解口诀、记忆口诀提供帮助。所以本节课的教学就定位于借助现实情境来理解乘加、乘减的运算顺序，并且初步运用乘加、乘减的知识理解相邻两句口诀的关系，这就是本课教学的初衷。

案例　　　　　　　　教师应掌握加工例题的方法

　　教师都认同学生是学习的主体。在教学过程中，真正做到这点可不是件容易的事情。很多情况下，教师容易机械地执行教材，容易站在知识达成的目标维度去思考教学流程的设计，容易从是否方便自己"教"的角度去开展教学活动。在这样的安排下，学生只能举着"主体"的旗帜，去完成从"学习的主体"到"被动的接受学习者"的角色变换。诚然，这种行为与教师获取的关于教学的知识相悖，也并非教师的本意，发生这样的情形既与教师的教学信念相关，也与教师需要掌握的专业技能相关。吕林海的研究表明：教师专业发展的内核在于，通过教师教学信念的转变推动教师的实践变革与教学创新。教师牢固树立以学生为中心的理念固然重要，同样，相关研究表明，教师信念的建立与教研文化、反思回顾、教学方法策略与教学技术也密切相关。因此，切实发展教师教学的专业技能对提升教学品质是至关重要的。下面通过教学案例的视角说明教师如何从学生的视角解读教材。

【案例描述】

　　L老师是刚工作三年的新教师，积极向上，教学态度认真。专业发展的路径基本以参加教研活动听课或者是自己上校内公开课时来自其他教师的指点，总体来说，这样的机会并不是很多。对于教材的例题，基本上采用原样照用的方式，然后将例题中的问题调整成教师提问的状态。教学过程中虽然也关注小组讨论，反馈时往往用一问一答的方式快速推进，以至于学生参与的程度不高。她自己也直言"要以学生为主体，但是不知道怎样才能实现以学生为主体"。下面是她执教苏教版二年级下册"有余数的除法"例1的教学片段。

　　教师呈现教材例1。请学生读题。

① 把 10 支铅笔分给小朋友，每人分 2 支，可以分给几人？每人分 3 支、4 支、5 支呢？在小组里分一分，说一说。

> 每人分 2 支，可以分给 5 人。

教师提问：10 支铅笔，每人分 2 支，可以分给几人？

学生回答后，教师在课件中呈现下表，并填写结果。

每人分几支	分给几人	还剩几支
2	5	——
3		
4		
5		

教师引导：每人分 3 支，可以分给几个人呢？每人分 4 支、5 支呢？你能用手中的小棒分一分，并在表格里填写每次可以分给几人和还剩几支吗？

学生开始活动。活动过程中，有的学生很快将三种情况依次摆放，并快速填表，然后会当小老师指导其他同学；有的学生拿着一捆小棒，不知道该做什么，看着其他同学在分小棒，也将小棒拆开在桌上摆放，但是摆放完了之后没有填表；有的学生在摆放"每人分 3 支"这种情况时，总觉得剩下一根让人费解，将剩下的一根拿在手里，嘴里小声念叨。

教师开始组织学生反馈，在师生一问一答的过程中，教师在课件中完成了表格的填写。

教师提问：同学们，看看每次平均分的结果，你能把它们分成两类吗？在小组中说一说。

学生将四次分的结果分成有剩余和没有剩余两类。

教师提问：平均分可以用除法表示，每人分 2 支，除法算式怎样写呢？每人分 5 支，算式又怎样写呢？

教师板书算式。

教师提问：平均分有剩余时，也可以写成除法算式。

教师板书：10÷3 = 3（人）……1（支）

教师提问：除数 3 是什么意思？商 3 又表示什么呢？算式中的 1 支表示什么？谁来说一说。

学生回答：除数 3 表示每人分 3 支，商 3 表示可以分给 3 个小朋友，1 支是剩余的 1 支。

教师小结：这道算式和前面学过的不同，在商的后面还要写出余下的数。这里的 1 就表示余下的 1 支，叫作余数。写算式时，在商的后面用"……"表示余数，余数是几就写几。像这样的除法叫作有余数的除法。

教师提问：表格中每人分 4 支的情况，你能像这样写出除法算式吗？自己写一写。

反馈校对。

教师提问：算式中的除数 4 表示什么？商 2 表示什么？余数 2 又表示什么呢？

以上是有余数除法例 1 教学的片段，后续教学过程略。

【案例分析】有余数的除法是表内除法知识的继续，又是笔算除法等后续知识的基础。教材通过例 1 安排了适合学生操作的教学素材，素材的丰富性让学生感受到生活中平均分时，既有正好分完的情况，也有不能正好分完、会有剩余的情况。尽管有部分学生已经对有余数的除法有一定的了解，但是还没有真正理解余数的产生和余数所表示的意义。更多的学生对于也可以用除法表示是不了解甚至是不予接纳的，因为已有的学习经验都是恰好整除的情况，而有余数的除法与已有经验是相悖的。在所做的学情调查中，要求参加调查的学生回答"将 10 支铅笔平均分给几个小朋友，你打算每人分几支？"学生的回答集中在 2 支、5 支上，少数同学回答 1 支。当教师追问"如果每人分 3 支，你会分吗？"学生可以将小棒分成 3 份，但是为数不少的同学对剩余的 1 支表示出极大的困惑，有同学明确表示"每人分 3 支是分不起来的"，也有同学表示"可以将剩下的 1 支切开来继续分"。因此，怎样让学生理解"分不完，有剩余"的情况也可以用除法表示是教师需要关注的首要问题。学生对于有余数的算式的理解，既要能根据平均分的过程写出相应的算式，也要能对算式做出合理的解释，同时要结合具体的操作行为对解释的过程给予具象的表征，最终达成解决生活中简单的有余数的除法的实际问题。这些都是例 1 教学中需要关注的问题。在例 2 中教材进一步安排了相关例题，帮助学生理解余数要比除数小的道理。

从 L 老师的教学片段分析，首先，由于没有开展学情调查，缺少对学生学习起点的把握，对于例题没有从学生的视角进行加工。例题本身是由四个小问题组成的，分成有余数和没有余数两种情况。二年级学生年龄小，处理综合性问题的能力不强，教师对于例题的呈现过于生硬，同时没有考虑学生已有知识经验与有余数的除法之间的冲突。其次，在学生自主活动过程中，教师缺少对不同操作的了解，也没有组织学生就不同的情况展开讨论，反馈填表时，只是请了学习能力强的学生"代表"大家回答了问题的答案，使得教学过程流于形式。最后，在将平均分的过程改写成除法时，没有结合学生操作小棒的过程给予解释，也没有关注学生结合分小棒的过程去解释算式中各部分的意义。

这样的教学过程在新教师的教学中是屡见不鲜的，值得思考的是"这节课我要教什么"，这需要站在促进学生发展的角度去思考，而不能简单地回答"我要教有余数的除法"。"怎样才能使教学过程与教学预期一致起来""怎样判断学生达成了对知识的理解""在促进理解时可用的教学辅助手段是什么"。这些问题在进行教学研究的过程中常思常想，自然能有效促进教学信念的变化，同样，教师也需要掌握相应的教学方法、策略、技术去有效地促进教学技能的提升。

对于平均分有时恰好分完、有时会有剩余的情况，教师可以从学生的生活经验中寻找相关的素材，这样的素材是学生熟悉的，又是与所学的除法知识关联的，对学生学习新知是富有意义的。学生常常玩的游戏"抱一抱"就是一个好的素材，借助游戏可以帮助学生理解平均分的过程中，有时正好分完，有时是有剩余的。对于例题的呈现，较好的处理方式是分层揭示，符合儿童的年龄特点。教师要重视结合操作过程让学生对有余数的除法算式进行说理。

【案例改进】

一、游戏引入

师：小朋友喜欢玩"抱一抱"的游戏吗？（喜欢）（老师请6位同学上台来）现在每2人抱在一起。

师：一共有6位小朋友，每2人抱在一起。这还是一个数学问题呢，你能用除法表示吗？

生：6÷2＝3。

师板书：6÷2＝3

师：谁能说一说这里的6、2、3分别表示什么？

生：一共有6个人，每2人抱一抱，可以抱成3组。

教师在板书中补写单位。

师：说得真完整，这就是学过的平均分啊，平均分可以用除法算式表示。你们平时是这样玩的吗？

生：老师，这样玩都正好抱完了，就没有意思了，可以再添一个人，就是7个人来玩。

教师请发言的学生上台，再次玩游戏。

师：刚才的抱一抱正好抱完了，这次呢？

生：李泽明没有人抱，剩下来一个人。

师：7个人，每2人抱一抱，最后抱了3组，还剩下一个人，这也是平均分。和刚才的平均分有什么不同？

生：刚才的抱一抱都抱完了，这次的抱一抱还剩下一个人。

师：是的，说明平均分有时正好分完，有时会有剩余。今天这节课就学习平均分之后有剩余的情况。

教师板书：正好分完   有剩余

二、动手操作，学习新知

教师出示例题。

①把10支铅笔分给小朋友，每人分2支，可以分给几人？

师：10支铅笔，每人分2支，可以分给几人？（5人）

师：你能用除法算式表示刚才平均分铅笔的结果吗？

生：10÷2＝5（人）。

师：这是平均分，正好分完，结果没有剩余的情况。

教师出示表格，把分法和结果填写在表格中。

每人分几支	分给几人	还剩几支
2	5	——

师：除了每人分2支，想一想，每人还可以分几支？想出一种分的方法，就用小棒分一分，并在表格里填一填每次分给几人和还剩几支。

学生汇报反馈，教师根据学生反馈情况完成填表，有学生提出了每人分1支的情况，教师也将这种情况填入表中，并请学生上台在黑板上的小棒图中用圈一圈的方法表示出平均分的过程。

每人分几支	分给几人	还剩几支	
2	5	——	
3	3	1	
4	2	2	
5	2	——	
1	10	——	

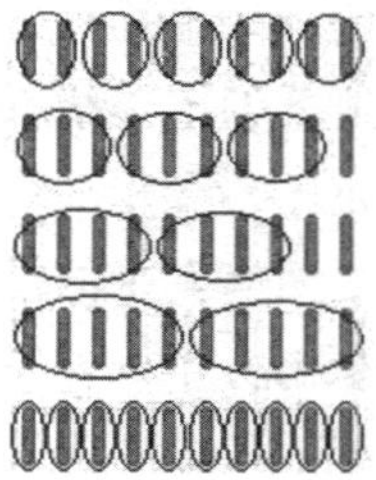

师：这五种平均分的情况，你能把它们分成两类吗？同座互相说一说分类的理由。

生：一类平均分是正好分完没有剩余的，一类平均分是分的结果有剩余的。

师：看来，同学们都已经了解了平均分会有两种情况。前面我们学习了平均分的情况是可以用除法算式表示的。像每人分2根这种情况，就可以用10÷2=5（人）表示。谁能上台在小棒图中说一说这里的10、2、5分别表示什么呢？

生答略。

师：还有四种情况，你能选一种用除法算式表示吗？

学生先选了每人分 5 支和每人分 1 支的情况，同样，教师也要求学生结合小棒图说出算式中各部分的意义。

师：同学们先选了正好分完的情况。那么平均分后还有剩余的情况怎么用除法表示呢？例如，每人分 3 支，谁来？

生 1：10÷3＝3（人）……1（支）

生 2：10÷3＝3（人）剩 1 支

生 3：10÷3＝3（人）①支

教师请学生解释各自算式的意思。

师：看来，表示方法不同，表示的意思都是 10 支铅笔，每人分 3 支，可以分给 3 人，还余下 1 支。怎样用除法表示呢？

教师板书，并请学生上台结合小棒图解释算式中各部分的意义。

师：这道算式和刚才三道算式有什么不同？

生：多了剩余的 1 支。

师：余下的 1 支，我们叫它"余数"，写算式时，先按过去的方法写出除法算式，商后面用"……"表示余数，余数是几就写几。这就是今天学习的有余数的除法。商和余数的单位名称为什么不同呢？

生：商 3 表示可以分给 3 个人，余数 1 表示还剩下 1 支铅笔。

师：每人分 4 支，你能用有余数的除法写出来吗？自己试一试，写好后同座看小棒图说一说，算式里每个数分别表示什么。

生答略。

师：开始时的抱一抱游戏，有 7 个小朋友，每 2 人抱一抱，你能用除法算式表示吗？

改进后的教学，首先用游戏解决了学生的困惑，让他们从身边的常见场景中发现原来按照每份同样多进行平均分之后，结果可能正好分完，也有可能有剩余，便于学生接纳"原来平均分是可以有余数的"。在抱一抱的游戏过程中，教师引导学生用除法表示，实际上就是从旧知引入，唤醒对除法知识的理解，为新知识的教学搭桥铺路，便于学生将平均分的操作活动与除法算式建立联系。对例题的呈现采用了分层揭示的方法，首先出示第一个问题，然后再请学生自己提出"想一想，每人还可以分几支"，增加了问题的开放性。同时，由于问题本身是学生自己提出的，也便于学生理解问题的要求。在反馈汇报时，教师将小棒图与表格有机地结合在一起，便于学生充分地利用操作资源，能结合图意具体说明算式的意义，也使得算式与具体图像建立了联系，这种简单的模型是有利于学生理解有余数除法的意义的。教师还将开始的游戏又引回来，发展了学生根据实际场景，利用有余数的除法解决简单的实际问题的能力。

从上述案例看出，加工例题的基础是对学生学习起点的把握，教师需要充分地了解学情，包括学生生活场景中与教学内容存在联系的有效教学资源。呈现例题的方法也是多种多样的，通常对于综合性的问题串，不宜在刚开始就整体呈现，分层揭示是常用的方法。对于例题的处理，要有效利用教材提供的素材，例题中明确提出了"在小组里分一分、说一说"，既包含了操作要求，也包含了自主探究、合作交流的要求，怎样将这些要求落到实处，就需要教师将操作活动有效地呈现出来，否则学生摆小棒的活动过程在学习过程中发挥不了什么作用，特别在第一学段，将具体化与抽象化有机结合，操作活动与说理有机结合也是常用教学方法，值得教师关注并在教学过程中有效应用。

计算教学中的自主探究与算法优化

一、教学方法的选择

当通过情境引出需要研究的问题之后，自然面临对新的计算问题的学习。这个环节，教师首先需要把握的是教学方法方向的选择。所谓教学方法方向，大致可以分为自主探究式和接受学习式。我们需要清醒地认识到，不是所有的教学内容都适合开展自主学习的方法。例如，"认识除法"，学生不可能通过相应的平均分活动，自主建立起新的运算模型；同样，"因数与倍数"也是如此，根据 3×4 = 12，期望学生发现 3 是 12 的因数也是不现实的。像这样的教学内容还有很多，往往发生在概念的建立阶段。这些内容往往是由教师开展教学组织活动，将学习材料有序地进行组织，引导学生经历概念的形成过程，并适时地结合概念的形成过程下定义，并进一步通过巩固练习与变式练习帮助学生形成概念。还有很多程序性知识，是适合学生通过开展自主探究学习获得相应的知识。例如，学习了两位数加、减一位数之后，学生就可以通过自主探究学习两位数加、减两位数。事实上，还有很多内容的学习是兼用这两种学习方式的，例如，倒数的概念学习往往是通过接受学习的方法，而研究怎样求一个数的倒数就可以自主探究学习。

对教师而言，教学前怎样才能准确地选择教学方法的方向？通常的判断标准有两个方面，一是根据知识间的逻辑结构进行判断，很容易知道"认识除法"适合接受学习，而"两位数加、减两位数"适合自主探究。二是根据学生已有的知识和学习经验，像"小数加、减法"就适合学生自主探究，而"隔位退位减法"则适合用接受学习的方法。对新知的教学做出预判，从而选择相应的学习方法，这是教师专业素养的体现。优秀教师会根据自己上课的经历或者是听他人授课，根据学生的学习情况来判断教学方法的选择是否合适，这也是教师开展教学反思的重要内容。

二、学生的自主探究

学生的探究活动不能简单地理解为学生的纯个体行为，似乎将问题交给学生，就指望学生能探究出相应的结果。学生会囿于自身的水平，将探究目标停留在算式的结果上，忽视对算理的理解和适度抽象算法，并且缺少对结果的验证。很多教师设计的自学单也同样存在这样的问题，大多数情况下，教师仅仅是将数学书上的例题和练习搬到了自学单上，然后冠以"我会学""我会查""我会用"等名称，学生根据课本将自学单完成。表面上看是自主探究活动，实际上是无意义的接受学习。探究活动对学生而言是非常重要且有意义的，正如日常生活中常发生的那样，如果驾车去陌生的目的地，人们往往喜欢用导航。我问过很多开车的朋友，如果放弃导航，自己驾车去曾经去过但又不常去的地方，能否顺利到达？很多人告诉我没有导航是无法完成的，因为从来没有记过路。这不正反映了课堂教学中的某些问题吗？如果我们只是要求学生按照教师的指令完成学习过程，获得学习结果，看上去都是由学生完成的，但是这和利用导航行驶是何其相似。学生只是执行者，但是他们根本就"没有记路"。只有当学生真的成为学习主体，学习才会真的发生。这需要他们自己探索、问路、调整路线、确定参照物，到达目的地后要在脑海中勾画行走路线。当一条路径熟悉之后，还可以继续探索其他路径，直至对整片地区了如指掌，可以灵活地根据所在位置确定行走路线。

对教师而言，最重要的是厘清"为什么要让学生自主探究"，否则只能随波逐流而失去应有的追求。首先，学生作为学习的主体，都希望不做学习结果的容器，而是活生生的人去学习。正如苏霍姆林斯基所说：在人的心灵深处，都有一种根深蒂固的需要，这就是希望自己是一个发现者、研究者、探索者。特级教师刘延革有一次在南京授课，因为在周末，所以请了20位教师当学生，按每4人一小组坐在一起。刘老师告诉大家要发材料袋，但是请大家不要打开，在给第一组发材料袋之后，走到第二组继续发放。这时回头一望，第一组正打开材料袋往外拿东西呢。她走回到第一组质问："让你们打开了吗！谁让你们打开的呀？"第一组的老师无言以对，默不作声。刘老师莞尔一笑，问第一组老师此时有什么感受。有老师说：不让打开材料袋，太难受了，总想知道里面是什么。还有的说：被老师训斥的时候特别难过。刘老师表示：我们的感受实际上就是学生的感受，我们换个角度去当学生，才知道对老师微不足道的事情有时对学生是非常重要的。

其次，自主学习不能停留在单纯地探究算式结果，教师要更多地提醒学生关注：我想做什么？我现在正在做什么，和我的目标有什么关系？我是怎样算的，这种方法对其他同类问题是否适用？怎样证明这个结果是正确的？换句话说，自主探究活动，既要关注探究的知识结果，也要关注探究的方法获得。我们可以将其看成是学习过程中的明、暗两条线索，一条是知识明线，一条是方法暗线。教师需要通过让学生自主探究学习的过程，逐渐地掌握学习的方法，并且这种方法不应是隐晦的，而应当是明示的，并且在学习过程中不断地重复、强化，学生慢慢地将学习方法内化为一种自动的学习意向，他知道在某个环节可以通过哪些方法去开展相应的探究活动，当探究过程不理想时，能够调整探究策略重新开展，能够对结果开展自觉的检验，能够对探究过程进行回顾和整理。所以，怎样帮助学生从"学会"发展为"会学"，这才是值得教师思考并付诸行动的。

三、学生自主探究活动的组织

教师应当明确探究活动的目的，知晓探究环节的知识主线与方法主线，并且能够设计好相应的板书，这是最重要的。教师还需要将学习材料有序地进行组织，不能期望学生通过一个例题的探究就得出相应的结论，所以教师需要对例题进行加工。一个常用的教学技巧就是丰富学习素材，将一个例题演变为有层次的三个问题，最后通过三个问题的比较，发现解决问题的共同方法，从而抽象出具体的算法。例如，"9加几"的教学，就需要对不同的9加几的操作过程进行比较，学生自然能够发现都要将一个圆片移到"十格图"中，因为这样可以"凑成一个好算的十"，自觉地总结出"凑十法"。又如，分数乘整数，只通过一个例题来发现"用分子乘整数的积做分子，分母不变"就显得力度不够，学生会想"为什么可以这样计算？这样的方法对其他的分数乘整数是否适用？"那么教师就可以分别用 $\frac{3}{10} \times 3$、$\frac{2}{7} \times 3$、$\frac{2}{9} \times 5$ 三个问题依次让学生探究，第一个问题学生可以用画图、转化成小数乘法 0.3×3、3个 $\frac{3}{10}$ 连加等多种方法探究，当然会有学生用分数乘整数的方法。通常，学生的自主探究活动反映了个人的学习路径，因此算法多样化是必然的，当算法多样化出现之后，教师首先需要通过算法多样化对计算结果进行统一，然后就需要对不同方法进行比较，发现它们的联系。但是通常不需要过早地进行算法优化，因为优化的主体是学生自己，在学习材料还不丰富的情况下，很难产生优化的需要，教师的教学重点在于让学生能理解不同的解答方法以及这些方法之间的联系，这是后续算法优化的基础。当教师出示第二个算式时，学生意识到将分数化成小数的方法行不通了，画图虽然可以但是并不方便，这时用相同分数连加或者是分数乘整数的方法都可以计算，教师进一步让学生观察两种方法之间的联系，实际上正是在说明"分子乘整数的积做分子，分母不变"的道理。教师继续出示第三个算式，学生就能自发地进行算法优化，并且能够给出合理的解释。

在学生开展自主探究活动之前，教师要通过问题让学生更多地关注学习方法，而不仅是算式结果，也就是说要让学生能够结合探究过程开展深层次的思考。例如，"分数除以整数"的教学，当呈现例题引出算式 $\frac{4}{5} \div 2$ 之后，教师可以出示探究提纲：

试着算一算 $\frac{4}{5} \div 2$ 的结果是多少？

你是怎样算的？怎样证明结果是正确的？
你还能想到什么方法？是否可以借助学具或者图形来说明你的方法？
不同方法之间的联系是什么？

用想到的方法计算 $\frac{4}{7} \div 3$ 可以吗？

你认为分数除以整数的方法是什么？
和同学交流你的想法，看看有什么新的收获。

教师如果能够坚持这样去做，那么对于学生来说，就能非常清楚自己要做什么和自己正在做什么。时间久了，重复次数多了，他们就明白"要探究结果，并且要对结果进行检验，要想不同的方法并且能够借助具体化的方法进行解释，要比较不同方法的异同找出联系，要学会通过举不同的例子寻找解决这类问题的通法而不是特殊方法，要和他人交流从而完善自己的想法"。

在学生探究时，教师应当通过巡视观察学生探究的情况。对于进展顺利的同学，可以小声地与其交流对算理的理解程度；对于有困难的同学，可以给予相应的提示或是提供学具（包括图形）进行点拨。在开展小组交流时，应当要求学生做到言必有据，而不只是说说答案，要将探索的过程进行展示，学生应当逐渐学会借助举例、画图、操作、联系旧知等方法进行说理。

同样，还应当要求小组中形成共识。如果仅仅是小组成员每个人说说想法，这还不算交流，交流中既有输出信息，也有输入信息，同时还需要将输入的信息与原有的认识进行新的加工，最终形成新的认识或是观点。有效的交流活动应该是有多方信息的加工组合，最终求同存异，对于存在的不同观点可以在全班交流时提出进一步讨论。从目前听课的情况看，小组交流的效率不高，怎样保证小组中的弱势学生与强势学生的平衡，怎样促进信息加工，怎样使小组形成共性观点等，都值得教师关注。

全班开展交流活动时，教师重在组织与引导，而不是去当裁判。因此，教师应学会退居一隅当配角，让学生自己进行展示，进行思辨。例如，教学"小数乘整数"，在呈现情境图"每千克西瓜 0.8 元，买 3 千克需要多少元"之后，学生自主探究结果并进行展示。

生 1：我们可以把 0.8 元想成 8 角，8 角乘 3 得 24 角，也就是 2.4 元。

生 2：我是想 3 个 0.8 相加，结果就是 2.4。

生 3：把一个正方形看成一个整体，平均分成 10 份，其中的 8 份就是 0.8，继续画下去，3 个 0.8 就是 2.4。

生 4：可以把 0.8 看作 8，用 8 乘 3 得 24，然后用 24 除以 10 就是 2.4。

生 5：0.8 就是 8 个 0.1，0.8 乘 3 就是 8 个 0.1 乘 3，结果是 24 个 0.1，也就是 2.4。

生 6：我是直接用小数乘法的竖式计算的。

对于各种不同的方法，学生通过交流都能理解算法的合理性，这时就需要教师及时介入，适时引导学生进一步思考。教师问学生"在这些不同的方法中，你们有没有发现相同点？"学生讨论后发现都有"8×3"，教师进而组织学生理解"8×3"所表示的意义和小数乘整数的方法。

四、算法的优化

算法多样化之后，通过对算法的比较，往往是需要优化算法的。在这个环节中，教师尤其需要关注到对学生学习心理的爱护，往往会出现强调知识而忽视学习知识的人。在听课时有过这样的片段：针对问题，学生出现了七种不同的方法，教师首先提出的讨论问题是"你们看哪种方法有问题"，传递出一种不好的倾向，即师生没有对贡献出自己通过努力获得结果的学生表示感谢，而是首先讨论哪种方法有问题。那么作为提供"有问题的解法"的学生，下次讨论问题时，是继续提供解法供大家讨论还是转为去批判他人解法呢？恰当的方式是感谢提供出不同的解法的同学，然后引导大家对不同的方法进行比较，发现方法间的联系，再由学生个体自主进行算法的优化选择。

教师必须知晓算法优化的主体是学生个体，而不是教师或是其他同学，因此算法优化是无法通过硬性规定的方式进行的。有些学生可能认为解法 A 是最好的，有些学生可能认为解法 B 是最好的。就像我们去一个陌生的地方，通过不断地询问路人，寻找标志物，最终到达目的地，这就是我们的学习路径。如果再次从原地出发到该处，他人告诉我们有一条近路，那么第二次我们是会走原来自己探索的路还是别人告知的近路呢？超过 90% 的人都会选择走自己探索的路，因为自己知道怎样走。知道怎样走非常重要，因此你的近路未必是我的选择。那么怎样才能让行路人选择走近路呢？至少我们要带着他走一次，并且在关键路口寻找好标志物，两次行路情况的比较会让行路人做出相应的优化选择。这个例子对教学的启示在于：学生需要对不同的方法进行体验，才能在体验的基础上自觉地进行比较，从而在个体经验层面达成对算法的优化。

例如，"分数除以整数"的教学，在学生探究出多种解答方法之后，很多同学会比较喜欢用"分子除以整数的商做分子，分母不变"的方法。教师不必强求学生用分数乘整数的倒数的方法，只需要在练习中安排类似 $\frac{4}{7} \div 13$ 这样的式题，如果先将分数扩分，则分子与分母需要同时乘 13 得 $\frac{52}{91}$，再用分子 52 除以 13 得 4，显然没有直接乘 $\frac{1}{13}$ 来得方便。

值得关注的是，教师不需要刻意地去突出优化某种方法、过分强调某种方法的优越性，这样的行为往往会使得优化算法的过程变得僵化，过于绝对化往往会丧失对算法适用性的辩证思考。就像上面的例子，教师在后续的口算练习中仍然可以呈现 $\frac{4}{9} \div 2$，并组织学生讨论明白"当分子是整数的倍数时，用分子除以整数的商做分子，分母不变"的方法也是好方法。又如，两位数乘两位数的笔算教学中，也不应囿于竖式计算的方式，对于 24×15 这样的式题，显然用 24×5×3 的方法会使得计算更有趣味。有教师教学"简单的周期"时，第一个例题安排的是"红花、蓝花、红花、蓝花……依次排列，第 15 盆花是什么颜色"，学生通常的解答方法有画图的方法，用颜色或者不同的符号（包括文字和图形）来表示红花和蓝花，最终发现第 15 盆花是红色；也有学生会根据规律发现红花的盆数都是奇数，所以第 15 盆花是红花；有的学生会用 15 除以 2，根据余数来判断。在比较的过程中，学生会发现当问题复杂时画图求解会很麻烦，根据奇偶性来判断只有当周期为 2 的时候适用，因此最好的方法是利用除法运算的余数情况进行判断，教师也往往给予肯定。这种情况实际上是令人担忧的，大家都知道"尺有所短寸有所长"的道理，这就说明需要辩证地去认识事物。用画图的方法解决复杂情况当然是不可取的，但是画图的方法可以很好地将抽象的问题具体化，便于发现规律。我编写了下面这道测试题对一些教师和学生进行了测试：

小明将 24 个围棋子排成一行，并使每相邻 2 个白子之间都有 2 个黑子。已知第一个是白子，那么第 24 个棋子是什么颜色？

学生的差错率比较高，教师做错的也大有人在。他们会对文字信息进行错误加工，误认为每 4 个棋子是一个周期，而正确的情况应该是每 3 个棋子一个周期。如果学生能根据信息用画图的方法将题意具体化，很容易发现周期的规律。教材中的例题是以具体的图像呈现的，这样编排的好处是学生便于通过具体的图像发现周期变化的规律，理解为什么可以根据余数来判断所求的问题。可是当问题以抽象的文字形式呈现时，学生要了解的事实是：我们可以通过画图把问题具体化。

从上述的描述不难发现算法优化需要把握的要点：算法优化需要尊重学生，因为每种算法都是学生的思维劳动成果，教师无须引导学生非得比出个好坏来；算法优化的主体是学生自己，要想达成算法优化，需要有充分的算法多样化的交流，并且学生需要理解不同的算法，可以说算法多样化是算法优化的前提，充分的交流和理解不同算法是算法优化的基础；算法多样化需要学生在体验的基础上自觉地进行比较，教师可以在学习材料上促进学生进行算法优化；算法优化是一种动态优化，不同的方法在解决不同问题的过程中会发挥不同的作用，不存在一种对所有问题都适用的方法，要引导学生学会辩证地认识不同的算法在学习中所起的作用，这种辩证地多元化的视角会直接影响到学生的数学学习。

案例　　　　　"8 的乘法口诀" 教学设计

南京市建邺区教师发展中心　　王凌　设计

南京市致远外国语小学分校　　臧楠楠　执教

教学目标

1. 学生能主动利用加法计算的和，独立编出 8 的乘法口诀，记忆 8 的乘法口诀，学会用 8 的乘法口诀口算相应乘法算式的得数，解决实际问题。

2. 学生通过经历编 8 的乘法口诀的过程，能熟练地掌握编乘法口诀的方法，发现 8 的乘法口诀按序排列的规律；发展初步的抽象、概括能力，丰富编乘法口诀的经验；培养记忆和应用口诀的初步能力。

3. 学生主动参与编口诀，发展和培养自主学习、独立思考和相互交流的态度、习惯，增强学习数学的自信心；继续体会乘法口诀的结构和规律，感受乘法口诀在计算和解决简单实际问题中的作用。

教学过程

一、复习引入

同学们，我们已经学了 1~7 的乘法口诀，这些口诀是怎么编出来的呢？我们一起来回顾一下。这是 5 的乘法口诀。

每只船坐 5 人，2 只船坐多少人？3 只、4 只、5 只船呢？

我们先根据实际问题推算出结果，接着想口诀的意义，列出乘法算式，最后编出口诀。

1 个 5	1×5＝5	一五得五
2 个 5 相加	2×5＝10	二五一十
3 个 5 相加	3×5＝□	三五（　　）
4 个 5 相加	4×5＝□	四五（　　）
5 个 5 相加	5×5＝□	五五（　　）

教师出示 6 的乘法口诀情境图。

6 的乘法口诀我们是怎样编出来的呢? 自己看图想一想。

刚刚学习的 7 的乘法口诀呢?

小结: 看来编口诀都是先根据问题推算出结果, 接着想口诀的意义, 列出乘法算式, 最后编出口诀。

今天我们继续学习 8 的乘法口诀。

二、教学 8 的乘法口诀

1. 根据实际问题推算结果

摆一个这样的大正方体要用 8 个小正方体, 那摆 2 个就要多少个?

那摆 3 个, 4 个甚至是 8 个又需要几个呢? 你能推算出它们的结果吗? 打开数学书, 独立完成表格。

全班校对结果。

4 个 8 相加是 32, 你能想到什么乘法算式? 5 个 8 相加是 40 呢?

2. 自主编乘法口诀

现在你能自己编出乘法口诀了吗?

请学生将口诀写在书上。

全班校对。

3. 理解口诀的意义

口诀不仅要会编, 我们还要理解口诀的意义。就以三八二十四为例, 这个结果 24, 你们是怎么得到的呀?

3 个 8 相加, 也可以写成一道连加算式, 8+8+8＝24, 可以用这样的点子图来表示。

■ ■ ■ ■ ■ ■ ■ ■
■ ■ ■ ■ ■ ■ ■ ■
■ ■ ■ ■ ■ ■ ■ ■

小结: 口诀真的挺有意思的, 既可以用加法算式表示, 还可以用文字表示,甚至是用图形表示出来,真是丰富多彩。

追问:那用"三八二十四"这句口诀可以写成哪些算式呢?

是啊,根据这句口诀既可以写出 3×8,也可以写出 8×3,既可以表示 3 个 8 相加,也可以表示 8 个 3 相加。

4. 学生自主建构口诀的意义

同学们能不能自己选一句喜欢的口诀,想一想、理一理呢?

学生独立完成,同桌互相说一说。

大家说得都很好,根据一句乘法口诀可以写出两道乘法算式,可是有句 8 的乘法口诀只能写出一道乘法算式,你们知道是哪一句口诀吗?为什么只能写出一道乘法算式呢?以前还学过类似的口诀吗?

5. 记忆 8 的乘法口诀

我们先来读一读 8 的乘法口诀,自己记一记这 8 句口诀吧。

你觉得哪一句比较难记?有什么好方法记住这句口诀呢?

同桌互背 8 的乘法口诀。

会背了吗?全班一起试一试。

三、课堂练习

1. 口算

8×5   4×8   8×7   8×3   8+8   1×8   6×8

全班校对。8×5 用到哪句乘法口诀?

你觉得要提醒大家什么?8+8 能用哪句口诀计算?

观察这 7 题,分别用到了哪句口诀?还缺少哪句口诀?你能根据八八六十四编一道口算题吗?

2. 连加与乘加

8+8+8   4+4+4+4+4+4+4+4

你会怎样口算这两题,都用到哪句口诀?如果改写成乘法算式,可以怎样写?

8+8+8+3 你会怎样算呢?这道算式可以怎样改写?

3×8+4   8×5+2   8×8+6 你会算吗?

3. 乘加与乘减

5×8+8   7×8-8

为什么得数都是 48?

3×8+8 和 5×8-8 和哪句口诀有关系？

4. 解决问题

刚才用乘法口诀解决了计算，其实乘法还可以帮我们解决简单的实际问题。

小朋友正在举办啦啦操比赛呢，（出示图片）小朋友们都排成了这样一个长方形的队伍。你知道这个队伍一共有多少个小朋友吗？

交流汇报。

最终进场的时候增加了 3 个领队，现在一共多少个小朋友了呢？

四、总结回顾，评价激励

今天我们是怎样学习 8 的乘法口诀的？

想一想，如果接着学习 9 的乘法口诀，你会怎样学呢？

| 案例 | 算理与算法并重　知识同能力共生 |

——"分数乘整数"的教学实践与思考

南京市建邺区教师发展中心　王凌　设计

南京市致远外国语小学　范韦莉　执教

分数乘整数是苏教版六年级上册"分数乘法"单元的第一课时，这节课是在学生掌握了整数乘法、分数的意义和性质、分数加减法以及约分等知识的基础上进行学习的，也是为后续学习分数除法、比、分数四则混合运算及百分数知识做好铺垫。本节课需要让学生理解分数与整数相乘的含义，探索并掌握分数与整数相乘的计算方法。教材中以"做 1 朵绸花要用 $\frac{3}{10}$ 米绸带，做 3 朵和 5 朵各要用多少米绸带"的实际问题引出分数乘整数的计算问题，得到 $\frac{3}{10} \times 3$ 和 $\frac{3}{10} \times 5$ 两个算式，在学生尝试计算、讨论交流、观察比较的基础上，抽象出分数乘整数的计算方法：分数与整数相乘，用分数的分子与整数相乘的积做分子，分母不变。有了具体情境的支撑，再加上整数乘法的经验，可以说，学生接受起来并不困难。那么，面对这样的教学内容，该如何体现学生是学习的主体，教师是学生学习的主导，让学生站在课堂正中央？备课时我着重思考了两个问题：

其一，探究什么？分数乘整数的算法属于技能知识。计算技能可以通过形式模仿、记牢法则、反复演练，逐步达到熟练掌握的效果。然而这样的定位有悖于《义务教育数学课程标准（2011 年版）》中对计算法则教学的相关要求，削弱了计算法则的教学价值。课标中明确强调了应当重视学生是否理解运算的道理，是否能准确地得出运算结果。这就要求教师在计算教学中，不能只关注学生计算技能的掌握，还要注重学生对算理的理解，也就是说在教学中要注重算理和算法的有机结合，发展学生的运算能力。

为了更好地了解学生，课前我对全班 32 名学生进行了前测，让他们试着算一算 $\frac{3}{17} \times 5$，结果正确率高达 70%，这说明大部分学生在学习新知之前就已经知道了分数乘整数的计算方法。显然，如果把会算作为教学目标，大部分的孩子都可以不教。但是从与学生的深入对话中我又发现，会算的学生中有一大部分都不能清晰地解释算理，学生会的仅仅是一种形式模仿和对法则的机械套用，而非真正掌握。看来如何算并非是学生的认知盲区，而为什么这样算，即"为什么把分数的分子与整数相乘的积做分子、分母不变"才是学生真正需要探明的问题。

其二，如何探究？要让学生成为探究的主角，让学生自主感悟并发现，就必须结合学生的思维特点帮助他们在探索过程中逐步明晰算理，给他们提供必要的支持与帮助。因此，我们的教学定位是基于学生原有的学习经验，还原知识发现的过程和学生思维的过程，让学习成为一个"讲道理"的过程。而这里的讲道理并非由教师去阐述和表达，而是为学生提供丰富的学习素材，精心设计合作学习要求，鼓励他们根据已有的知识和经验去寻求解决新问题的方法，引导他们经历观察与辨析、思维与解释的过程，最终完善对算理的理解和对算法的抽象。

一、多元表征，让算法从初步感知到深度理解

1. 呈现课题，明确方向

谈话：今天我们学习什么内容？看了这个课题，你最想了解什么？

师生共同梳理得出：分数乘整数可以怎么算？为什么可以这样算？

板书：算法、算理

师：带着这样的问题开始今天的学习。

【分析与思考】学生在面对新知时有时会出现思考无方向或停留在浅层次等情况，这时教师提前介入，使他们知晓学习目标、明确思维方向。

2. 问题引入，尝试计算

出示例1：做一朵绸花要用 $\frac{3}{10}$ 米绸带，小芳做3朵这样的绸花，一共要用绸带几分之几米？

要求：自己轻声地读题，说说已知什么，要解决什么。

提问：$\frac{3}{10}$ 米表示什么？

提问：解决这个问题，可以怎么列式？你觉得结果是多少？

课件出示：$\frac{3}{10} \times 3 = \frac{9}{10}$

追问：你怎么想到用乘法计算的？

明确：求 3 个 $\frac{3}{10}$ 的和，可以用乘法计算。

【分析与思考】让学生说一说 $\frac{3}{10}$ 米表示的含义，再让学生联系已有知识，想到 3 个 $\frac{3}{10}$ 的和可以用乘法计算，帮助学生体会分数与整数相乘的含义，为探索分数乘整数的计算方法做了知识结构上的铺垫。

3. 交流算法，沟通联系

谈话：到底等不等于 $\frac{9}{10}$，你能想办法验证结果吗？把想法或计算过程写下来。

学生尝试，教师巡视。

出示合作学习要求，让学生在小组里交流。

交流 1：说一说每种方法是怎样计算的？

学生出现了如下 4 种方法：

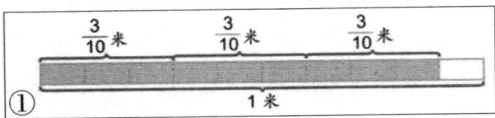

② $\frac{3}{10} \times 3 = \frac{3}{10} + \frac{3}{10} + \frac{3}{10} = \frac{9}{10}$

③ $\frac{3}{10} \times 3 = 0.3 \times 3 = 0.9 = \frac{9}{10}$

④ $\frac{3}{10} \times 3 = \frac{3 \times 3}{10} = \frac{9}{10}$

学生交流后，明确：画图、写成连加算式、化成小数都可以验证出 $\frac{3}{10} \times 3 = \frac{9}{10}$。

交流 2：想一想哪些方法之间是有联系的？

重点引导学生沟通画图和加法算式间的联系：两种方法都可以看作是 3 个 $\frac{3}{10}$ 相加，画图可以一眼看出结果是 $\frac{9}{10}$，写成分数连加，计算时分母不变，分子相加，结合图来看，实际上就是 3+3+3，也就是 3×3。

指出：无论是画图，还是写成分数连加，或者化成小数，都利用了转化的思想，把新知识转化成以前学过的知识来解决。

交流 3：你认为每种方法的优缺点是什么？

反思方法①：画图可以清楚直观地表示出结果，但是如果数据太大画图会很麻烦。

相机出示练习五第 1 题，要求学生看图直接口答。

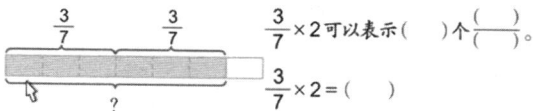

$$\frac{3}{7}\times 2 \text{可以表示}(\quad)\text{个}\frac{(\quad)}{(\quad)}。$$

$$\frac{3}{7}\times 2 = (\quad)$$

结合学生回答，教师适时指出：画图在数据较小的时候能够帮助我们归纳方法，获取结果，但如果求 100 个 $\frac{3}{7}$，画图就太麻烦了。

反思方法②：写连加算式能帮助我们得到结果，但是数字太大写连加算式太累。

引导：分母不变，分子是 3 个 3 连加，可以想成什么？（3×3）想成乘法是不是就可以不用写很长的加法算式了？比如，分子是 100 个 3，这里就可以写成100×3。（根据学生回答，相机板书：$\frac{3+3+3}{10} = \frac{3\times 3}{10}$）

指出：其实老师写的这些都是头脑里想的过程，只不过你们没有写出来罢了。

反思方法③：有些分数不能化为有限小数，有一定的局限性。

【分析与思考】对于新知的探究，要顺应学生的学习心理，体现自主、合作、开放性，本环节中，教师设计了三个层层递进的交流话题，引发学生对算法进行深刻的思考。每个学生都有各自的生活经验和知识基础，面对需要解决的问题，他们都是从自己特有的数学现实出发来构建知识的，这就决定了不同的学生在解决同一问题时会有不同的视角，于是我设计了第一个层次的交流活动，让学生说一说每种方法是怎样计算的。有的学生通过画图帮助理解，有的根据分数乘法的意义想到分数连加，还有的将分数转换为小数，都得到了正确的结果，在这个过程中，学生还了解到只能用已经学过的知识进行验证。在学生尝试，并得出不同方法的基础上，进入第二层次的交流，即哪些方法之间是有联系的。此环节中重点引导学生关注画图与分数连加本质上的一致性，通过直观与抽象，为学生理解"分数乘整数，为什么分数的分子与整数相乘的积做分子，分母不变"留下思维的痕迹和火花。第三层次，交流话题指向各种方法的适用性和局限性，学生发现当数据较大时，画图、转化成加法算式都比较烦琐，化成小数也会出现除不尽的情况。学生在对各种方法的分析与比较中，产生进一步探索分数与整数相乘计算方法的心理需求。

二、丰富素材，让算理从模糊到清晰

1. 出示：$\frac{2}{7} \times 3$

要求：选择其中的一种方法再做一题。

询问学生用哪种方法解决的，结果是多少。

交流：由于 $\frac{2}{7}$ 不能化成有限小数，所以不能用化小数的方法。

课件出示画图和分数连加的方法。

提问：分子中 3 个 2 相加，可以写成什么？

重点引导：3 个 $\frac{2}{7}$ 连加，分母不变，分子相加，3 个 2 相加可以想成 2×3。

（结合学生的回答逐步出示 $\frac{2}{7} \times 3 = \frac{2}{7} + \frac{2}{7} + \frac{2}{7} = \frac{2+2+2}{7} = \frac{2 \times 3}{7} = \frac{6}{7}$）

2. 出示：$\frac{2}{9} \times 5$

要求学生直接说出答案并说说怎样想的。

追问：$\frac{2}{9} \times 5 = \frac{10}{9}$，分子的 10 是哪来的？为什么可以用 2×5？（因为分子是 5 个 2 相加）

（结合学生的回答出示 $\frac{2}{9} \times 5 = \frac{2}{9} + \frac{2}{9} + \frac{2}{9} + \frac{2}{9} + \frac{2}{9} = \frac{2+2+2+2+2}{9} = \frac{2 \times 5}{9} = \frac{10}{9}$）

启发：搞清了算理，那我们在想 $\frac{2}{9} \times 5$ 时就可以直接去想 $\frac{2 \times 5}{9}$。

3. 归纳算法

呈现三道算式及结果：

$$\frac{3}{10} \times 3 = \frac{9}{10} \qquad \frac{2}{7} \times 3 = \frac{6}{7} \qquad \frac{2}{9} \times 5 = \frac{10}{9}$$

谈话：这样的算式举得完吗？如果现在再让你计算这3道题，你会怎样计算？

同桌互相说一说。

明确：分数与整数相乘，用分子和整数相乘的积做分子，分母不变。（板书计算法则）

指出：有了这个方法，以后计算分数乘整数就可以直接计算了。

4. 讲解格式

指出：以 $\frac{3}{10} \times 3$ 为例，像中间我们想的过程 $\frac{3}{10} + \frac{3}{10} + \frac{3}{10} = \frac{3+3+3}{10}$ 就

不用写了，直接就写成 $\frac{3 \times 3}{10} = \frac{9}{10}$。

（板书：$\frac{3}{10} \times 3 = \frac{3 \times 3}{10} = \frac{9}{10}$）

课件出示：

提问：在书写时我们要注意什么？

明确：分数占两格，分数线写在中间，计算要写过程……

【分析与思考】数学教学不能仅仅让学生获得简单意义上的结论，更应该引导学生经历结论怎么来的探索过程，即经历数学知识的发生、发展和变化的动态过程。当学生在解决绸花问题的过程中初步获得 $\frac{3}{10} \times 3$ 的算法后，教师并没有止步，而是通过整合书上的习题资源，给学生提供了丰富的研究素材。$\frac{2}{7} \times 3$，结合展示和交流，引导学生再次借助加法和乘法的联系，经历"乘法→加法→乘法"的推导过程，在旧知和新的算法之间搭起一座桥梁。$\frac{2}{9}$

×5，有了以上的经验积淀，学生能一口说出答案并选择用"分数的分子与整数相乘，分母不变"这样的方法来计算，教师通过追问与点拨，学生逐步明确了为什么可以这样做。最后开展计算方法的归纳活动，自然流畅，水到渠成，学生在这个数学化的过程中不断丰富与提升数学活动经验，不断思考并逐步走向深入。

三、自主练习，让规则从初步掌握到灵活运用

1. 引入变形，优化算法

出示：$\frac{2}{11}\times3$ $5\times\frac{3}{10}$ $5\div8\times7$

练习要求：先独立完成，再由组长批改，如有问题及时指出。

重点交流后两小题。

比较与交流1：$5\times\frac{3}{10}$，呈现学生的两种做法（如图）。

$$5\times\frac{3}{10}=\frac{5\times3}{10}=\frac{\overset{3}{\cancel{15}}}{\underset{2}{\cancel{10}}}=\frac{3}{2}$$

$$5\times\frac{3}{10}=\frac{\overset{1}{\cancel{5}}\times3}{\underset{2}{\cancel{10}}}=\frac{3}{2}$$

在学生充分交流的基础上，得出：第一种与之前计算分数加减法时一样，是先算出得数再约分（板书：先乘再约）；第二种是把5×3看作一个整体，分子、分母同时除以5，在过程中就约分了。（板书：先约再乘）

优化：看了两位同学的做法，你有什么想法？

指出：计算分数乘整数时，可以先约分、再计算，这样能使计算过程更简便。

比较与交流2：$5\div8\times7$，呈现学生的两种做法（如图）。

$5\div8\times7$

$=\frac{5}{8}\times7$　　　$5\div8\times7$

　　　　　$=0.625\times7$

$=\frac{35}{8}$　　　$=4.375$

优化：比较两位同学的做法，你会选择哪一种？为什么？

指出：转化为分数比较简单。

2. 巩固练习，加强体验

谈话：有了刚才的学习，相信下面的两道题你们一定能做得又快又好。

出示：$\dfrac{5}{24} \times 12$　$\dfrac{15}{17} \times 34$

要求：独立练习，同桌校对。

交流：你的同桌采取了哪种方法？你会如何评价他的做法？

3. 联系实际，解决问题

谈话：这几天我们都在学习长、正方体，看看用今天的知识能不能解决一些问题。

出示：一个正方体的底面积是 $\dfrac{4}{9}$ 米，它的表面积是多少平方米？

独立解决，集体交流。

【分析与思考】本节课除了重点理解算理、掌握算法之外，还要让学生灵活运用所学知识，并掌握"先约再算"的基本计算技能。鉴于学生的学习能力和水平，我将这些教学目标全部整合在三组练习中，让学生在练习的过程中自主比较、选择和体验。第一组第 1 小题是为了巩固分数乘整数的计算方法；第 2 小题旨在让学生通过试算、对比感受到先约再乘的优越性，这样计算方法的优化就不是刻意强加，而是学生在计算过程中产生的自觉需要；第 3 小题旨在考查学生能否灵活运用所学知识，化繁为简。第二组练习，通过观察算式中的特点，引导学生再次经历方法的比较，反思方法的优劣，在不断修正与完善中，培养学生自主优化的能力。第三组练习将分数乘法与实际问题相联系，逐步提高学生解决问题的能力。这样有坡度的练习，既引发了不同的计算思路和方法，又体现了计算方法的逐步优化和思维水平的逐步提升，有助于学生积累计算技巧的经验，从而提高运算技能。

案例　"不进位的两位数乘两位数笔算"教学设计

南京市建邺区教师发展中心　王凌　设计

南京市致远外国语小学　桑坤　执教

教学目标

1. 经历探索两位数乘两位数笔算方法的过程，理解算理，掌握算法，能正确笔算两位数乘两位数的结果。

2. 通过小组合作和交流，感受计算两位数乘两位数方法的多样化，发展交流能力及合作意识。

3. 在探索算法和解决问题的过程中，感受数学与生活的联系，增强自主探索的意识，提高交流合作的能力，获得成功的体验，树立学习的信心。

教学过程

一、创设情境，引入新课

1. 出示情境图

李叔叔培育出一批新品种的迷你南瓜，准备把这些迷你南瓜送给幼儿园的小朋友们品尝，我们一起去看看。

（出示情境图）仔细观察，从图中你知道了哪些数学信息？

$$14 \times 12 = \underline{\qquad}(\quad)$$

知道了每箱迷你南瓜有 14 个。送了多少箱呢？你是怎么数出这 12 箱来的呀？

可以竖着 2 箱 2 箱地数，6 个 2 箱是 12 箱。也可以先数地上有 10 箱，再数李叔叔手上有 2 箱，合起来是 12 箱。

同学们，根据这两个信息：送给幼儿园 12 箱，每箱 14 个。你能提出什么数学问题？

二、自主探索两位数乘两位数的计算方法

1. 基于旧知探索计算方法

要解决这个问题，应该怎样列式？要计算 14×12，它和上学期学习的乘法有什么不同？

揭示课题：这节课我们一起来研究两位数乘两位数。

14×12 大约等于多少呢？你能估计一下吗？

答案究竟等于多少，我们还是需要准确地去算一算。请同学们根据这幅图，利用以前学习过的知识想一想，算一算 12 箱迷你南瓜一共有多少个？

计算出结果的同学，在小组内交流，说一说自己是怎样算的，怎样验证计算结果是正确的？其他同学在倾听的时候要想一想，计算过程合理吗？

2. 交流汇报

你是怎么算的？请结合图说一说。

方法 1：14×2×6 = 168，先算出 2 箱一共有多少个，有这样的 6 个 2 箱，再算出一共有多少个。

方法 2：14×6×2 = 168，先算出 6 箱一共有多少个，有这样的 2 个 6 箱，再算出一共有多少个。

方法 3：先算 10 箱多少个，14×10 = 140，再算 2 箱多少个，14×2 = 28，最后相加，140+28 = 168。

3. 对计算方法的分析与分类

（1）两数相乘

刚才结合图想到了这样的三种方法解决这个问题。其中 14×2×6 = 168、14×6×2 = 168。它们都是将 12 拆成了几乘几？12 除了这样拆，还可以拆成几乘几？

14×3×4 和 14×4×3。

这些方法都是将 12 拆成两数相乘的形式。

（2）两数相加

其实，除了将 12 拆成两数相乘，观察刚才的方法 3，是将 12 盒拆成了 10 盒和 2 盒，也就是拆成了两数相加。借助点子图可以让我们的思路更开阔。

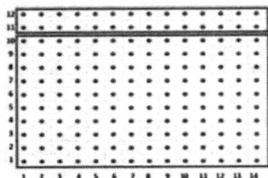

14×10+14×2=168

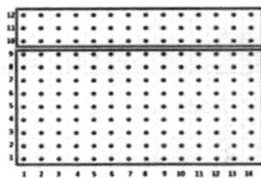

14×9+14×3=168

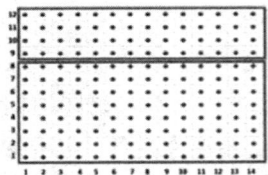

14×8+14×4=168

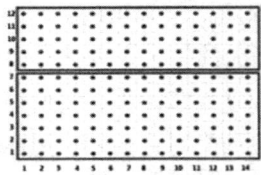

14×7+14×5=168

12 除了可以拆成 10+2，还可以拆成几加几？

教师根据学生回答，依次出示相应的点子图。指出这些方法都是将 12 拆成两数相加，其中拆成 10 加几的方法计算最简便。

（3）比较分类

计算 14×12，可以将 12 拆成两个数相乘，也可以拆成两个数相加。方法虽然不同，但都是把新知转化为已经学过的知识。

三、优化算法，理解乘法竖式的合理性

1. 出示 17×13，请你选择自己喜欢的方法计算 17×13，在习题纸上试着写一写。

反馈，引导学生比较不同方法的相同点与不同点。

指出：无论拆的是哪个数，都是将其拆成整十数和一位数，再分别和另一个两位数相乘，最后把两个积相加。

追问：为什么不拆成几乘几？

2. 出示：23×17 和 23×18，想一想可以怎样计算？

如果我们要找一种拆的方法，能适用于所有的两位数乘两位数，哪种方法是通用的？

指出：并不是所有的两位数都可以拆成两个一位数相乘的形式。所以，要用一种方法对所有两位数乘两位数都方便计算，可以将其中一个两位数拆成几十加几的形式，这样计算比较方便。

3. 其实，这种拆分的方法，也可以通过竖式表达出来。（板书 17×13 的

竖式）

刚才把 13 拆成了 10 和 3，也就是可以先算 3 个 17，我们一起来算一算；再算 10 个 17。接下来该怎么算？请同学们自己在习题纸上试着写一写。

展示竖式写法。说说怎么想的？还有什么疑问？

小结：因为用十位上的 1 去乘 17，乘得的结果表示的是多少个十，要把乘积末尾对准十位写。

回顾：在竖式中，51 怎么来的？170 怎么来的？221 呢？

同学们看，竖式计算的过程和我们之前把 13 拆成 10 加 3 的过程是一致的，竖式实际上就是刚才所算的过程综合在一起。

四、多层练习，巩固笔算

1. 笔算例题 14×12，在习题纸上完成

反馈说计算过程。

提问：在笔算两位数乘两位数的过程中要注意什么？

2. 竖式计算：41×22、12×14

提问：第一个竖式中，两个 82 表示的含义一样吗？

提问：观察 14×12 与 12×14 这两个竖式你有什么发现？

指出：在计算两位数乘两位数时，可以调换乘数位置再乘一遍来进行验算。

3. 拓展提高

出示 25×16，可以列竖式计算，也可以选择拆数的方法，请你算一算积是多少？

反馈校对，指出：可以将 25 拆成 5×5，也可以将 16 拆成 4×4，也可以用竖式计算，计算乘法时，要根据数据本身的特点，灵活地选择计算方法。

4. 你知道吗？

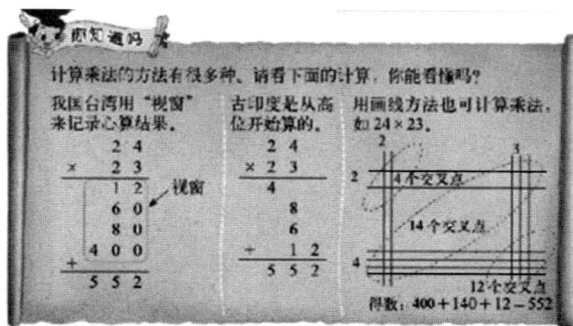

有意义接受学习在计算教学中的运用

　　并非所有的教学内容都适合选择发现学习的方法，如果新知识超出了学生的最近发展区，那么要使新知识与原有知识发生联系，选择有意义接受学习的方法更为合适。奥苏伯尔根据学习方式的不同将学习分为发现学习与接受学习，根据新知识与学习者原有知识经验的联系将学习分为有意义学习和机械学习。对于教师来说，毫无疑义的是教学必然要达成"有意义"，那么达成"有意义"的教学方向就需要选择发现学习或者是接受学习的方式。我们将其称为教学方法方向的选择。教学方法的方向选择通常与两个因素有关，一个是知识间的逻辑结构，一个是学生已有的知识和经验。据此可以大致判定教学方法的方向。

　　有些学习内容是原有认知结构中没有的，例如认识除法、因数与倍数、倒数的意义等，通常需要用有意义接受学习的方法开展教学。有意义的具体体现就在于让学生看到知识的形成过程，包括知识产生的必要性、与原有知识的关联、对概念下定义，并通过模仿性练习和变式练习理解并掌握。这些知识的学习如同观众看魔术师变魔术一样，如果只给观众看看空帽子，然后从中变出一只鸽子，观众无论如何也不会知道和掌握这个魔术。只有当魔术师将魔术的每个细节和操作要领仔细地展示，观众才能知道这个魔术的奥秘，如果要掌握的话还离不开勤学苦练。

　　以"认识除法"为例，教师可以先通过复习引入，请学生说一说什么是平均分，在师生对话中引出可以用圈一圈的方法表示平均分的结果。

　　再出示例题"6个小朋友要坐缆车，每辆车坐2人"，问"每辆车坐2人是什么意思"，那么"需要多少辆缆车呢？"告诉学生可以自己想，如果有困难可以用6个小圆片代表6个小朋友，用摆一摆、画一画的方法试一试。学生尝试之后都知道需要3辆缆车，教师请学生们说一说自己是怎样想的。引导学生比较不同的方法，实际上都是将6平均分。

在学生充分交流之后，教师告诉学生刚才把 6 个圆片每 2 个一份进行平均分的过程可以用除法表示，除法的运算符号是除号（÷）。一共有 6 人，写在除号前面，表示被平均分的。每 2 人一份，写在除号后面。需要 3 辆车，写在等号的后面。接着介绍算式的读法，请学生说出算式各部分的意义。

教师话锋一转，问"如果 6 个人去游玩，每车坐 3 人，需要多少辆车"你会做吗？学生很快说出结果是"2 辆"，教师请学生用除法表示平均分的过程，并且同座互相说一说自己想的算式是什么，算式中各部分的意义是什么，在此基础上全班交流。

比较两道除法算式的异同，思考"为什么除号前面都是 6？""为什么都有除号？"明确两个问题都是要将 6 人平均分。再比较不同点，"除号后面的数为什么不同？结果为什么不同？"明确第一个问题是每 2 人一辆车，需要 3 辆车；第二个问题是每 3 人一辆车，需要 2 辆车。

教师出示练习题 1：有 12 个苹果，每只小熊正好分 3 个，有几只小熊呢？请学生用小圆片先分一分，再用除法算式表示，同座互相说一说算式中各部分的意义，最后开展全班交流。继续出示练习题 2：把 8 支笔平均分给 4 人，每人分几支？请学生用小棒分一分，学生操作并汇报后，教师告诉学生刚才分的过程可以用"8÷4＝2"表示，你能说一说这道算式表示的意思吗？比较两题，发现只要是平均分，就可以用除法表示，教师顺势介绍除法算式中各部分的名称。

最后有序地完成教材中的配套练习并进行课堂总结。

整节课的教学，教师将教学重点放在让学生理解平均分的操作活动是可以数学化的，也就是可以用除法算式表示，并且结合具体情境和操作活动，理解除法算式中各部分的意义。教师有序地引入情境，组织操作活动，及时呈现新知并结合情境和操作活动理解除法算式。从这个角度看，有意义接受学习，并不是完全由教师将结论告知学生，而是通过情境激发学习动机，通过已有经验用具体化的方法解决问题，教师只是在恰当的时机呈现新知，并且将新知与学生的活动紧密结合起来，以利于学生理解新知，继而通过比较、巩固练习进一步理解并初步运用新知解决问题。

还有些数学知识看上去与前面的已有知识联系紧密，似乎学生自主探究是可以达成的，而一旦实施却发现难以取得预期效果，甚至教学目标的达成度都存在问题，这里的问题仍然是教师在开展教学设计时以教师为中心，没有分析教材和学生，从这个角度看，"备课要备教材，还要备学生"仍然值得教师关注。

以"隔位退位减法"为例，这是多位数减法的最后一个例题，学生已经经过了包括连续退位减法计算的学习，有了退位减法计算的知识和经验。当学生学习隔位退位减法时，教师应该怎样选择教学方法呢？很多教师会选择让学生自主探究，因为前面学习相应的多位数减法时，学生都能很好地通过自主探究和合作交流完成学习任务。但是实际情况会和教师的预期相距甚远，这里需要教师对教材和学生作出相应的深入分析。从教学内容看，虽然学生经历了退位减法的学习，但是前面的学习内容都是某位不够减时，向该位的前一位借一且都能借到，但是隔位退位减法的情况和前面学习的内容并不相同，因为向前一位借一会发现借不到，这是学生会面临的第一个难题，于是学生会用他们自己所能理解的方式去进行解释，例如 202 减 108，会有学生算出 106，因为个位不够减，向十位借一，但是借不到，那就不借了，个位用 8 减 2 计算就行了。还有学生会算出 104，当个位向十位借一，十位虽然没有，但是以前的学习经验告诉他，向前一位是能借到的。于是学生不管十位是 0 了，就从十位借了一，个位上用 12 减 8 得 4，十位 0 减 0 得 0，百位 2 减 1 得 1。还有学生会算出答案为 4，他们发现个位向十位借一，但是十位是 0，继续向百位借是能借到的，过去的经验是"退一当十"，于是算出答案为 4。

所以从上述的例子中，不难发现一个事实，教学方法方向的选择需要从两个角度去考虑，教师如果忽视其中任何一个方面，都会影响教学的有效性。

| 案例 | 基于心理学的教学研究案例 |

基于心理学的教学研究案例
——对"隔位退位减"教学的思考

（一）

教学设计的质量直接影响到教学实施的效果，大多数教师在进行教学设计时，考虑的重点仍以教材为主，围绕例题中心知识点进行设计，偏重于思考教师如何"教"，忽略关注学生会如何"学"。在网络信息发达的现在，电子教案的相互传播，使得一些教师更加淡化对学情的思考。这种现象会造成教学的低效，学生往往难以在学习过程中有实质性的参与。因此，要提高教学的有效性，应坚持以钻研教材与学情调查并重，在此基础上合理选择教学方法。同时，对于某些"教师难教、学生难学"的课，仅凭对教学经验的依赖往往难以获得有效的解决方法，因此，借助相关教学理论对教学实践的指导，加强理论联系实际，才是教师专业成长的有效路径。以苏教版二年级下册"隔位退位减"为例，试论学情调查的方法对教学设计的意义，以及教师在进行教学设计的过程中如何借鉴心理学研究的成果，将理论与实际切实地结合起来。

先看两个不成功的教学案例：

案例一：W 老师是位有近十年教龄的区骨干教师

教师根据情境图引出 202-108 后：

师：先算什么？

生：个位 2 减 8 不够，向十位借一，十位退一。

师：十位能退吗？（生回答"不能"）为什么？

生：十位上两个数全是 0。

师：被减数十位是 0，表示没有。那怎么办呢？

（师拿起计数器）大部分学生回答"用计数器算"，也有生说"向百位借"。

师：百位退 1 给哪一位？

生 1：十位。

生 2：个位。

师未对生 2 的回答作出应对。指着十位问：十位拨几个？

学生回答：1 个。

师用疑问的口吻问：一个吗？

另一个学生说：10 个。

师：为什么？（师在十位拨 10 个珠）

生：10 个 10 是 100。

师：个位怎么算？（生回答：12-8）个位上是 2，10 是从哪里来的？

生：从十位上退 1。

师放下计数器，在黑板上的竖式中先在百位、十位上打上退位点，然后写下个位的"4"，接着指着十位问学生是多少？学生说是"9"，师又问"为什么是 9"，一个学生说"退给个位一个"。

在师生问答的过程中，教师完成了黑板上的竖式，并请学生说一说要注意什么。学生回答有"退位点要和数字对齐""减法不要算成加法""要打两个退位点""退位后就不是原来的数"。

教师请学生完成课堂作业，根据课堂观察，全班 28 人，出现错误的有 18 人。出现错误的学生约为全班人数的 64%。

以 1000-537 为例，学生的错误得数有 573，433，473。

在与学生的交流中，我们发现学生虽然打了退位点，但并不清楚在相减过程中究竟表示几，正像他们的得数所反映的：十位上应当是 6，而很多同学认为是 7。

W 老师为此也很困惑，她认为这节课很难教，学生学习难度很大，因此也借助了计数器，将相减的过程一步步地演示。同时也设计问题，请学生回答"要注意什么"，以此引发学生关注"0 上打点想作 9"这一难点。但她表示，根据她的经验，隔位退位减中，出现 1000-537=473 这种错误是不可避免的，也无法消除，需要通过反复练习，让学生在"订正"中修正算法，记住"0 上打点想作 9"这个事实。

案例二：X 老师是有五年教龄的区骨干教师

她听了 W 老师执教的课，认为这应当是让学生自己探究的课，因为退位减法中的两种情况（个位不够减向十位借一，十位不够减向百位借一）前面刚刚学过，因此学生应该能自主探究出算法。她认为 W 老师的课中老师一对一的提问过程过多，课堂气氛沉闷，教师以讲为主，学生没有真正地参与到学习中，所以正确率不高。

X 老师在根据情境图引出 202-108 后，问学生"你们会算吗"，学生回答"会算"。于是老师请学生试做。片刻后，有几个学生没有算出结果，听课老师小声地与他们交流，学生反映"个位不够减，向十位借一，但十位没有，不知道怎么办"，其他大部分学生都已算好答案，老师请了得数不同的同学板演。学生的得数分别有 4、106、104、94、194 五种情况。

师：某某同学的答案是 4，你能说一说是怎么想的吗？

生：个位 2-8 不够减，向前一位借一，12-8＝4，十位上是 0-0 得 0，百位上 1-1＝0。

师：你个位上 2-8 不够，向前一位借一，是向哪儿借？

生：2。

师：向百位的 2 借吗？

生：是的。

师：你们同意吗？

其余学生有的说不同意，有的说同意，还有几个在忙着改动自己的竖式。

师：从百位借一，表示一个多少？

生 1：一个十。

生 2：不对，是十个十。

师：是啊，一个百表示十个十，你把它当作一个十，这样算对吗？

做出得数是 4 的学生开始在座位上改正自己的竖式。

师：再看这个竖式。某某同学作出的得数是 106，你是怎么想的？

生：个位 2 减 8 不够，要向十位借一，十位是 0。（生说到这里，有些疑惑，停下来不说了）

师：你是不是看十位是 0，所以就用 8-2 了。（生点头）个位上应该是 2 减 8，用 8 减 2 行吗？（其他学生回答"不行"）

这时 X 老师意识到这样说下去，时间会不够用。她请学生用验算的方法对其余三种情形进行了计算，让学生知道 94 才是正确的。

师：怎样才能算出正确结果 94 呢？我们请某某同学说一说。

生：个位上 2 减 8 不够，向百位借一，就是十个十。12-8＝4，然后十位上 9 减 0 等于 9。百位上 2 借走一个，还剩一，1-1＝0，所以得数是 94。

师：她说得很好！你们明白了吗？（大多数学生说"明白"，老师感觉他

们并不明白。于是又拿出计数器，拨出 202）

师：看，个位上 2 减 8，够吗？（不够）那就要向前一位借一。十位上有数吗？（师指计数器的十位，生回答"没有"）

十位上是 0，那怎么办？我们可以向百位借一。

（师放下计数器，在竖式中百位的 2 上打上退位点。然后再拿起计数器，退去百位一个珠）

百位的一是 10 个（学生接答"十"）要在十位拨几颗珠？（学生回答"10 个珠"）这时再向个位退一（师边说边拨去十位上的一个珠）就是十个一，和 2 合起来是多少（少数同学回答是"12"）这时十位上还剩多少？（生齐答"9"）

师放下计数器，边说边完成竖式。

师：刚才十位退一到个位，和 2 合成 12，12-8 等于几（4）十位上还剩多少（师边问边指计数器，学生回答"9"）9 减 0 等于 9，百位退走一个，1 减 1 得 0。所以得数是（94）。请算错的同学订正。

同学们将原来错误的竖式得数擦去，直接写上正确结果"94"。老师问大家是否会了，同学们都说会了，于是开始练习。从反馈结果上看，大部分同学仍不会计算。以 403-146 为例，全班 28 人中计算错误的有 16 人，错误得数有 263、167、267、297、347 等情况。

（二）

上面的两个案例具有一定的代表性。绝大多数的教师认为学生刚学完退位减的两个例题，而隔位退位减虽然难一些，但与前面例题的联系仍是相当紧密的，因此是可以"同化"的。在教法选择上，可以让学生以探究学习为主。X 老师教学设计的出发点也正是如此。从老师的想法中，我们发现教师对教学内容的分析主要思考的依据仍是以知识间的逻辑关系为主，并没有从最近发展区的角度去分析教学内容与学生已有认知结构的认知"距离"。事实上，如果学习内容中包含太多的要求学生修正自己的认知结构以后才能获得的知识，那么学生必然会出现两种状态：或者被问题弄得不知所措，从而放弃对问题的解决；或者意识不到问题的存在，从而采用一种"自适应"的方式去解决问题（正如学生直接将百位的 1 退至个位当成 10 所理解的那样）。

因此，对教学难点的分析就不能囿于教师单方面对知识的分析，还应重点关注基于学生认知过程中的"不恰当建构"。奥苏伯尔的观点是"影响学习的唯一最重要因素是学习者已经知道了什么"。如何将奥苏伯尔的观点转化为具体的操作性行为呢？这就是了解学生学情的教学技术——学情调查。

X老师课后很困惑，她感到课的发展与原来预设的轨道完全不同，以至于产生了"无法控制课堂发展"的感觉，所以一节预想"探究"的课演变为一节"单向接受"的课。产生这一现象的根源正是老师对学情缺少足够的了解。课后，我与X老师从另一个还未学习"隔位退位减"的班级中随机选了六位同学，他们的学习水平在班级处于中等。出示202-34的竖式后，问他们是否会算，他们都表示会计算，于是请他们不讨论，自己独立完成，出现的解决方法有：

1. 202-34=172

学生思路：个位2减4不够，向十位借1，但十位是0，就用4减2。十位0减3不够，向百位借1，结果是172。

2. 202-34=78

学生思路：个位2减4不够，向十位借1，但十位是0，就向百位借1到个位，12减4得8，十位0减3不够，向百位借1，结果是78。

3. 202-34=178

学生思路：个位2减4不够，向十位借，12减4得8。前面20减3得17，结果是178。

4. 不会计算，个位向十位借一，但十位是0，不知道该怎么算。

根据我们后续的学情调查，学生的解决方案有七种之多，上述的情况是较为常见的。解答正确的学生也有，但是总体看来数量较少。从学生的口述思路可以看出，不同的学生在解决该题时，都自觉地调动了自己已有的知识基础和相应的解题经验进行了自我建构，尽管答案不正确，但是在他们自身看来都是合理的。这就说明该题的难度与学生现有的发展水平不匹配，在这种情况下，再盲目地要求学生进行探究学习来发现隔位退位减法的计算方法就显得不合适了。只有当教学情境中的问题的新奇性、差异性与学生现有发展水平相适应时，才能出现主动学习。

从学生的思路中我们发现，尽管学生对退位减有了相应的解题经验，但是对于"隔位退位减"无法从已有认知结构中获得支撑。因此，这个学习内容对学生而言是全新的，是需要对原有认知结构进行变革的"顺应"，而不是教师原先设想的"较为简单的同化"，所以，教法应选择"有意义接受"。

W 老师的教学设计中缺少学生的认知参与，在教学过程中对大部分学生的学习状态关注不够，以一问一答为主，少数学生理解了隔位退位减的算法，大多数同学仍处于一知半解的状态。我们认为除了上述原因之外，教具（计数器）的操作活动不到位，也是造成学生理解困难的重要原因。布鲁纳认为：在某些数学学习中，儿童会经历三个主要的阶段，即行为表征、形象表征和符号表征。也就是说，儿童的学习应从感知操作到形成表象，再到形成形式化的符号表征。

W 老师在利用计数器演示 202-108 时，没有完整地演示计算过程，仅以百位向十位退一当十为主，并且这一过程是由教师完成的。由学生完成这一过程会更有利于学生思考。其次，在行为操作后，越过表象操作，直接进入竖式计算（即符号操作阶段），学生的思维缺少足够的表象支撑。教材中有一幅图来说明 202-108 的算理：

先在计数器上拨一拨，再算一算。

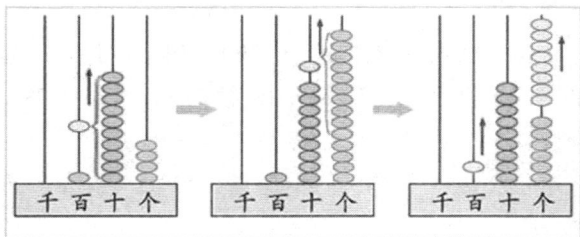

教师用书中也写道：教材"呈现了连续三幅用计数器计算的直观图，形象地说明隔位退位的全过程"，"不仅有助于学生理解隔位退位的操作过程，而且也直观地显示了算理，有利于学生在理解算理的基础上掌握算法"。

如何用好这幅图，这就需要将"静态插图"进行"动态演示"，结合教学过程，完整地将拨珠计算过程用图的方式呈现出来，并且学生能通过回忆拨珠过程口述图的画法。这个过程相当于在头脑中进行操作演算，构成了理解算理，掌握算法的有效基础。

对于 202-34=178 这一学生常见错误，我们在 W 老师和 X 老师的班上通过观察与访谈了解产生错误的原因。通过观察，我们发现很多学生在计算隔位退位减法时，无法有效地记住十位上相减时，究竟是 0 还是 9。也就是对"0 上打点想作 9"这个操作性知识还不能熟练掌握。有的同学做错后，我们刚指出"错了"，他们马上就说"哦，十位上应该是 9 减 3"。并迅速地予以纠正。那么，这一现象真的像 W 老师认为的那样——"在课上既无法避免，也无法消除"吗?

(三)

通过了解学情与课堂课例分析,我们得到以下结论。

1. 因为教学内容已超出学生的最近发展区,若仍以探究学习进行试误,再进行例题讲解,教学时间无法保证完成教学任务,教学效益不高。因此,在教法选择上应以"有意义接受学习"为主。教师应设计好学习内容的序列,并让学生在思考问题的同时进行相应的操作活动。

2. 利用布鲁纳的操作层次理论,合理地安排利用计数器进行完整计算的行为操作→动态完成计算过程示意图的表象操作→以前二层次为基础的竖式计算过程,即符号操作。使学生以操作为基础,理解算理,掌握算法,能正确计算隔位退位减法。

3. 对于 202−34 = 178 这类错误,我们以为很多学生对于算理是理解的,出现错误的主要原因是短期记忆负担过重。若将计算的思维过程记录下来:①个位 2 减 4,不够减,向十位借一;②十位是 0,向百位借一;③百位退一,是 10 个十;④十位向个位退一,十位上还剩 9 个十;⑤个位的 2 与十位退的一个十组成 12;⑥12 减 4 等于 8;⑦要回忆起十位上是 9;⑧十位上用 9 −3 = 6;⑨百位上是 1。

上述过程中,第④个过程对学生来说是一个记忆难点,对于前面所学习的退位情况,由于要退位的数位上的数都是 1~9,很容易想到退位后,该位的数必然比原数少 1。而对于数位上是 0 且要退位的情况,必要理解退位后该位是 9 的道理并且牢记这一事实,这正是隔位退位减法的难点之所在。另外,当学生完成第⑤⑥两个过程时,需要注意力高度集中,以完成 12 减 8 这一退位减法,当他们完成这一过程后计算十位的结果时,会出现记忆的分配失调而导致十位数据的遗忘。

解决这个难点的方法是借鉴信息加工理论中对短时记忆机制的研究。人们要习得外来信息,则它必须由感觉记忆进入短时记忆。短时记忆不但保持时间短暂,而且容量有限。除非我们不断复述或思考某些信息,否则它们会在 20 秒~30 秒之内从短时记忆中消失。事实上,心理学关于短时记忆的研究结论正说明了二年级学生初学隔位退位减的困难所在。而短期记忆中的信息又是以"组块"为单元的,如果能将有联系的相关组块进行组合,就可以得到更大的组块,这个组合过程的关键是学生必须找到小组块之间的联系,使它们之间的组合富有意义。对于计算过程的难点所在——0上打点想作9，我们就需要借助操作来达成理解，借助反复地复述这一事实，使之将操作过程压缩成记忆组块，降低短时记忆的负担。

原来，解决问题的核心在于通过操作理解"0上打点想作9"，让学生形成相应的记忆组块，可实现这个知识点由"过程"向"对象"的转化，亦即是数学教育心理学中的"凝聚"。为便于形成记忆模块，降低学习中的记忆负担，突出学习重点，我将教材中的一个例题改为两个例题，例1为202－8，其作用是形成"0上打点想作9"的记忆组块，例2为202－38，其作用是学习隔位退位减的一般方法。

（四）

1. 课堂实录片段

（1）通过"行为操作"理解算理

教师出示例题：202－8。提问：202－8究竟怎样算呢？我们一起来请计数器帮帮忙好吗？

①202在计数器上怎么拨？（学生上台拨珠）202减8，我们一起来看：个位上只有2颗珠子不够减8怎么办呢？

生：问十位借。

师：十位没珠呀？

生：再问百位借。

师：退一当几？

生：退一当十。

师：谁来拨给大家看看？

学生边说边拨珠：百位退去一颗珠子。在十位上拨上10颗珠子。老师再在十位退去一颗珠子，提问：这时个位上应该有多少个珠子？（12）12减8得（4）。那十位上还剩多少个珠？（9个）你怎么知道的？（刚才有10个珠，借给个位1个，还有9个）

②师：这个拨珠过程看清楚了吗？我们一起再来看一遍（师生共同完成拨珠过程，教师在拨珠过程中重点提问：个位2不够减8怎么办？十位没有珠怎么办？百位退1退到哪一位？退1当几？十位再向个位退1，还有几个珠？）

通过两次在计数器上的拨珠，学生初步理解了算理。

（2）通过"表象操作"巩固算理。

师：如果总是靠拨珠完成计算是不是很麻烦？那我们可以把拨珠过程画下来：边说计算过程边画成图（教师在第一幅图上逐步完成计算过程，最终得到第三幅图）。

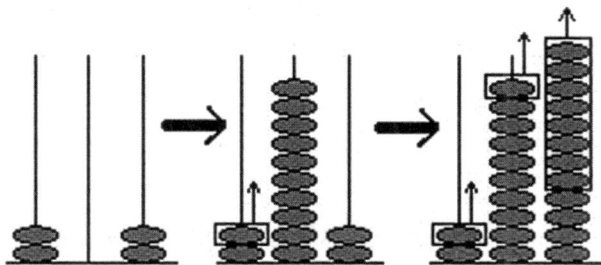

这个过程中，教师重点提问：十位上还剩几个珠？你怎么知道的？

学生回答：从百位退1到十位，十位有10个珠，又借给个位1个，还剩9个珠。

画计算过程图的目的是在脑海中重温刚才的拨珠活动，使学生能够在"脑海中进行拨珠活动"，这是学生继续学习竖式时的"脚手架"，对"十位上剩下9个珠"这一学习难点进行知识内化，也是下一个环节——对"0上打点想作9"进行思维"压缩"的基础。

（3）通过"符号操作"，在理解算理的基础上，形成算法。

师：如果每次算减法都让你画个图，方便吗？我们可以利用竖式来计算。个位2减8够吗？（不够）怎么办？（向十位借1）十位上也没有珠呢？（向百位借1）。

教师在百位打退位点，同时提问：百位退1到哪位？（十位）这时十位上有（10个珠）。

教师在十位打退位点，同时提问：十位再向个位退1，这时十位还有几个珠？为什么？（生答略）也就是说，0上打点可以想作几？（0上打点想作9）教师再请一位同学回答"0上打点想作几?"并提问"为什么?"

师：个位上现在是多少？（12）12减8得（4）十位现在还有几个珠？（9个）你怎么知道得这么快？（生再次回答刚才十位的拨珠过程）是啊，那0上打点想作几？（9）。

在这一环节，教师的提问紧紧围绕刚才的拨珠活动，使学生能够顺利地利用获得的活动经验进行思考。同时，反复地提问"0上打点想作几"，使学生在明确算理的基础上，对这一数学知识进行思维压缩。

（4）借助算理，形成记忆模块，提升计算技能。

教师依次逐题请学生计算：306-9，100-3，1002-3。

反馈时重点提问：0 上打点想作几？选择 306-9 请学生说一说为什么？

再逐题出示 202-38、1004-238 和 4003-2124 请学生计算。以 202-38 为例，反馈时教师重点提问：十位 0 上打点想作几？十位这时只要计算几减几？

至此，学生已经将"0 上打点想作 9"这一"过程性知识"转化为"对象性知识"，完成了"内化—压缩—客体化"的过程，学生已经能较为熟练地正确计算隔位退位减法，并且，能够在脑中进行相应的拨珠活动，能够说出为什么。

2. 教学效果及反思

我用这样的教学设计在南京市八所小学进行了教学，学生的计算正确率普遍都在 95% 以上，出现错误的同学也能够借助拨珠活动的经验进行纠错，并且在后续的练习中正确进行计算。学习过程中，学生能积极参与，思维活跃，能较好地描述"0 上打点想作 9"的道理。

反思：

1. 了解学生的重要性

在为南京市骨干教师培训的时候，以此教学内容为例，询问研训教师在教学方法的选择上是选择探究性学习呢，还是选择接受性学习？绝大多数教师认为：在教学本课的前两个例题中，一个例题是个位不够减向十位借 1，一个例题是十位不够减向百位借 1，都与本课教学内容联系紧密，存在明显的逻辑关系，所以应选择探究学习。但是从学生的实际情况看，要探究出隔位退位减法的计算方法是有相当难度的。这说明教师在思考教法时主要是以知识间内在的逻辑关系为重点，忽视了学习内容是否在作为学习主体的学生的最近发展区内。由此想到奥苏伯尔的名言：影响学生学习的最重要的因素是学生已经知道了什么。如何才能将奥苏伯尔的名言转化为教学中的可操作行为呢？我们建议教师采用"学情调查"。否则，我们对学生的已有经验、认知现状一无所知，设计的教案就很难保证有什么有效性。从根本上说，一切的数学教学活动最终都应落实到学生的数学学习，从而只有对学生在学习过程中的思维活动具有较为深入的了解，数学教学工作才有可能超越纯粹经验总结的水平而上升为理论指导下的自觉实践。教师的教学设计既要考虑知识联系，也要考虑学生的现有学习实际。

2. 仅凭经验难以解决教学问题

"隔位退位减"是教学难点，很多教师教学时仅通过静态的教学挂图（甚至不用教学挂图）来教学竖式计算，反复强调"个位 3 减 7 不够，向十位借 1，十位是 0，所以向百位借 1，……"，然后结合竖式的计算过程反复让学生说理，他们注重放慢节奏，运用"刺激-反应"的行为主义教学方式"稳扎稳打"，学生依赖于强记也能使计算正确率达到比较高的情况，但是对算理的理解只能是"小和尚念经——有口无心"的状态。所以长期以来，教学难点"涛声依旧"，老师反映"找不到好的教学办法"。如何应对教学难点？仅凭经验是不够的，因为有些经验是有效的，有些经验看似有效，实际上是"有害"的。更进一步讲，我们仅凭经验是难以确定这样教是否科学的。因此，我们需要加强学习，需要借助理论解决教学问题。在学习教学理论的同时，重点是要联系教学实际，也就是自己的教学经验来达到对理论的理解和内化。要加强理论与实际的联系，多借助教学理论来进行教学设计。只有如此，理论才能在实践中有用武之地。否则，只能是赵括式的"纸上谈兵"，真正遇到问题时还是无法解决。联系实际是理论和实践双赢的事情，有教学实例联系的理论，是有血有肉的，可充实自己的。借助理论，教学研究有方向，做法有依据，实现从不自觉状态向自觉研究状态的转变。

3. 要重视教师培训中的运用案例培训技术，特别是应用理论解决实际教学问题的活生生的案例。这既能增加教师对理论应用的信服程度，也利于教师活学活用和相应的迁移。

学情调查是教师的基本功

    学情调查就是在新课教学之前，针对学生开展的问卷、访谈等活动，以期发现学生现有知识经验与新知之间的联系，便于教师进行教学设计，提升教学效度的一种方法。当然，如果教师在课后针对教学开展情况，对学生进行相应的调查活动，也是学情调查。很多家长会期望由经验丰富的老教师担任自己孩子的授课教师，理由是"经验丰富"，这里的经验既包含教师的教学经验，也包含教师对学情的熟悉程度。新教师虽然有着较为系统的教学知识和学科知识，但是对于学生了解的程度确实是需要关注的，这就要求教师不仅凭借课堂教学中观察学生的学习情况，同时在学生表述的过程中，教师必须学会倾听学生的真实想法，在课后也需要在作业批改过程中，通过访谈、面批的方式了解学生的思维。

    学情调查通常需要在所教班级中选择六人至八人，在所选学生中，安排一位成绩稍好些，一位成绩稍弱些，其余的同学处于中等水平。这样的调查样本与全班水平基本一致，省时便捷，他们所反映的情况可以基本涵盖学生的想法，常用调查方式有这样一些：

    教师事先设计好访谈提纲，如同记者采访一样，通常针对起始内容开展。访谈时，教师可以每次与一位学生面谈，即所谓的一对一谈话，也可以同时和所有同学访谈，让同学自行补充。例如"认识乘法"的访谈提纲：你听说过乘法吗？能举个例子吗？如果学生说出乘法算式，就请他说说算式表示什么意思？2+5+9、3+3+3+3、4+1+6+8+5、4+4+4+4+4 这四道算式，如果请你把它们分成两类，你会怎样分？为什么？请你写出 5 个 6 相加你会写吗？如果写 50 个 6 相加会非常麻烦，你有什么好办法？

    上述的访谈提纲中，原来的四道算式是 1+3+5、2+2+2、3+7+9+13、4+4+4+4。学生在分类时会考虑按单双数进行分类、按加数个数进行分类，这些回答都与教师的教学预期存在分歧，所以调整算式之后，学生会按照加数相同和不同进行分类，这样教学环节的衔接就会流畅些，能将有限的课堂教学时间更多地聚焦在新知上。又如"圆柱的认识"的访谈提纲："你听说过圆柱吗？能否举些例子？粉笔的形状是圆柱吗？为什么？一元硬币的形状是圆柱吗？为什么？"在访谈中发现，很多学生认为一元硬币的形状不能看成圆柱，因为"它太扁了"，学生所举的例子中多为"柱子、铅笔、日光灯管、吸管"等细细长长的，学生的这种认识对于教学设计是有作用的，教师在教学环节中安排了"削圆柱"，即从一个大圆柱中沿横截面不断地削去小圆柱，学生观察圆柱的高在不断地变小，但是剩下部分的形状仍然是圆柱，直至不断地削薄，学生终于说"哪怕再薄，它还是圆柱。圆形的纸片实际上也是圆柱，只是高非常小。"

有些教学内容，教师想让学生用自主探究的方法开展学习，学生是否能达到相关的水平呢？这时可以用练习法进行学情调查，即直接让学生对相关问题试解，然后教师用一对一的方式和学生面谈，让学生说出每步的想法。要想取得好的调查效果，首先是师生间的民主平等关系，这就要求教师的日常教学中就应保持善于鼓励学生表述自己想法的教学行为，并且能够教会学生有条理地表达，学会用不同的方法（例如举例子、画图等）去证明自己的想法。其次是不对学生的思考过程作出评判，教师所做的是了解学生是怎样思考的，因此可以对学生的解题过程描述进行追问，以期准确地了解学生的想法。最后，有条件的话可以单独与学生一一面谈，不要让学生被其他同学的解题思路所干扰。

以"小数除以整数"教学为例，选择8位学生进行调查，教师呈现的例题是"买4盒同样的酸奶，一共用了6.8元，每盒酸奶多少元"，询问学生是否能独立解决该问题，学生表示会做之后，请学生独立完成，方法不限。其后一一面谈，学生的方法有：

把6.8元想成68角去计算，用68÷4，结果是17角，就是1.7元。

把6.8想成68，就乘10了，用68除以4得17，因为前面乘10，所以17要除以10，得1.7。

6.8是68个0.1，68个0.1除以4得17个0.1，就是1.7。

更多的是以竖式计算的方式，如下图：

竖式书写正确的有1人，其他4人竖式中也有小数点，原因是小数的加法、减法、乘法计算中小数点都是要写的。通过学情调查，不难发现学生都能正确计算6.8除以4的结果，算理也能解释清楚，大部分同学都会选择竖式，教学的关键之处就在于怎样合理地向学生说明竖式的书写格式。事实上，学生的书写方式是有道理的，只是学生自己并不明白其中的道理而已，对他们来说，在竖式中添加小数点只是前面小数计算的迁移。我们还请学生做了5.832除以3的竖式，普遍的情况是：

$$
\begin{array}{r}
1.944 \\
3\overline{)5.832} \\
\underline{3} \\
2.8 \\
\underline{2.7} \\
1.3 \\
\underline{1.2} \\
1.2 \\
\underline{1.2} \\
0
\end{array}
$$

学生感觉竖式中有了小数点较为符合自身的学习经验，否则会觉得奇怪"竖式中怎么会没有小数点?"他们的经验并没有告诉他们"竖式中的小数点怎样添加"，如果明白的话就知道为什么竖式中（不包括商）不需要写小数点了。

还有一种学情调查的方法，就是向有教学经验的教师咨询，这种方法可以称为经验法。很多教研活动中都有经验法的情景，具有教学经验的老师会向其他教师介绍学生学习某个教学内容时容易发生的各种情况以及应对的方法。当然，也可以在相关的专业书籍或杂志的阅读中学习。也可以在听课的活动中观察学生的实际表现，这是非常真实的学情调查，从这个角度看，在听课过程中不仅需要学习教师是怎样组织教学的，也需要关注学生是怎样学习的，他们会有哪些具体的表现，这些研究对提升教师的专业素养是非常有帮助的。

进行学情调查时，教师只扮演旁观者，不要当裁判员去干预学生的思维活动，更不要针对学生的正误而进行表扬与批评。在解决任何一个新问题时，大家根据已有知识和经验开展的探究活动，对学习者来说都是弥足珍贵的，在交流过程中取长补短、相互验证、完善想法、推广应用的活动才是教师要真正重视的，因此不仅在学情调查中，即便在课堂教学中也不应出现根据对错来进行表扬或批评的行为，所有的经过认真思考的解答方法都是有价值的，哪怕还不是特别完善，但是都对理解问题、解决问题提供了一种视角。教师可以在学生描述的基础上进行追问，促进学生更加深刻地思考问题，与已有知识形成连接，有更多的表征方式反映对知识的理解。

案例　　　　　　　　备课，从了解学生入手

　　数学教学不仅要考虑数学自身的特点，更应遵循学生学习数学的心理规律，从学生已有的经验出发，让学生亲身经历将实际问题抽象成数学模型并进行解释与应用，进而使学生在获得理解教学内容的同时，在思维能力、情感态度与价值观等多方面得到进步和发展。

　　作为教学工作之初的备课，目前尚存在不少问题：不了解学生已有的知识基础和生活经验，导致课堂教学中教与学脱节的现象；刻板使用教材，不了解学生的兴趣所在，教学内容难以引起学生的共鸣；教学设计仍以教师的主导为主线，未能真正体现学生的主体；认知水平过低或认知水平超出学生的能力等……

　　我们应该怎样去创造顺应儿童学习的数学教学活动呢？奥苏伯尔曾指出："从教育心理学最基本的原理看，影响学习最重要的因素是学生已经知道了什么。"

一、了解学生，合理进行数学思想方法渗透

　　认知理论认为：学习的基本原理就是建立新旧知识之间的联系。在知识迅速膨胀的现代社会，人类是无法在学校中学完知识的。学生学习数学的目的已经不仅是数学知识的掌握和数学技能的形成，更重要的是通过学习形成一种数学素养和继续学习数学的能力，在大量的现实事件中，能够运用数学思想去发现问题、分析问题，从而解决问题。

　　目前的问题是：我们的老师往往将知识传授当成数学教育的唯一目的，并且将数学学习理解为教学内容的简单分解和小步子训练。在教学设计时，将一个整体的数学内容（特别是所谓的教学重点和教学难点）分解为若干个小内容，在分解教学的过程中，知识点的教学得到圆满的回报，但是数学思想和数学方法却被拆得七零八落，而整体思想和方法正是数学的精华所在。黑格尔说："用分析的方法来研究对象，就像剥葱一样，将葱皮一层一层剥掉，但原葱已经找不到了。"

　　这样长期学习的结果是学生的脑海中只有零散的、孤立的、没有实际运

用价值的公式和法则，数学学习被教师"异形"为"学生的一种快速、本能的解题反应。"

数学学习是学生生活常识的系统化，每个学生在学习数学时都是从他们自己的数学现实出发，与教学内容发生交互作用，建构他们自己的数学知识。荷兰数学教育家弗赖登塔尔认为：学生与其说是学习数学，倒还不如说是学习"数学化"。了解学生的数学现实与教学内容之间的联系，可以较为恰当地在教学过程中引导学生运用数学思想、方法学习新知识，感受到数学思想、方法的实际意义。

例如：在教学"分数除以整数"时，分析学生已有了：任何数除以 1 都等于任何数、有关倒数的知识、商不变性质等知识基础。

让部分学生看书上有关教学内容后与他们交谈，学生反映：书上写的看不明白、为什么学计算题要通过应用题来学，而且应用题计算的分析过程不太容易懂，能看懂、但没什么意思，无所谓、老师怎么教就怎么学……

于是设计教学过程时，在让学生口算一组被除数或者除数是 1 的分数除法后，自己报一些分数除以整数的除法算式，并且要求利用商不变性质将这些除法算式转化成被除数或者除数是 1 的除法。整个教学过程体现着"化归"思想，学生在学习过程中自己"创造"出多种不同的计算方法，呈现出算法多样化。在归纳计算法则时，有一个同学说："我只要用四个字就可以归纳：化除为乘。"多么精炼而又准确，表现出学生强有力的创造力。

二、了解学生，可以创造性地使用教材

教材的对象不是根据具有特性的某个班级的学生制定的，而是根据大部分儿童的共性制定的。数学教师不仅应贯彻教材的意图，而且应根据实际情况补充教材的不足，克服教学中出现的困难。

目前的问题是：在教学中，教师机械地执行教材，不分析学生已有的知识基础，将教学内容实施"拿来主义"，原封不动地执行教学课本中的知识点教学，教师成为一种教学机器，失去创造性；学生丧失主体地位，成为机械接受、机械操练的对象和具体实施者。

例如在教学分数加减法时，如果例题安排过于零碎，各种不同的加减情况都安排例题学习，就会使整个单元呈现出零散的知识点教学，缺少主线。

通过对学生的了解，学生已经学习了整数、小数加减法，并且知道计数单位相同可以直接相加减，数位对齐也就是把计数单位相同的数对齐。那

么，分数加减法只要分数单位相同就可以直接相加减，和整、小数加减法不是有相通之处吗？

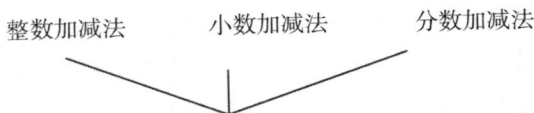

整数加减法　　　小数加减法　　　分数加减法

实际教学时，先复习整、小数加减法的计算方法：说出下面这题的错误：

$$13.5$$
$$+\quad 1$$
$$\overline{\quad 13.6}$$

再让学生自己说出各种分数加法式子，自己进行分类，学生将其分成同分母分数加法、异分母分数加法，在自主学习同分母分数加法后，很快就想到将异分母分数加法通过通分转化成同分母分数加法，提高了学习效率。

又如：在学习分数除法的意义之前，学生在该方面的知识基础有哪些呢？整数除法的意义、小数除法的意义，尤其是通过小数除法的意义的学习，学生已经初步有一定的"同化"基础，并且已经熟知"一个因数 = 积÷另一个因数"，在学习分数除法时，应怎样进行教学？可以利用已有的知识基础延伸得到新知，使该理解过程更有效，形成新的认知。

先学习　　　　延伸

旧知 ——→ 新知 ——→ 旧知 ——→ 新知

实际教学时，教学设计如下：

1. 同学们，你能口算 $95930÷362$ 等于多少吗？为什么？（学生回答数据太大，不好口算）

如果已知 $265×362 = 95930$，你能说出答案吗？为什么？

2. 教学分数除法的意义

$\frac{2}{7}×(\quad) = 1$，括号内填几分之几？为什么？

根据这道乘法算式，你能说两道除法算式吗？根据是什么？

这样的教学设计真正从学生的认知特点出发，提高了教学效率，也使学生的认知水平得到提高。

三、了解学生，创设良好的课堂环境，发挥学生的主体作用

教学不仅是教师向学生传授知识的过程，而且是学生主动参与其中的过程。现在的课堂教学过程中虽不乏学生的小组活动，但很多小组活动仅是完成教师布置的且思维容量偏小、活动时间过短，更要提出的是小组活动在日常教学中少见、在公开教学中常见，因此难免有走过场、作秀之嫌。

最近听了一些一年级的"9加几"和"十几减9"，在课堂上老师让小朋友通过摆学具来学习，实现算法多样化，体现学生不同学习的路径差和时间差，努力体现学生主体的数学教学。问题是在课后的了解中，有的班级反映这节课已经学过了，也就是说这是节表演课；还有一些课的课堂上，学生没有出现老师事先设计好的多种算法，老师一定通过多种手段，将所有算法体现在学生的视野中，有为算法多样化而多样化之嫌。这些课的课堂环境就没有体现出学生的主体作用。

现代教师的工作在很大程度上不是去教会学生什么，而是创造良好的课堂环境，引导学生参与课堂教学活动，让学生在学习活动中学到知识，获得发展。过去教师备课是按自己的经验和思路组织教学的，而今，教师必须以建构主义的教学观重新审视自己，设身处地站到学生的立场上，体会他们的背景和基础。应当充分地理解学生的认知图式、认知过程的特点，采用恰当的认知模式来识别和确定数学知识的表征，确定学生的操作运算、知识存储、组织情境的方法，顺着学生的经验和思路，用有针对性的、适宜的策略，引导和启发学生的自我建构，给予纠正和评价。

四、了解学生，可以有效地解决教学难点

教师是布题者，而非解题者，学生是主动探索知识的建构者，而非只是模仿者。教师应了解学生的真实情况并将其作为教学的实际出发点，为学生的学习活动提供良好的学习素材。澳大利亚数学教育家比格斯提出一种"实验室学习法"，提倡学生在自己的活动中通过做、试验和发现而进行学习，在其研究过程中，发现小学生学习数学概念要通过实际活动才能够掌握具体概念，进而学习抽象概念。在学习中，学生的实际体验具有重要作用，教师却常常疏忽学生的实际活动，导致学生学习障碍。

在学习一个新概念之前，头脑中一定要具备支撑新概念的相关的准备知

识作依托，一个概念能否被有效理解，这些准备知识能否被有效地调动并使之与新概念建立联系成为新概念能否被理解的重要因素。学生常在我们称之为"教学难点"的地方出现错误，原因就在于该知识点与学生准备知识之间未产生有效联系或准备知识之间薄弱甚至于根本没有。

例如"两位数除以一位数的笔算"，对于例题中的算式"46÷2"，学生可以根据已有经验算出结果，但是对于竖式书写却感到有困难，这恰恰是教师在备课时需要重点考虑的内容。学生已经学习过以表内除法为主要内容的除法竖式，对于竖式中需要多步脱式的情况会感到奇怪，因此教师需要将竖式的书写格式与平均分的操作活动建立起联系，这样有助于理解竖式书写的合理性。

五、了解学生，丰富学生学习数学的情感

学生投入数学学习活动中，不仅是学习行为表现，还包括情感体验和认知方式，学生在学习活动中的情感与认知投入具有重要作用，学生在课堂中的行为、认知和情感的表现组成了学生基本的课堂学习方式，这种方式对学生的思维发展具有重大影响。

我们在目前的备课过程中，正如苏联教学论专家斯卡特金所指出的："我们建立了很合理的、很有逻辑性的教学过程，但它给积极情感的食粮很少，因而引起了很多学生的苦恼、恐惧和别的消极感受，阻止他们全力以赴地去学习。"

我们的教材、教法往往使学生对数学产生错误的看法，例如：数学就是计算、聪明人才能把数学学好、每道题一定有算式可列，否则就不是数学题等等；从而产生错误的数学信念，很多同学不喜欢数学。

从情感角度出发，备课时不妨思考一下"学生在什么情况下学得好"，将对我们的教学大有帮助。例如：当学生有兴趣时学得好；当教学内容能用多种形式表现时学得好；当学生能自由参与时学得好；当他们被信任时学得好；当他们发现所学的知识能学以致用时学得好；当师生情感交融时学得好……

在教学"简单的统计"之前和学生进行了交流，学生普遍不喜欢统计，他们认为统计就是计算，很烦人，而且没什么用。于是在教学时，不仅让学生自己提出问题进行调查统计，参与了统计的全过程，更设计了一组练习，强化了根据统计数据作出分析和预测，学生深深感受到统计的作用，体会到

统计已经和生活密不可分。

练习设计如下：

1. 四（1）班同学喜爱的球类活动情况统计表

2019 年 10 月

项目	乒乓球	羽毛球	足球	合计
人数	32	7	9	48

你估计组织什么球赛最受同学们欢迎？

可以看出，根据统计我们可以作出合理的决策。有些事情是未知的，也可以根据统计做出预测，而且往往接近事实真相，下面我们来做一个游戏：猜球游戏。

在布袋中装有 5 个黄乒乓球和 2 个白乒乓球，让一组同学摸球并根据摸出球的情况进行统计，作出预测：哪种球的个数多？

2. 某市五、六月份晴天天数统计表

2019 年 10 月

年份	2015	2016	2017	2018	2019
五月晴天数	23	24	22	24	22
六月晴天数	13	15	15	14	13

想在两个月中召开运动会，放在哪个月比较合适？为什么？放在该月能否保证开运动会的那天一定是晴天？小组讨论。

3. 六（1）班同学近视情况统计表

2019 年 10 月

项目	眼睛近视	视力正常	合计
人数	25	20	45

有人根据该表作出预测："中国人绝大多数是近视眼。"你同意该观点吗？为什么？

4. 介绍统计知识

教师展示从互联网上下载的有关统计的网页内容，说明统计在工农业生产、国防军事、科学研究、身边的生活中有广泛的应用。我国还在 1984 年正式颁布了《中华人民共和国统计法》。

下课后，有很多同学围在我身边说统计好玩、有用，他们喜欢统计。

综上所述，教师是引导者，而非学生的控制者和知识的灌输者，备课时必须要提供让学生主动学习的素材，教师的任务则是引导和组织学生自主地、主动地利用素材学习。数学是一个活的、动态的过程，应当让学生投入到数学活动的过程中去，通过亲身的经验去体会、组织、构造，感受真实的数学意义。

案例 "小数除以整数"教学实录及评析

教学目标

1. 在具体情境中联系已有知识和经验探索除数是整数的小数除法的计算方法，理解算理，能用竖式正确计算，并用乘法验算。

2. 在自主探索、合作交流的过程中进一步体会数学知识之间的内在联系，积累计算学习的经验，发展分析、推理和综合、归纳等思维能力。

3. 感受数学与生活的联系，体会数学的特点，养成良好的计算习惯，树立学好数学的自信心。

一、引入课题

1. 师：同学们，在买东西时顾客经常讨价还价，下面讲一个关于还价的真实的事情。

商贩在卖苹果，一个人问："老板，多少钱一斤？""一块五一斤""太贵了，这样吧，5块钱3斤卖不卖？"听到这里，你有什么想法？

生：1.5元1斤，3斤只要4.5元就够了。

师：也可以用除法考虑，求每斤苹果多少钱？算式应该怎样列？

生：5÷3

师：小数除法还没有学，老师告诉你，5÷3的结果大约是1.67元。可以看出类似这样的购物问题，既可以用小数乘法解决问题，也可以用小数除法解决问题，这节课我们就来学习小数除法。

【点评：将生活中产生的矛盾事例用数学知识来解释，不但可以引发学生对将要学习的小数除法产生兴趣，而且能让学生体会到数学在生活中所发挥的作用。】

二、教学例题

1. 创设情境

请看生活中的一个镜头。

一位女士说:"我买4盒牛奶。"营业员说:"一共6.8元。"

师:看了刚才的镜头,你了解了哪些信息?

生:4盒牛奶一共6.8元。

师:王老师只有2元,买一瓶牛奶够吗?

生:够了,6.8÷4的结果是1.2元。

这时有的学生在下面说应该是1.7元。

2. 估算单价

师:有不同的意见,没关系,两种意见都认为每盒牛奶是1元多一些。你是怎么算出是1元多一些的呢?

生:因为6除以4,应该商是1元多。

师:用被除数的整数部分除以除数可以估算每盒牛奶的单价。这两个问题,你能估算出它的结果吗?

买3块月饼共用8.7元,平均每块月饼(　　　)元多一些。

买5条同样的牙膏共用52.5元,每条牙膏(　　　)元多一些。

【"估"是算的基础,"估"不仅可以界定算出结果的范围,而且还能为"算"提供必要的帮助。这里借"估"过渡,沟通了整数除法的商与小数除法商的整数部分,使学生接下去的独立探索有了基础。】

3. 独立探索

师:看来2元是够的,还要找钱,要知道找多少钱,必须先算出什么?

生:每盒牛奶的价钱。

师:你能自己想办法算出6.8÷4的商吗?在草稿本上试算。

生1:6.8元是68角,68角除以4是17角,就是1.7元。

生2:把6.8想成68,68除以4等于17,所以结果是1.7。

还有同学是列竖式计算的。

请两位同学板演,竖式如下:

$$
\begin{array}{r}
1.7 \\
4\overline{)6.8} \\
\underline{4} \\
2\,8 \\
\underline{2\,8} \\
0
\end{array}
\qquad
\begin{array}{r}
1.7 \\
4\overline{)6.8} \\
\underline{4} \\
2.8 \\
\underline{2.8} \\
0
\end{array}
$$

师:比较这两个算式,哪里不同?

生:一个竖式中有小数点,一个竖式中没有小数点。

师:请问2.8表示多少?

生：6 除以 4 余下的，应该是 2.8 元。

师：2.8 除以 4，你心中想成多少除以 4？

生：28 除以 4。

师：28 表示 28 个什么？

生：28 角。

师：这样考虑可以吗？（生答：可以）

师：请没有在竖式中点小数点的同学上来说一说。你这个 28 表示什么？

生：就是 28 角。

师：这两个竖式中的 28 都表示 28 角，哪一种比较科学一些呢？

生：第一种。

师：结果都是 1.7，这里为什么要加小数点？

生：结果 17 是 17 角，因为要用元作单位，所以要加小数点。

4. 验算结果

师：你们确信 1.7 元是对的吗？如果有人怀疑，怎么办？

生：验算（学生口头验算）。

5. 理解算理

师：刚才做这道小数除法时，是利用元、角这些单位来帮助我们思考和计算的。其实不用元、角，我们也可以理解小数除法中的道理，因为小数当中就有计数单位，大家请看：

5.8 其实就是由 5 个一与 8 个 0.1 组成的。

5.84 中小数部分的"84"就表示 84 个多少？

你能利用计数单位帮助思考、计算 5.847÷3 吗？学生列竖式计算：

$$
\begin{array}{r}
1.949 \\
3{\overline{\smash{\big)}\,5.847}} \\
\underline{3} \\
2\,8 \\
\underline{2\,7} \\
14 \\
\underline{12} \\
27 \\
\underline{27} \\
0
\end{array}
$$

师：这里的 28，表示多少？

生：28 个 0.1。

师：商 9 表示 9 个多少？

生：表示 9 个 0.1。

教师依次询问 14、27 表示的意义和商中 4、9 表示的意义。

师：商这里为什么要加小数点？

学生有些迟疑。

师：刚才被除数的整数部分除以除数所得的商表示若干个元，除到被除数的小数部分时，所得的商表示若干个角，所以，用元作单位时要加上小数点。这里你能用计数单位来说一说吗？小组内说一说。

生：整数部分除以整数，除得的商表示商的整数部分；小数部分除以整数，除得的商表示商的小数部分。

师：同意吗？（生说同意）为什么呢？

生：整数部分表示多少个一，除得的商表示多少个一，就是商的整数部分。

师：因此在计算时，要注意商的小数点要与被除数的小数点对齐。

师：想一想，小数除法与整数除法在计算方法上一样吗？

生：一样的。

师：所以计算小数除法可以按照整数除法的计算法则去除。有什么不一样的吗？

生：小数除法中商的小数点要和被除数的小数点对齐。

师：第一个问题我们用了不同的方法计算，结果都是 1.7，实际就验证了结果是正确的。现在计算 5.847÷3，我们只用了竖式计算，应该怎样验算呢？

生：可以用商乘除数，看是不是得到被除数来验算。

师：请同学们用乘法进行验算。

【这一段教学的设计，一是为学生选准了独立探索的切入点，让他们在不同竖式的比较中形成冲突，产生思考；二是通过师生的共同梳理，将元、角作单位进行小数除法计算的思路转化为用计数单位去思考，利用学生已有的认知，形成了从"常理"到"算理"的自然过渡，实现了从特殊到一般的认识飞跃。】

三、巩固练习

1. 计算下列各题

$$9.42÷6 \quad 94.2÷6 \quad 87.64÷7 \quad 876.4÷7$$

反馈后教师问：如果计算出第一题的结果是 1.57，你能估计出第二题的结果吗？已知第三题的结果是 12.52，你能说出第四题的结果吗？为什么？

生：看被除数的小数点。

师：看被除数的小数点想什么？

生：想商的小数点。

2. 根据 5823÷3＝1941，口算下列各题

$$58.23÷3=\qquad 5.823÷3=\qquad 582.3÷3=$$

3. 改错（竖式中漏点商的小数点）

$$94.2÷3\qquad 3.34÷2$$

四、课堂练习

1. 在运动会上，射击运动员最后 5 枪打出 52.5 环的成绩勇夺该项目的金牌，平均每枪打多少环？

2. 两种规格的牙膏的售价情况如下：如果买 3 支小牙膏，售价是 8.7 元；如果买 4 支小牙膏，售价是 10.8 元。购买哪种牙膏比较合算？

总评：关于计算方法的教学，是让学生被动地接受还是让学生主动去探究？这节"小数除法"给了我们一些启示。这就是，当学生有了一定的认知基础、生活经验和思考方法，教学就应该：

（1）适度地"放"。本节课的教学，学生有整数除法竖式计算的基础，有用元、角等知识进行估算的经验，教师就让学生凭借已有的知识、经验和方法独立思考，自主探究对新知的理解，自学能够学会的知识，使学生不但获得了能力的发展，同时也完成了认知渐进过程中的自然演变。

（2）适度地"引"。学生自主探索的过程不会一帆风顺，本节课学生在竖式计算中对小数点如何处理产生的不同意见，就表明学生的认识水平存在着差距。这时教师及时地适度引导，让学生在探索遇到困难和阻力时得到了帮助；在认识不清、误入歧途时获得了指引；让尝试了成功的学生获得继续前进的目标，学生的学习情绪旺盛，再次获得成功的欲望强烈。

（3）适度地"理"。学生能不能在探索过程中自主归纳、总结，反映了学生学习的目标感和学力，本节课教师通过设问，让学生总结以元、角为单位进行竖式计算和用计数单位思考竖式计算两者之间的规律，结合整数除法与小数除法的内在联系，使学生盲目无序的思考变得有序，使生活化的思维方式得以数学化，使宽泛肤浅的认识得到提炼和升华。

（点评：南京市教研室　朱宇辉）

学生会了，教什么？

有的教学内容，当教师还未教的时候，学生就已会了。例如：一年级 10 以内的加减法、整十数加整十数的口算，二年级两位数加两位数的口算，三年级整十数、整百数乘一位数的口算，五年级小数加减法等。在日常教学中，教师都会感到这些内容的教学难度不大，教学目标容易达成，在公开课中却较难看到它们的身影。是啊，学生会了，教什么呢？

针对这样的困惑，我们首先应该分析学生到底会了什么？只有知道他们会了什么，才能进一步思考我们教什么。

以"两位数加两位数的口算"教学为例，我们首先来了解学生在课前会了什么？

在进行教学设计之前，我与六个班级中的四十多位学生进行过交流。在访谈中，学生都表示会算两位数加两位数的口算，并能自己列举出例如"28 +39＝67"这样的例子。同样，即便是借班上课，在课堂教学过程中，学生亦能说出自己的口算方法。这就反映出在水平相近的区域内，学生在课前普遍具有口算两位数加两位数的能力。他们的口算方法较为单一，通常不了解自己所会算法之外的其他算法，但是算法却具有多样化的特点。例如：从个位加起，再加十位上的数；在心中想竖式，用一种类似于笔算竖式加法的口算方法；从高位加起的口算方法；将一个加数进行分解，如 23+45 想成 23+40+5。当两位数接近整十数时，也有部分同学想出将其看成整十数口算的方法。

他们不会的，抑或说他们尚未关注的又是什么呢？首先学生不善于利用估算来对口算结果进行检验，这是较为普遍的现象。学生口算两位数加两位数的错误主要有三种情况，一种是乘法口诀的强刺激对口算的干扰，如 2+4 易受乘法口诀"二四得八"的干扰得到结果是 8，于是出现 23+46＝89 的错误。另一种情况则是由于学生个体注意的分配与保持尚不能达成有效联系，在口算进位加法时，易将个位向十位进一忘却，出现 23+38＝51 的错误。第三种错误与 20 以内进位加、退位减的技能水平相关。相比而言，第二种情况是学生出现的主要错误，在降低对口算速度要求的前提下，如果引导学生将估计与精算结合起来，将会有效地提高口算的正确率。

其次，学生在课前对口算方法的了解也仅限于自己所会的方法，并且从认识上也往往限于自身的经验，例如有的学生就认为只能从个位加起，不能从十位加起。绝大多数同学不知道可以将一个两位数拆成整十数加一位数进行口算的方法。从学生所说的算法进行分析，绝大部分同学的口算方法都源自笔算的竖式计算方法。从这个角度看，学生虽然会了，但是对口算方法算理的理解还不透彻，更谈不上灵活地选择不同的方法解决问题了。若不经历学习过程，亦就失去了算法比较和算法选择的机会。

最后，学生会的是口算方法，并初步具备口算技能。但是，学生的口算心向是重视精算，忽略估算。他们在解决问题时，总是习惯于以精算结果去达成目的，只有当题目提出明确要求，例如"估一估"，学生才会以估算的方法去尝试解决问题。不难看出，学生欠缺的是估算意识，一种能根据实际情境灵活选择算法的能力。

这样分析下来，不难看出学生在课前会的往往是具体的算法，这种自发地萌生的算法通常涉及两个方面，其一是知识间的联系，像两位数加两位数的口算与二年级所学的口算以及笔算竖式是有联系的；其二是自身学习经验所具有的同化新知识的能力。但是他们对算法的掌握呈现出来的状态仍是零散的，而不是具有整体结构的。对算理并不知晓或者知晓得不够清晰，学生也很难抓住知识间的联系去构建结构化的数学知识体系。同样，学生的会也表现在应用的单一上，往往不关注与解决问题的联系，在应用知识解决问题的灵活程度上，更是他们所欠缺的。因此，学生会了，这只是一种表面现象，深入思考下去，尚有众多需要考虑的教学问题。

教学时我们要从哪些方面入手思考呢？我们不妨从三个方面给予关注。

第一，抓住知识间的联系，以结构化的眼光构建教学框架，使课更有数学味。学生既然课前就会了，说明他们具有相关的经验，或者所学的知识与前面的学习内容具有一定的相似性。这样的教学内容，教师要将视角放在通过例题教学帮助学生沟通前后知识间的联系，使他们的数学理解达到融会贯通的程度。避免就例题教例题的境地，否则便会陷入就知识讲知识的情况。事实上，教师们认为这类课作为日常课好上的原因也正是如此。这种联系可以是横向联系，即不同方法之间的联系，以本课为例，就体现不同方法间的联系，引导学生比较不同方法，拓展思路，丰富算法，利于算法的比较与选择。也可以是纵向联系，即前后知识间的联系。例如三年级上册整百数乘一位数的口算就可以联系整十数乘一位数的口算，并类推至整千数乘一位数的口算。通过比较引导学生发现三者的计算方法是有共通之处的，不同之处在于零前的数与一位数相乘的积分别表示多少个十、百、千，这正是口算算理之所在。小数加减法就可以联系整数加减法进行教学，引导学生发现计数单位相同可以相加减。

第二，关注数学知识在生活中的实际应用。应用不应是简单水平的重复，我们更期待学生在原来认知水平上的前进。要引导学生从"能用"向"会用"过渡，发展学生思维。教材习题的编排可以清楚地看出从技能训练向实际应用过渡的思路，因此教师在教学设计时，不应只是简单地思考应完成哪些习题，更要思考教材习题编排的意图是什么，只有如此，自己在拓展设计练习时才能把握方向。本课上的练习就分为"基础训练部分，用于理解算理，巩固算法；技能训练部分，以估算促进精算；综合应用部分，在应用中体会口算的价值。可以说，学数学的最好方法就是用数学，只有在用数学的过程中才会感受数学的作用，加深对数学的理解，体会数学的价值。

第三，在教法设计中，贯穿为学生发展服务的理念，充分创设利于学生学习的时空。既然学生课前就已经会了，课中教师的作用就是根据教学目标、学生现有的认知发展水平及知识间的逻辑关系精心加工学习材料，充分地引导学生将他们会的内容充分交流，并精心设计问题引导他们深入地探究其中的道理，达到对所学知识的理性认识。在设计应用知识解决问题时，要为学生数学思维提供一定的线索，在思维方法、认知策略上给予指导，既要利于学生解决问题，同时又要引导学生从中体验数学的思想、方法。

案例　　　　　　**立足算理　发展思维**

——"整百数乘一位数的口算"教学实录与评析

执教/王凌　　评析/张勇成

一、创设情境，导入新课

师（指课件屏幕）：今天学习乘法口算。老师出两道题考一考大家。

板书：20×2　　20×3

师（指20×2）：一起说等于多少？

师：40 你怎么算的？

生：我先把 20 后面的 0 去掉，先用 2 乘 2 等于 4，然后再把 0 加到 4 的后面。

师：和他想得一样的请举手。（生举手）你们都是这么想的吗？

生：嗯。

师：20×3 怎么算？

生：先算 2 乘 3 等于 6，再把 0 加上去。

师：看来同学们口算 20×2 和 20×3，都是先用 0 前面的数和这个乘数相乘，再把 0 加上去。这些是我们学过的，今天这节课学怎样的口算呢？

【评析】整百数乘一位数的口算，其知识的生长点是整十数乘一位数的口算，通过整十数乘一位数口算的复习，帮助学生回忆了这种口算的一般方法，也为学生自主探究整百数乘一位数的口算做好了铺垫。

师（出示情境图）：在图中我们寻找以下相关的信息。

生：男孩说我跑了 3 圈，女孩说我跑了 2 圈，操场一圈是 200 米。

师：你能提出什么问题？

生：女孩跑多少米？

师：算式怎么列？

生：200×2。

师：还能提出什么问题？

生：男孩跑多少米？用 200×3。

135

师：观察这两道算式，想一想今天学怎样的口算？

生1：整百数的口算。

生2：整百数乘一位数。

【评析】从回顾旧知中自然引出新知的学习，帮助学生建立知识之间的联系，让学生自觉去思考"今天这节课学怎样的口算呢？"为学生的继续学习做好了充分的心理准备。同时，通过情境的观察，让学生自己提出所要解决的问题，提高了学生学习的积极性。

二、借助操作活动，理解算理，掌握算法

师：我想这个内容不教你也会，对吧？200×2 等于多少？

生：400。

师：那 200×3 呢？

生：600。

师：200×2 等于 400，400 是怎么算出来的？

生：还是按照刚才的方法，先把 200 后面的两个 0 去掉。把 0 前面的 2 乘 2 等于 4，然后再在后面添加两个 0。

师：她的意思是说，仍然用 0 前面的数和一位数相乘，然后再把 0 加上去。你们想的跟她一样吗？（生表示同意）那 200×3 也是这样？

生：先用 0 前面的数乘 3。然后再在 6 的末尾加两个 0。

师：看来你们的乘法口算受到这儿的影响，是吧？（边指 20×2＝40 和 20×3＝60 边说）我想问你们一个问题，受到这儿的启发，200×2＝400，咱们过去没有学过，需要你做出一个解释，你如何证明 200×2 确实是 400？（师停顿片刻）这就是学数学的方法问题，你们现在可能了解了整百数乘一位数的口算的方法，但你可能还没有搞清楚这个乘法方法后面的道理。学数学只知道方法是不够的，还要把道理搞清楚。谁来说说 200×2 你怎么证明确实是 400？

生1：200×2 是 2 个 200 相加，200＋200＝400。

师：乘法跟加法是有关系的，200×2 是不是可以理解成 2 个 200？2 个 200 相加的话，200＋200（板书竖式）等于多少？（400）那是不是证明了 200×2 确实是 400？

生：是！

师：她想到这个方法，可以的。

生2：上面一道算式是 20×2＝40，200×2 就是在 20 的后面加一个 0，那么 200×2 就是在 40 的后面再加个 0。

生 3：2×2＝4，那 200×2 就等于 400。

师：你的意思跟他差不多。从你们的话中可以想到，2×2＝4，所以 20×2＝40，200×2＝400。咱们来想想，2×2＝4，这里的 4 表示 4 个多少？

生：1。

师：这有计数器，那 20×2，咱们如何用计数器来拨出？在哪位拨？

生：十位。

师：我首先要拨一个 20，拨两颗珠就行了（师拨），那 20×2，你们的意思是 2×2＝4，请问我现在还需要再拨几颗珠？（两颗）拨在哪一位？

生：十位。

师：为什么？

生：因为 20×2 是 2 个 20，所以这两颗珠子放十位上。

师（指 20 的 2）：这个 2 表示两个……

生：十。

师：所以两个十乘 2 得到的 4 表示什么？

生：4 个十。

师：因此它应该拨在？

生：十位上。

师：同样的道理，咱们再来看 20×3，大家先算 2×3，请问这个 2 表示的是什么？

生：2 个十。

师：乘 3 得到的 6，要拨出几颗珠？

生：6 颗。

师：拨在哪一位？

生：十位。

师：为什么？（在十位上拨六颗珠）这儿的 6 表示的是？

生：6 个十。

师：所以它应该拨在？

生：十位上。

师：200×2，如果在计数器上拨，要拨几颗珠？拨在哪一位？为什么？

生：要拨 4 颗珠，拨在百位，这儿的 4 表示 4 个百。

师：所以后面肯定要怎样？

生：后面要加两个 0。

师：现在清楚加 2 个 0 的意思了吧？为什么加 2 个 0?

生：4 表示 4 个百。

师：对。这样的道理在刚才的加法竖式中也能找到。

生：只要算百位 2+2，后面的 0 加 0 还是 0。

师：百位上的 2 加 2，也可以用 2×2 来算。200×3 的道理，谁用计数器说一说。

生：先算 2×3，要拨 6 颗珠子。

师：谁来拨？拨在哪位上？（生在百位拨 6 颗珠）

师：为什么？

生：6 表示 6 个百。

师：用加法式子来解释，咱们也来试一试。好不好？200×3，写成加法式子，怎么算？

生：百位 3×2 或者 2×3 等于 6，后面写 2 个 0。

师：2×3 得到的 6 表示的是什么？

生：6 个百。

师：跟计数器拨珠的道理是（生：一样的）。

【评析】学生对新知的探究，主要依靠自己的生活经验和已有的学习经验。这里，教师巧妙地从学生已有的整十数乘一位数口算的经验入手，在初步得出结果的基础上，引导学生去研究算理，因为这样的整百数乘一位数我们没有学过，所以要验证结果是否正确，激发了学生探究的欲望。可以看出，学生学习的积极性非常高，教师很轻松地就转入了对算理的研究，通过计数器的操作活动和加法算式的比较，学生不仅学会了整百数乘一位数，还清楚了这样算的道理，提高了学生的学习能力。

师：看黑板上的式子，有 2×2，接下来是 20×2 和 200×2，请你再补一道你会吗？

生：2000×2，先算 2×2=4，再添 3 个 0 等于 4000。

师：谁在计数器上拨珠解释为什么是 4000。（指名一人上台拨珠，生在千位拨 4 颗珠）

师：他拨在哪一位上？为什么？

生：4 表示 4 个千，所以拨在千位上。

师：好了，这个看来也不难。看 20×2、200×2 和 2000×2，都怎样口算呢？

生：用 0 前面的数和它相乘，再看有几个 0，就添上几个 0。

师：是啊，我们都先用 0 前面的数和一位数相乘，但是它们表示的意思是不一样的。请问这个 4 表示多少？（指 2×2＝4 的 4）

生：4 个一。

师（指 20×2＝40）

生：4 个十。

师：这个 4 表示？（指 400 的 4）

生：4 个百。

生：（师指着 4000 的 4）4 个千。

师：现在道理清楚了。解释口算方法的道理，可以用什么来解释？

生：计数器，也可以用加法解释。

【评析】学生学习数学知识不是一蹴而就的，而是有一个反思或者是再认识的过程。通过比较，教师沟通了整十数、整百数乘一位数的算理，并让学生尝试、验证了整千数乘一位数的算理，以此打通了这一类计算题的算法，真正为学生的数学学习服务。

三、基本训练，形成口算技能

1. 师：数学书打开，完成想想做做第 1 题，直接将得数写在数学书上。

师（学生填写，师巡视）：做完的人不要急着举手，重新检查一遍。

师（一段时间后）：好了？检查过了？检查了几遍？

生：两遍。

师：检查了两遍看来可以。各人看好自己的答案。（师请学生核对答案）

师：请看第一组，都是先算几乘几？

生：2×3。

师：得到的 6 有什么不同之处？

生：第一题的 6 表示 6 个一，第二题的 6 表示 6 个百。

2. 师（出示想想做做 2）：开火车会吗？自己小声说一说。

学生自己练习口算后教师组织学生口算结果。

3. 师：如果增加一些变化（出示课件），先看第一组，500×3 得多少？300×5 呢？

生：都是 1500。

师：第二组 400×6 和 600×4 呢？

生：都是 2400。

师：第三组 200×7 和 700×2 呢？

生：1400。

师：500×3 和 300×5 两个算式一样吗？既然算式不一样，为什么这两题的得数一样呢？

生：因为方法一样。三五十五，5×3 也等于 15，它们后面加 2 个 0，就行了。

师：原因很简单，这儿的 15 都是表示 15 个……

生：百。

师：我们可以把一组算式看作算式的变换。我说一道算式，你能说出变换后的算式吗？

师：400×2

生：200×4。

师：500×8。

生：800×5。

【评析】课堂训练是提升学生数学学习能力的有效途径，对整百数乘一位数的口算，教师没有采用简单的做几组巩固练习的方法，而是在比较中找联系，在联系中明算理。特别是教师写出一道算式让学生进行变换，起到了非常好的效果，不仅巩固了已学的知识，而且让学生清晰了类似于这一类计算题的普遍方法。

四、运用所学知识解决实际问题

1. 师：（出示想想做做第 4 题）打印在生活中很常见，图中有哪些信息，要解决什么问题？

生：每包有 500 张，一共有 4 包。求一共有多少张？

师：这个问题我想很容易解决，是吧？你说说看。

生：4×500 等于 2000。

师：这道题末尾为什么有 3 个 0？

生：因为它 4×5 等于 20，20 后面本来就有一个 0，再加上 2 个 0，就是 3 个 0 了。

2. 师：咱们真聪明。接着看。（出示想想做做第 5 题）

生：正方形果园，它的边长是 800 米，绕这个果园的四周走一圈，一共要走多少米？

师：解决这个问题，会吗？

生：4×800 等于 3200，要走 3200 米。

3. 再看下一题，估一估 48×5、397×3、510×7 的结果大约是多少？

生：48×5 大约是 250。

师：把 48 想做多少？

生：50。

师：请问它的积有 250 那么大吗？

生：没有。比 250 小一些。

师：第二题呢？

生：397×3 大约是 1200。

生：第三题结果大约是 3500。

师：请问，正确的积比 3500 要怎么样？

生：大。

4. 师：下面就用估算来解决问题。（出示题）动物园有一只东北虎，重 203 千克。一头野牛的体重是东北虎的 3 倍，这头野牛大约有多重？会吗？自己和同桌说说看。

（学生同桌相互说，声音有些大）

生：600 千克。

师：想出 600 的举手。（生举手）

师：下面同桌互说，声音要低一点，因为在公共场合，声音太大会影响其他同学。交换意见声音轻轻的就可以了。

5. 师：实际上野牛在自然界中还不算重，咱们再看这题（出示题）。一头野牛体重是 605 千克，一头大象的体重等于 8 头野牛的体重。这头大象的体重大约是多少？

（学生讨论，声音比刚才轻）

师：这次讨论就比刚才要好。声音轻多了，下面还可以再轻点。谁来说一说，解决这个问题，在心里面想哪个算式？

生：8×600 是 4800。

师：大象的实际重量要比 4800 千克怎么样？

生：多一点。

6. 出示题目：小朋友秋游，门票每张 8 元，小朋友一共去了 290 人，2500 元够吗？

师：老师带的钱够吗？

生：够。

师：为什么？

生：因为 290 接近 300，8×300＝2400。就是说 300 人才要 2400 元，实际的人比 300 少，所以 2400 比实际买票的钱还要多一点，所以绝对够。

7.（出示情境图）由六段小路组成了公园的环湖小路，长度分别是 200 米、260 米、180 米、220 米、200 米、190 米。沿着环湖小路走一圈，大约走多少米？（学生讨论）

师：我想听听你们的意见。

生：1300。把 260 米看作 300 米，其他的都看作 200 米，大约就是 1300 米。

师：想出 1300 的举手。（举手）还有不一样的想法吗？

生：1200 米。全想成 200 米，200×6 等于 1200。

生：我想是 1260 米。我想把那 5 段路都想成 200 米，这样就是 1000 米，还有个 260 米就可以直接加上去。

师：所以他估计结果是 1260 米，行不行？

生：行。

师：既然是估计，想得有道理就可以。这道题的结果估成 1300 是可以的，估 1260 是可以的，1200 也是可以的。同学们下课后再商量商量，怎样估可以估得准一些。

【评析】整百数乘一位数的口算在生活中更多的作用是帮助我们进行估计。教师巧妙地设计了几组不同的实际问题让学生解决，在逐次比较中让学生掌握估算的方法，既加深了对整百数乘一位数的理解，又提高了自己解决问题的能力。

【总评】整百数乘一位数的口算是在学生学习了整十数乘一位数的基础上进行的，其重点是让学生掌握整百数乘一位数的口算方法，找出计算规律，能正确进行口算。课堂教学中，老师立足算理的探究，始终以学生的学习活动为主线，让学生主动探索、亲历过程，在合作交流中感悟整百数乘一位数的口算的方法。学生学习积极性高、参与面广。

一、重视在知识迁移中感悟

我们知道，学习一种新的知识时，往往会依靠过去已学过的知识或已形成的经验，这些知识和经验对新的知识起着相互联系、相互影响的作用，这就是迁移的作用。教学中，王老师精心创设了迁移的情境，放手让学生进行探索。通过回顾已经学过的整十数乘一位数的口算，自然揭示出整百数乘一位数，顺应了学生学习的需要。学生在主题图中发现了问题，并独立利用已有的整十数乘一位数的经验尝试思考，得出了整百数乘一位数的结果，在验证中让学生感悟整百数乘一位数的方法，这是一种探究意识的培养，让学生在自身的再创造活动中建构数学知识。特别是对 $2×2$、$20×2$ 和 $200×2$ 的处理，王老师让学生再补一道相关的算式，学生纷纷列举了 $2000×2$，并明白先算 $2×2=4$，再添 3 个 0 等于 4000。将所学的口算方法进一步迁移，让学生从中发现这类题的规律，加深了对算理的感悟，算理的理解和掌握不是教师强加给学生的，而是让学生经历口算方法的探究过程，提高了学生对口算方法的理解。

二、重视在自主探究中深化

为了深化整百数乘一位数的算理，王老师创设了活动的情境，当学生利用 $20×2=40$ 和 $20×3=60$ 的经验迁移出 $200×2=400$ 时，老师没有给予评价，而是激发学生去思考，因为还没有学过，所以需要做出一个解释，如何证明 $200×2$ 确实是 400 呢？一下子激起了学生探究的欲望，有效地促进了学生的思维发展，让他们大胆地猜想，主动用不同的方法去验证计算的结果，思维的火花灿烂夺目。在探究 $200×2$ 时，学生的思维非常活跃：有的联系到加法进行思考，$200×2$ 可以理解成 2 个 200，2 个 200 相加就是 $200+200$ 等于 400。有的借助 $20×2=40$，想 $200×2$ 就是在 40 的后面再加个 0。有的通过操作计数器进行思考，因为 $20×2$ 是 2 个 20，所以这两颗珠子放十位上，两个十乘 2 得到的 4 表示 4 个 10，因此它应该在十位上拨 4 颗珠，表示 40，同样，$200×2$，如果在计数器上拨，要在百位拨 4 颗珠，因为这儿的 4 表示 4 个百，所以 4 后面要加两个 0。学生在短时间里想出了截然不同却有内在联系的方法，源于教师重视自主探究的结果，这样，学生不仅掌握了口算方法，而且真正明白了为什么可以先按乘法口诀算出积，再在后面添上 0 的算理。

三、重视在针对训练中提升

课堂训练是掌握知识、形成技能、发展智力的重要环节。在这一环节中，王老师紧紧围绕本课的教学目标，有针对性地设计了三组不同层次的练习：首先是巩固知识，形成技能的基本练习。在练习中，教师重点进行了一位数乘一位数和整百数乘一位数的比较，它们都是先算什么，得到的数有什么不同？通过比较，促进学生思考，进一步巩固了百数乘一位数的计算方法。其次是发散思维，激发兴趣的提高练习。在一般性口算练习的基础上，教师重点进行了变化。如：500×3 和 300×5，400×6 和 600×4，200×7 和 700×2，为什么每组的两个算式不一样，得数却一样呢？在辨析中学生明白了口算时用的乘法口诀是一样的，其算法是一致的，在此基础上，王老师又趁热打铁，让学生根据一道算式变换出相关的整百数乘一位数的算式，巧妙地沟通了知识之间的联系，提升了学生对整百数乘一位数算理的理解。最后是运用所学知识解决实际问题的综合练习。王老师注重了解决问题的层次性，凸显了整百数乘一位数在生活中的作用，特别细化了估算方法的指导，不仅提升了学生口算的技能，而且提高了学生解决实际问题的能力。

通过操作帮助学生理解算理

计算教学中关于算理与算法的相互关系目前基本达成共识：算理是计算的原理和依据，算法是计算的基本程序和方法。算理不清，算法难以牢固；算法不明，计算技能难以形成。因此，理解算理、掌握算法是形成运算能力的两翼。理解算理、掌握算法的本质就是不仅要知道该怎么计算，而且还要明白为什么要这样计算，即要在理解算理的基础上掌握算法。不过，尽管已经达成共识，在实际教学中还存在对算理重视不足，片面强调算法的现象。毕竟，学生只要掌握算法就能根据算法进行计算。不过，对更多的教师来说，帮助学生理解算理的教学方法并不是靠理念认同就能获取的，因此如何操作对教师来说则是更为需要的。下面就教学案例的分析来介绍通过操作帮助学生理解算理的教学方法。

郑老师是工作三年的新教师，下面是她教学一年级"两位数加一位数（进位）"的教学片段。

$$24 + 6 = \square \ (\qquad)$$

你想怎样算？和同学说一说。

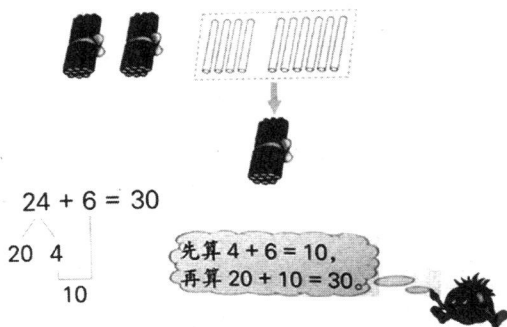

$$24 + 6 = 30$$

20　4

10

先算 4 + 6 = 10，
再算 20 + 10 = 30。

师：要计算 24+6 是多少，我们可以摆小棒来计算。请小朋友先摆出 24根小棒，再摆出 6 根小棒。（稍作停顿，等待学生摆小棒）摆好了吗？看一看一共是多少？

生：一共是 30 根小棒。

师：你是怎么算的呢？

生：4 根小棒和 6 根小棒加起来是 10 根，10 加 20 等于 30。

师：（出示下图）我们可以先将 4 根和 6 根合起来，就是 10 根，也就是 1 个十，再和 20 相加就是 30。谁再说一说，24+6 先算什么，再算什么？

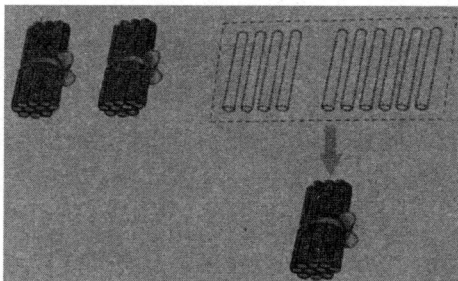

生：先把 4 根小棒和 6 根小棒合起来是 10 根，再算 10 加 20 等于 30。

师：是的，我们可以先算 4+6=10，再算 20+10=30。

$$24 + 6 = 30$$
$$20 \quad 4$$
$$10$$

师：那 24+9 你会算吗？自己试一试。

……

案例分析

心理学家布鲁纳认为在某些数学学习中成人和孩子同样都要经历三个主要的阶段。动作性表征，尤其是对那些处于感知运动阶段的儿童来说确实如此，他们可以知道很多事情而且可以做许多相应的活动，但却不能表达这种知识。映像性表征，当儿童能够形成具体物体的思维图式时，就可以在思维中产生相像的图式，在这个阶段视觉和知觉组织起决定性作用。符号性表征，孩子们可以在思维中对抽象的符号进行操作。在计算教学中（尤其是在低年级），我们常常观察到这样的现象：学生仅看算式难以独立完成抽象的符号计算，在教师的提示下可以借助学具操作获取计算结果，但是仅仅停留在具体操作层面，还不能根据操作活动获取相应的计算方法。也就是说，学生还难以实现从具体操作向符号操作的转换。这样的学习状态与布鲁纳所描述的三个阶段具有相通之处，那么是否可以借鉴理论以得到一种帮助学生理解算理、抽象算法的一般教学方法呢？

经过实践我们发现可以通过操作帮助学生理解算理、抽象算法。操作分为三个不同的层次。

行为操作，通常是指学生通过操作学具，例如摆小棒、圆片等，以得到计算结果。其目的是通过行为操作，以直观的方法获得计算经验和计算结果。当学生进入中年级之后，因为已经有了相应的操作经验，根据图像进行操作活动（例如将4捆小棒平均分成两份，学生就可以看图想象操作，而不必摆小棒操作），也可以看成行为操作。

表象操作，是指学生在脑中将行为操作的过程像"放电影"似的进行回放。其目的是通过表象操作，压缩无关信息，提炼计算过程，感受计算方法，逐步从具体走向抽象。

符号操作，是指借鉴行为操作和表象操作对抽象的算式进行演算。其目的是通过符号操作，归纳计算方法，达到通过理解算理形成算法的状态。

三者当中，行为操作是基础，是学生获取直接经验的重要渠道。表象操作是沟通行为操作与符号操作的桥梁，是特别重要的一个环节，这个阶段视觉和知觉组织起决定性作用。从信息论的角度看，知识的获得主要关系到信息的获得与加工。知觉是对于外部事物的整体性反映，从而就已包括了对感觉信息的加工，即是一个依赖于已有的知识和经验对感觉信息作出解释从而使之产生组织和意义的过程。如果说前两个操作环节的主要功能是理解算理，那么符号操作的主要作用则是抽象算法。符号操作环节需要教师引导学生回顾前两个环节的操作活动，在"明理"的基础上将具体操作反映在算式中，以符号操作的方式进行表征，并且用数学语言进行描述，抽象出计算方法。在这里，从实物到算式是"形式化"的过程，从算式运算返回到实物解释是"寻找意义"的过程。数学化就是在具体、半具体，抽象、半抽象之间的铺排，是穿行于实物与算式之间的形式化过渡。

郑老师的教学片段中，尽管有操作，不过数量不足。因为感性材料或感性经验是影响概念学习的重要因素，感性材料和感性经验的数量太少，学生对概念的感知不充分，对掌握概念所必需的经验不能建立起来。没有表象操作，学生缺少对于直接经验的心理加工过程，直接跳跃到符号操作层面，学习效果可想而知。在和郑老师交流之后，重新进行了教学设计，实际教学也取得了很好的教学效果。下面是调整后的教学片段。

师：24+6 是多少呢？请同学们用小棒摆一摆、算一算，边摆边说是怎么算的。（学生操作）算好了吗？

生：等于 30。

师：谁上台来摆一摆、说一说。

生上台用教具摆出下图：

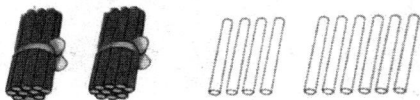

生：先算 4+6=10，再算 20+10=30。

师：像他这样算的同学请举手。（师观看反馈情况）同座互相说一说先算什么，再算什么。

师：哪位同学上台在图中将先算的部分圈起来？

生将 4 根与 6 根圈起来。

师：（边说边在图中贴上一捆小棒）先算 4+6=10，再算 20+10=30。自己看图边圈边完整地说一说。

师：24 的十位上是 2，现在的得数是 30，十位的 2 怎么变成 3 了呢？

生：4+6=10 了，20+10=30。

师：下面我们不摆小棒，大家通过看图想一想先算什么，看你能不能算出来。（课件出示下图）

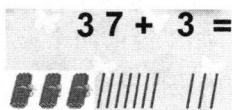

生：先算 7+3=10，再算 30+10=40。

师根据学生的口答同步演算课件。

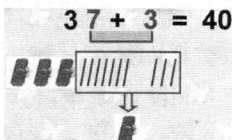

师出示下图，请学生同座互说是怎样算的。

生：先算 2+8 = 10，再算 60+10 = 70。

师根据学生的口答同步演算课件。

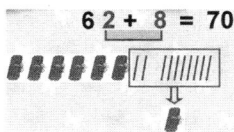

$$62+8=70$$

师出示下图，请学生计算。

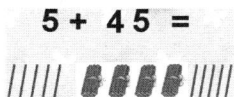

$$5+45=$$

生：先算 5+5 = 10，再算 10+40 = 50。

师直接出示算式 9+21，请学生口答，学生顺利完成。师将刚才计算的 5 道算式集中呈现，请学生想一想都是先算什么？再算什么？学生口答后，师出示 24+9 请学生自己解答。

案例解析

调整后的教学设计首先安排了学生的行为操作，通过摆小棒计算 24+6 的结果。在这一过程中，教师要引导学生思考"怎样算"来明确计算方法，所以核心问题是"先算什么，再算什么"，以此帮助学生厘清计算过程。再请学生上台圈出先算的部分，使得思维过程直观化，并且请学生自己圈一圈、说一说内化计算过程。接下来不摆小棒，通过看图计算 37+3、62+8 进一步固化计算过程，以脑中的表象操作为主，从具体的行为操作向半具体的看图想象过渡。当计算 5+45 时，图中已经不再出现 5+5 的红色框线，从半具体向半抽象过渡，最后过渡到 9+21 的符号操作阶段。由于有了 24+6 的行为操作作为理解算理的基础，结合课件图示直观地演示思维过程，有了足够数量的计算来固化计算方法，学生经历了内化—压缩的思维过程，对于两位数加一位数的进位加法的计算方法已经有了清晰的认识。

在第一学段的计算教学中，操作是一种帮助学生理解算理、形成算法的常用教学方法。本文中的教学案例是通过 5 道同类的算式计算作为一个整体例题引领学生经历了行为操作—表象操作—符号操作的过程。

在这个过程中，行为操作是为了帮助学生获取直接经验，因此通常只需要操作一次就可以了。表象操作是整个过程中非常重要的一个环节，从上面的案例可以看出，在经历了 24 加 6 的操作活动之后，首先是看图回忆 24 加 6 的计算过程，唤醒操作经验，后面的相关习题中，都是采用看图想象操作来完成，并不需要再次摆放小棒。在反复通过看图解决相似的问题之后，学生逐渐获取了两位数加一位数的计算方法。在教学中实施表象操作这个环节，往往并不是只用一个例子，而是通过一组例子（通常在 3 个例子左右）去帮助学生感受计算过程中的共性，教师需要在逐一呈现相关习题请学生自行解决的过程中不断地提出核心问题，以帮助学生感悟计算方法。在上述案例中，核心问题就是"先算什么"，学生在不断地解决问题的过程中思考先算什么，而先算什么就构成了两位数加一位数的计算方法的核心基础。为避免同一组例子在教学过程中简单地重复，教师需要关注变化，一是习题形式的变化，在上述案例中，从 24 加 6 到 5 加 45，就是一种变化；二是教学组织形式的变化，可以将指名回答、同座互说、上台演示等多种组织形式进行组合。当一组习题全部完成之后，教师需要将它们集中呈现，让学生再次回顾过程，进行比较，发现计算过程中的相同点。在这个基础上，发展到符号操作就水到渠成了，学生可以通过感悟的算法对算式进行演算，并用语言表述相应的计算方法。这个教学环节可以用下图表示：

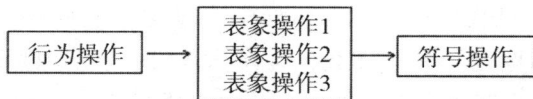

行为操作 → 表象操作1 表象操作2 表象操作3 → 符号操作

针对不同的教学内容，具体的操作方法也不是一成不变的，有时可以以一个例题为主完成操作的三个阶段，有时也可以将同类的计算问题先强化行为操作，然后再选择其中的部分算式进行表象操作，最后选择一个算式进行符号操作，其他的算式可以作为同步练习的材料。所以说教有法而无定法，想要运用得当，还需要我们在日常的教学中多实践、多反思，达到运用之妙，存乎一心。

参考文献

[1] 王林，等. 小学数学课程标准研究与实践 [M]. 南京：江苏教育出版社，2011.

[2] J. L. Martin. 教与学的新方法·数学 [M]. 史静寰，审译. 王嵘，李庆，李亚玲，等译. 北京：北京师范大学出版社，2004.

[3] 郑毓信. 数学教育哲学 [M]. 成都：四川教育出版社，2001.

［4］顾泠沅. 教学改革的行动与诠释［M］. 北京：人民教育出版社，2003.

［5］曹才翰，章建跃. 数学教育心理学［M］. 第二版. 北京：北京师范大学出版社，2006.

案例　　　　　丰富学习素材　促进深层参与

　　学生是学习的主体，学生是否能主动地参与到学习活动中是主体性发挥的重要标志。根据研究，情绪参与、行为参与、认知参与是参与的三个不同维度。学生在学习过程中能否实现深层参与，很关键的因素是教师是否营造了适合学生从事数学活动的时空。情绪参与既涉及学习活动中的情感体验，也包含学生对学习目的、信念的整体反应；认知参与体现了学生的学习策略，学生的学习过程究竟是量的重复还是质的变化，主要取决于认知参与的经验；行为参与是基本的参与形态，积极方面体现在努力、钻研和参与讨论。数年前的一次教师培训中，特级教师刘延革邀请了 20 位数学教师扮演学生，按每 4 人一组进行了分组，然后她依次给小组发放学习材料袋，当她发放到第二小组时，回头看到第一小组的学员已经打开了材料袋，第二小组的学员正在打开材料袋，刘老师故作生气状，对第一小组的学员说道："让你们打开了吗？谁同意你们打开的？"学员们面面相觑，此时刘老师莞尔一笑："咱们平时是不是也常对学生这么说？"刘老师特意安排的这个环节，旨在让教师换位体验日常教学中教师的不合理教学行为和学生的学习心理需求。这个教学场景十分生动地阐释了苏霍姆林斯基的观点：在人的心灵深处，都有一种根深蒂固的需要，就是希望自己是一个发现者、研究者和探索者。在儿童的精神世界里，这种需要特别强烈。所以，真正将学生作为学习的主人，提出好的数学问题，营造适合学生真正参与学习的场域，让学生在主动探究的活动过程中主动思考。所以，好的教师不是在教数学，而是能激发学生自己去学数学。只有当学生通过自己的思考建立起自己的数学理解力时，才能真正学好数学。丰富学习素材，提炼核心问题，是营造适合学生开展深层参与学习场域的基本教学方法。

　　以 Y 老师执教的一年级上册"9 加几"教学为例，Y 老师是工作五年的青年教师，学校的骨干教师，她对本节课的教学设计，反映了众多一线教师教学的实际状况。

$$9 + 4 = \boxed{} \text{（个）}$$

师：看图算一算，9+4等于多少，说说你是怎么想的。

生：9+4=13，可以把外面的一个苹果移一个到盒子里，就正好是10个，外面还有3个，合起来是13个。

师：是啊，从外面移一个苹果到盒子里，就是把4分成1和3。那为什么要移进去一个苹果？

生：盒子里原来有9个，移1个苹果就是10个了。

师：就是把4分成1和3，先算9+1=10，再算10+3=13。这种方法叫作凑十法。哪位同学来说说凑十法是怎样计算9+4的？

生答略。

师：同桌互相说一说用凑十法怎样计算9+4的。

师：你会用凑十法完成书上的填空吗？

这是较为典型的教学片段，Y老师也认为她的教学体现了课改的精神：独立思考、自主探究、合作交流。从课后学生计算的正确率上看也达到了预定的教学目标。回顾教学过程，我们还是要问一个问题：教学的指向究竟是什么？不难看出Y老师的教学偏向知识学习，但是在人的发展的关注上仍然偏弱。人的发展并不排斥知识学习，并且知识学习是人的发展中的重要组成，但是教学过程不能囿于知识学习。常见的教学现象是：只通过一个例题教学，学生没有经历实际的操作，缺少丰富的体验，没有实质参与，结论便已经被总结了出来，这种教学方式中的过早形式化只会导致学生以模仿学习为主。由于缺少丰富的学习素材，学生难以积累数学活动经验，更不用奢望自觉地对学习过程进行观察与比较，从而达到反思提升的程度。根据孔企平的研究，单纯的行为参与并不能促进学生高层次数学思维的发展，而学生在教学过程中的全面参与是高层次思考能力发展的基本条件。

来自美国加州橙县的杰克老师在我区上过一节四年级数学课，课题是"速度"，杰克带了很多不同材质的球，有纸质的、木质的、橡胶的，还有铁的和吹气球，教师在地面上铺好了卷尺，请全班每位学生依次上台选择一个球滚动，其他学生负责看卷尺记录滚动的距离，教师负责用秒表记录时间，每位学生自主选择记录 10 个球滚动的情况。活动结束后，请学生用计算器计算距离除以时间的商，告诉学生这就是那个球滚动的速度。接下来请学生讨论：你认为物体运动的速度与什么有关？学生发现与材质的轻重、球表面的光滑程度、抛球时用力的大小、地面是否光滑等。接着布置新的讨论话题：如果要测量纸火箭（只能直线飞行的纸飞机）的速度，你需要哪些工具？你打算怎样测量？学生讨论后，在教师这儿领取工具后到学校操场上开展相应的活动。听课后，我们组织听课的教师讨论，大家都表示自己的课堂不能按照杰克的方式来开展，因为准备工作太复杂，每个学生都操作显得效率不高，而且没有相应的练习题，担心考试时学生不会做题。我又问大家一个问题：如果你自己的孩子学习"速度"，是在你的课堂中学习呢，还是送到杰克的课堂中去？大家都毫不犹豫地表示：送到杰克的教室中去。这又充分表明，我们关于"速度"的教学，是典型的纸上谈兵，学生只会做题，不会测量，杰克关于"速度"的教学，是真的在学习"速度"。正如李士锜教授指出的：从数学认知的角度看，操作构成了自反抽象的直接基础，从而，这种操作缺少了，后面的反省就无法落实。因此，Y 教师的教学会让学生做对，乃至做熟，但很难生巧。因为被动的学习过程导致大部分学生只能采用机械接受的方式去进行练习，所以说如何从不自觉的学习状态向更为自觉的学习状态转变，就成为搞好数学教学的一个要紧问题。

作为数学教师，处理例题的专业方法就是"丰富学习素材"，而不是只讲一个例子。在学生的学习过程中，通过提炼核心问题引领学生实现深层次的参与，不仅是在行为参与上，还体现在情绪参与和认知参与上。这实际上正体现出辩证唯物主义观中"量变引发质变"的观点。下面是改进后的教学片段。

师：小猴先买了 9 个苹果，又买来 4 个苹果。

你能像这样用小圆片在十格图（注：事先发给学生的印有十个方格的图片，摆满圆片用以表示一个十）上摆一摆吗？你能提一个用加法解决的问题吗？

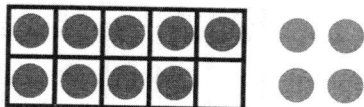

生：小猴一共买来多少个苹果？

师：要求一共买来多少个苹果，算式怎么列？

生：9+4。

师：你能根据刚才摆的小圆片算出 9 加 4 的结果吗？

生：盒子里已经有 9 个，接着就是 10、11、12、13。

生：我看图就算出 9+4＝13 了。

生：我把外面的苹果移一个到盒子里，就是 10 个苹果，外面还有 3 个苹果，10+3＝13。

师：三位同学都算出了 9 加 4 的结果等于 13，（问最后一个学生）你为什么会想到移一个苹果到盒子里？

生：移一个到盒子里，盒子里正好是 10 个。

师：说得有道理。全班同学都来用这种方法试一试。

师：（出示下图）9 加 6 的结果是多少呢？你是怎样算的？

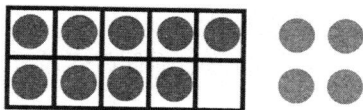

生：从外面移一个苹果到盒子里去，就是 10 个苹果，外面还有 5 个，合起来是 15 个。

师：（课件演示计算过程）是这样想的吗？同学们，移一个苹果到盒子里好算吗？为什么？

生：移一个到盒子里就正好是 10 个，外面还有 5 个，合起来就是 15 个。

师：（出示下图）9 加 8 的结果是多少呢？和同桌说说你的想法。

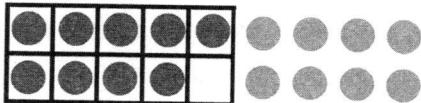

生：从外面移一个到盒子里就正好是 10 个，加上外面还剩的 7 个就是 17 个。

师：（出示下图）3 加 9 怎样计算呢？

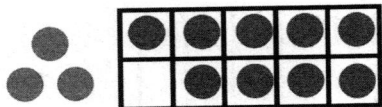

生：从3个中移一个到盒子里就正好凑成10个，外面还有2个，合起来就是12个。

师：（出示下图）刚才我们算了4题，都是9加几，你觉得计算9加几有什么好方法？和同桌说说你的想法。

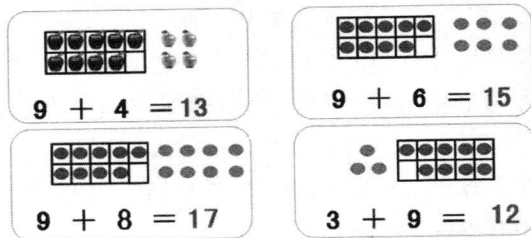

生：可以从外面移一个到盒子里，正好可以凑成10个，再看外面剩几个就是十几。

师：（课件演示）为什么要移一个到盒子里？

生：这样可以凑成一个好算的10。

师：是的，先凑成一个好算的10，后面就容易算了。可以把这种方法叫凑十法。

教师在黑板上板书9+5。

师：9加5等于几，你能算出结果吗？同桌互相说说。

生：9+5=14。从5里移一个到盒子里，盒子里就凑成一个10，外面还有4个，就是14。

师：（边说边完成计算过程板书）从5里移一个，就是把5分成1和4，9和1凑成10，再算10加4等于14。

师：（板书算式9+4）9加4怎么算呢，你能像刚才这样和同桌说说计算过程吗？

改进后的教学，教师首先丰富了学习素材，从教材例题"9+4"丰富为有层次的多个素材。学习素材的丰富，给了学生实现自我学习的时空，既有操作、表述、交流等实践的机会，满足了学生自主探究的精神需求。同样，在反复操练的过程中，不断地由学生自己体验"凑十"计算的合理性，并进一步萌发凑十计算的需要。这样的多层次学习，避免了由一个例题的教学总结结论，所有学生都有了参与的机会，在过程中反复感悟、积累经验，便于抽象归纳计算方法。学生的数学学习，需要亲自投入，需要通过实际演算或是头脑中的操作来完成，从而建构自己的理解，即便是看别人做，也必须在思想上投入，并转化为自己的操作过程，无人可以替代。由教师提炼的核心问题"为什么要移一个到盒子里"，也不断地促进学生将经验性操作上升到理性思考的水平，认识到"移"的过程实际上是"凑十"的过程，将凑十演变为学生计算活动中的自发需求，而非模仿性操作，并在算式计算中逐渐将"心中的盒子"提升到"凑十"的算法规则水平。

从上述案例不难发现，帮助学生实现深层次参与的数学学习，丰富学习素材是行之有效的教学组织方式。在教学实施过程中通过鼓励学生用自己的方法去解释所学习的内容，而不是简单地模仿，教师通过提炼核心问题引导学生对学习过程进行比较，鼓励开展讨论，促进学生反思，只有当学生通过自己的思考建立起自己的数学理解时才能真正学好数学，从而达到自觉的学习状态。

"9加几"教学设计

教学目标

1. 使学生在现实的情境中，自主探索9加几的计算方法，并在不同算法的交流中，初步理解"凑十法"的计算思路，能正确进行口算。

2. 使学生经历计算方法的探索过程，获得一些数学活动的经验，培养初步的观察、操作、分析和比较能力，逐步学会有条理地思考和表达。

3. 使学生在参与数学活动的过程中，逐步培养独立思考的习惯，获得一些成功的体验，培养对数学学习的兴趣。

教学过程

一、创设情境，激趣导入

谈话：今天我们来上一节有意思的课，我们邀请小猴带我们一起去学习数学知识。

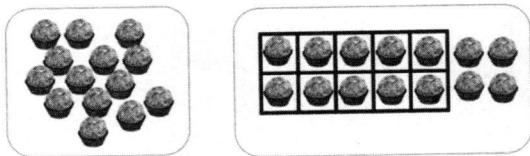

师：小猴买了一些巧克力，回家后用盒子整理了一下，你能看出巧克力有多少块吗？

预设：14块。

师：你是看哪幅图知道的？

追问：为什么第二幅图一眼就能看出有14块巧克力呢？

预设：一盒就是10块，再加上外面的4块就是14块了。

小结：都是14块，但第二幅图里有一个好算的十，帮助我们可以一眼看出巧克力有14块！

二、操作探究

1. 教学 9+4

谈话：小猴买完巧克力又去水果商店买水果，他先买了一些红苹果，数一数买了几个？

师：是的！买了9个。

师：他又买了几个青苹果？（边说边贴外面的4个）。

问：根据小猴买苹果的故事你能提出用加法解决的问题吗？

预设：一共买了多少个苹果？

问：算式怎么列？

谈话：9+4到底等于多少呢？这节课我们就来研究这个问题。

请小朋友们像老师这样摆出9个和4个，你可以数一数，也可以摆一摆，看看得数是多少呢，算好后说给你的同桌听，开始吧！

反馈：

预设1：用数的方法！

师接话：请你上来带着大家一起数一数。

预设2：用摆的方法。

师接话：请你上来用老师的小圆片摆一摆、说一说。

预设：学生边移边说——从外面拿一个放进盒子里，这样盒子里就有一个好算的十，再加上外面的几就是十几了。

师：小朋友们，刚才咱们用不同的方法算出了9+4=13，哪一种方法能让人一眼就看出得数？

159

问：他是怎么做的？

预设：从外面拿一个放进盒子里，这样盒子里就有一个好算的 10，再加上外面的几就是十几了。

师：请你也像他这样移一移（稍停顿），我们一起拿 1 个绿色圆片移进盒子里。

追问：为什么一进来就能一眼看出是 13 个了啊？

预设：因为凑出了一个好算的十，再加上外面的 3 就是 13 了。

师：小朋友，眼睛看着大屏幕，我们看着这幅图（手指课件图），小脑袋里再想一想：怎样移能让人一眼看出得数是 13 个？想好了吗？谁再来说一说？

预设：移 1 个到盒子里凑出 1 个好算的十，再加上外面的 3 就是 13 了。（在学生说的过程中演示课件）

2. 教学 9+6

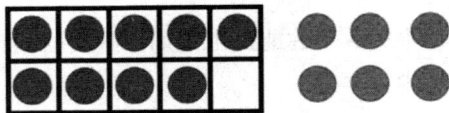

谈话：这幅图你觉得是让我们算 9 加几啊？

师：想一想怎样移才能很快地算出答案？（稍停后继续说）想好了吗？谁来说一说？

预设：从外面移 1 个到盒子里凑成 10，再加上外面的 5 就是 15。

师：想得跟他一样的请举手！那我们一起来移一移（课件出示）答案是多少啊？

追问：嘿！你们怎么想到要移 1 个到盒子里的呀？

预设：里面有 9 个，移 1 个进来就凑成了 10 个。

师：是啊！我们只要再移一个进来就会和原来的 9 个凑成一个什么？（生接话：好算的十！）这样就能一眼看出 9+6 等于多少啊？

3. 教学 9+2

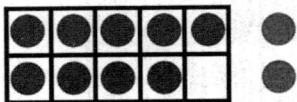

谈话：（出示 9+2 图）这幅图又是让我们算 9 加几？

问：想好等于多少了吗？会移吗？和你的同桌说一说。

同桌互说。

师：谁再来说一说？

预设：从外面移 1 个到盒子里凑成 10，再加上外面的 1 就是 11。

师：是的！移进来的这 1 个就可以和 9 个怎么样啊？（生接话：凑成十），那就一眼看出得数是？（生接话：11）

师：小朋友们，移 1 个到盒子里就是要把外面的这两个分成几和几啊？（生接话：1 和 1）是的，把这 1 个移进来就凑成 1 个十了（课件演示）。

4. 教学 3+9

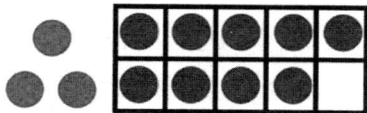

谈话：小朋友们学得这么棒，那 3+9 谁来说一说？

预设：从外面移 1 个到盒子里凑成 10，再加上外面的 2 就是 12。

5. 进行比较

（课件同时出示前面 4 道题）

师：刚才我们算的这四道题都是 9 和一个数相加，那你们想一想 9 加几有没有什么好办法能让人一眼就看出得数啊？

预设：移一个到盒子里。

师：为什么我们都要移一个到盒子里啊？

师：移 1 个进去就和 9 凑成 1 个好算的十，这样再加上几就是十几了，这个好办法你能不能给它起个名字啊？

师：小朋友的意思都对，我们看这个 1 和 9 凑成 10，我们可以叫它"凑十法"。

三、归纳算法

谈话：刚才我们看图用"凑十法"会算 9 加几了，如果只看算式又怎么去想凑十法呢？

1. 教学 9+4

师：看到这个"9"脑袋里有没有想到盒子里的 9 个苹果？"4"想到盒子外的 4 个了吗？那 9+4 小朋友想一想应该怎么办？

预设 1：从 4 个中移 1 个给 9 凑成 10，10 再加上 3 就是 13 了。

预设 2：直接给出 9+4=13。

预设 3：9+1+3=13（可追问：这个 1 是哪个苹果？预设：从 4 中分出来的 1 个）

问：小朋友说得都对，那再算 9+4 时就是要把 4 先分成几和几啊？（生接话：1 和 3）

师：为什么要分出这个 1 呢？

预设：给 9 凑满 10。

小结：是的！那我们在算 9+4 时把 4 分成 1 和 3，先算 9+1=10；再算 10+3=13。

师：这就是我们用凑十法计算 9+4 的过程。你能像老师这样把刚才想的过程写下来吗？拿出你的作业纸，找到这道算式，写一写。

$$9 + 4 =$$

2. 试一试 9+6

$$9 + 6 =$$

师：9+4 会算了，如果让你算 9+6，你知道应该先把 6 分成几和几吗？然后先算什么呢？自己试一试。

同桌互相检查。

3. 练习 9+2、9+5

$$9 + 2 = \qquad 9 + 5 =$$

师：（课件出示）这两道算式老师不说，请你自己写一写。

汇报：9+2 谁来说？

9+5 你们会说吗？和你的同桌说一说。

4. 小结

（一屏出示上面 4 道算式）

师：刚才我们会用凑十法算 9 加几了，小朋友看一看，我们计算 9 加几时要把另一个数分成几和几呀?

预设:1 和几。

问:为什么要分出这个 1 呢?

预设:给 9 凑成 10 个。

师:所以算这些题都要先算?(生接话:9+1 = 10)再用 10 加上剩下的几就是?(十几了)。

这就是我们今天所讲的凑十法!

四、练习巩固

1. 课本第 88 页"试一试"

(1)谈话:刚才我们在算 9 加几脑子里都有一个表示 10 的盒子

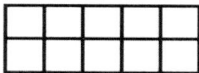

(边说边出示小花图),计算这里一共有多少朵花没有盒子怎么办呢?

(2)指 1~2 人说一说。预设:我们可以做一个盒子……

(3)师:虽然这里没有盒子,但我们可以圈出 10 朵来,这样不就有盒子了吗?(边说边出示圈的过程)你能像这样先圈出 10 朵再填一填吗?拿出练习纸找到小花题,把它完成。

(4)学生独立完成。

(5)校对

预设:把 7 分成 1 和 6,先算 9+1 = 10,再算 10+6 = 16。

2. 课本 89 页第 2 题

(1)谈话:小花图你会做,那这样的小棒图(边说边出示)你能像刚刚一样先圈出 10 根再计算吗?开始写吧!

(2)学生独立完成,教师巡视。

(3)师:好了吗?和我圈的一样吗?算式谁来说?

3. 课本第 89 页第 3 题

(1)师:这题你会做?自己写一写。

(2)学生独立完成,同桌集体汇报。

(3)师:为什么上下两题算式不同,答案却相同呢?(学生说得有道理即可)

(4)是的!上面的式子就是下面算式的思考过程!那我们再算 9+5 = 14

时该想什么呢?(指明回答:9+1+4=14)

4. 快速抢答（转转花）

指明小朋友口答。

5. 课本第 89 页第 5 题

（1）师：会填吗？写在你的作业纸上。

（2）老师报算式，学生报得数汇报。

6. 解决实际问题

（1）谈话：大家算得真不错，那你会解决问题吗？（边说边出示小彩旗图）

（2）教师读题，引导学生理解"各"是什么意思。

（3）学生独立列式解答。

（4）交流汇报

"18"你是怎么算出来的？

7. 思维拓展

出示 9+（　）＝ 15

师：这道算式你会填吗？

谁来说一说？你是怎么想的？

五、课堂小结

小朋友今天这节课你有哪些收获？

案例 "两位数加一位数（进位）"教学设计

教学目标

1. 经历探索两位数加一位数（进位）计算方法的过程，能比较熟练地口算两位数加一位数。

2. 在解决简单的实际问题过程中，感受数学与生活的联系，增强应用数学意识。

3. 培养学生积极思考、动手实践并与同学合作的学习习惯。

教学过程

一、复习引新

你能口算下列各题吗？教师依次出示

7+3　　6+9　　25+30　　24+3

24+3 要求学生说一说：你是怎样算的。

师在黑板上板书计算过程：24+3＝27

先算：4+3＝7

再算：20+7＝27

二、创设情境，激发兴趣

1. 从图中你了解到了哪些数学信息？

你们能根据每个小朋友画片的张数，提出一些用加法计算的问题吗？

教师根据学生提出的问题在黑板上板书，并请学生列出算式。

小亮和小红一共有多少张？　　24+6=

小明和小红一共有多少张？　　9+6=

小亮和小明一共有多少张？　　24+9=

如果有学生提出"小亮、小明和小红一共有多少张？"，同样列出算式 24+6+9=

2. 小朋友们真能干，提出了这么多的问题，让我们一起来把问题解决好吗？

同学们觉得这四道算式里面哪道题我们已经会算了？

口答：6+9= 15（张）

这道题和其他几题有什么不一样？

引导学生发现这题是一位数加一位数，其他的是两位数加一位数。

揭示课题：今天我们继续学习两位数加一位数。

三、动手操作，探究新知

1. 学习 24+6

有谁知道 24+6 等于多少？大家都知道等于 30，你是怎样算的？和同桌说一说你的想法。

同学们都能想到先算 4+6=10，再算 20+10=30。谁能上台指着黑板上的小棒图说说计算过程呢？

你们能像他这样指着小棒说一说计算过程吗？

比一比：今天学的 24+6 和前面学的 24+3 有什么相同的地方呢？计算的时候有什么不同？

个位相加满十了怎么办呢？

小结：个位上相加满十，这 1 个十就要和原来十位上的数相加，这就叫"进位"。

2. 让我们用这样的方法再来算算这四道题好吗？（具体过程可参阅前文"通过操作理解算理"）

37+3=　　62+8=　　5+45=　　9+21=

选两题要求学生说说先算什么，再算什么。

小结：两位数加一位数，都是先把个位上的数相加。

3. 教学 24+9

（1）刚刚我们计算了 24+6＝30，那同学们能估计一下，24+9 的结果可能是几十多吗？说说理由。

24+9 的和到底是三十几呢？你能试着自己算一算吗？

4 根和 9 根合起来是 13 根。13 根和前面的 20 根合起来是 33 根。

谁能再说一说刚才是怎样算的？

我们先算了 4+9＝13（师在小棒图上把 4 根和 9 根圈在一起），再算 20+13＝33。

再请学生说一说计算的过程。

（2）那么 24+9 和 24+6 有相同的地方吗？

总结：今天学的这两道题个位相加都满 10 或超过 10 了，都要进位了。

四、巩固深化，应用新知

1. 在小棒图中先圈一圈，再算一算

38+2　　26+7

2. 老师还想考考大家

课件依次出现 4+8＝　　34+8＝　　54+8＝　　84+8＝

指名让学生说出答案。

师：这几道题有什么相同的地方？在计算时都可以先算什么呢？

师：在计算两位数加一位数时都可以像这些题目一样，先把个位上的两个数相加，结果再和前面的整十相加。

3. 前两天我们学的人民币的知识你们还记得吗？那我们现在就一起来做一个买东西的游戏好不好？

4. 刚刚我们提出的问题中还有一道题没有解决，现在大家来看看这道题你会算了吗？24+6+9 等于几？你是怎样算的？

五、全课总结

这节课我们学习了什么？什么时候要进位呢？

案例　"两、三位数除以一位数的笔算"
教学设计与说明

教学目标

1. 使学生经历探索两、三位数除以一位数（首位能整除）计算方法的过程，理解两、三位数除以一位数的笔算方法，能用竖式正确计算两、三位数除以一位数。

2. 使学生在解决问题、探索算法的过程中，能借助操作活动理解两、三位数除以一位数的算理和计算方法，解决一些简单的实际问题，初步学会有条理地进行思考，发展分析、综合和简单推理的能力。

3. 使学生初步养成认真听讲、独立思考、合作交流的学习习惯，树立学好数学的信心。

教学过程
一、创设情境，复习引入

1. 解决问题

出示问题（图略）：两个小朋友一共买了 40 支铅笔，平均每个小朋友买多少支？

学生列式后，提问：40 除以 2 是多少呢？你是怎样算的？

结合学生回答，课件同步演示：1 捆是 1 个十，40 可以看成 4 个十。根据 4÷2＝2，可以想到 4 个十除以 2，每份是 2 个十。

2. 口算

60÷3　　　　80÷2

600÷3　　　　800÷2

提问：比一比，第一组中的两题口算时有什么相同的地方？有什么不同呢？

【设计说明】教材编排按照由易到难的顺序，先安排两、三位数除以一位数的口算，再安排两、三位数除以一位数的笔算。两、三位数除以一位数的口算是理解两、三位数除以一位数笔算算理的基础。由复习引入，有利于学生借助直观操作回顾口算方法，也为下一环节的操作活动唤醒已有的数学活动经验。

二、自主操作，理解算理

1. 自主探究，初步理解算理

出示例 3 情境图。

提问：在图中有哪些数学信息？

再问：一共有 46 个羽毛球，平均分给 2 个班，每班分得多少个？算式怎样列？

谈话：46÷2 得多少呢？你想怎样算？可以用小棒分一分，也可以看图思考。

学生活动后，指名展示和交流。

学生中出现以下三种方法。

（1）借助小棒算。

结合交流，用课件演示分小棒的过程。

提问：想一想，刚才分 46 根小棒，先分什么？再分什么？

（2）看图算。即每个班先分 2 筒，是 2 个十，再分 3 个，合起来是 23 个。

（3）根据数的组成算。即，46 除以 2，可以先算 40 除以 2 等于 20，再算 6 除以 2 等于 3，20 加 3 等于 23。

提问：大家用不同方法算出的结果都是 23。比较这些不同的方法，在计算的过程上有什么相同的地方？

【设计说明】放手让学生根据已有的学习经验自主探究新的计算，必然呈现出算法的多样化。不管学生用什么方法探究，教师首先要关注让学生有条理地表示自己的探究过程，这实际上是学生对算理的初步认识。其次要关注不同探究方法间的联系，也是理解算理的核心问题，即先分什么？再分什么？只有通过操作活动对这个问题有了深刻的理解，才会使后面的算法抽象水到渠成。

2. 层层递进，深刻理解算理

（1）分一分、算一算

出示问题：3 个小朋友有 36 根小棒，平均每人多少根？

谈话：你能想办法分一分、算一算吗？

学生独立完成后，指名展示不同的分法，并交流各自的思考过程。

（2）看一看、算一算

①48÷4

②42÷2

③246÷2

④264÷2

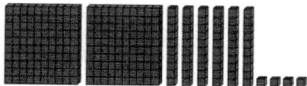

谈话：上面各题，你能看图在心里分一分、算一算吗？

先让学生独立完成，再组织反馈与交流，重点说说 246÷2 和 264÷2 这两题分别是先分什么，再分什么，最后分什么的。

提问：两位数除以一位数，都是先分什么？再分什么？三位数除以一位数呢？

（3）想一想、算一算

①出示算式：26÷2　　482÷2

提问：这里的两道算式，你能直接口算出结果吗？

②出示算式：

$$2\overline{)28} \qquad 3\overline{)693}$$

提问：这里的两道竖式呢？

（4）小结

谈话：两位数除以一位数，先算什么？再算什么？三位数除以一位数，是分几步来算的？请同桌两人互相交流。

学生在同桌间讨论后，组织交流。

【设计说明】关注学生对计算方法的理解水平就应把重点放在学生对算理的理解上。对三年级学生而言，可以借助现实情境、实物操作、图像、口头语言、抽象符号等不同形式的表征来获得对算理的理解，为进一步抽象算法奠定基础。教学中只要将两位数除以一位数操作活动中隐含的算理理解到位了，三位数除以一位数的算理就可以通过类推的方式迁移。上述环节，通过分一分、算一算，看一看、算一算，想一想、算一算三个层次的活动，帮助学生理解两、三位数除以一位数的算理和计算方法，为进一步构建竖式计算方法奠定了坚实的基础。

三、探索笔算方法

1. 尝试计算

谈话：我们再回到例题的算式，（出示算式）46÷2，用竖式怎样计算呢？请大家自己在练习纸上试一试，再和同学交流。

学生尝试计算后，老师指名展示用竖式计算的过程，并说说是怎样想的。

学生用竖式计算的过程通常如下图所示。

$$\begin{array}{r} 2\,3 \\ 2\overline{\smash{\big)}\,4\,6} \\ \underline{4\,6} \\ 0 \end{array}$$

提问：想知道书上是怎样笔算 46÷2 的吗？（出示例题中的竖式）看了书上的竖式，你有什么想说的？

启发：实际上用竖式的计算过程和刚才分小棒的过程是一样的，也是先分 4 个十，把 4 个十平均分成 2 份，就是用十位的 4 除以 2，商是几？

再问：商应写在哪一位上？为什么？

启发：一共分掉 4 个十。4 个十分完了，再分什么？为了将分 6 个一的过程与前面分 4 个十的过程区分开来，所以把个位的 6 移下来，6 个一除以 2，商是几？应写在哪一位上？

提问：请大家看这里的除法竖式，它是分几步将 46 平均分成 2 份的？先分什么？再分什么？

谈话：现在会用竖式计算 46÷2 了吗？请在练习纸上写一写。

2. 练一练

出示下面的竖式，让学生根据"□"的提示完成计算，老师再指名展示计算的过程和结果。

小结：观察这三道算式，想一想，两位数除以一位数，可以怎样计算？

【设计说明】两位数除以一位数的除法竖式是本节课的教学难点。学生对除法竖式缺乏认同，因为用竖式计算的过程与学生原有的知识、经验存在着冲突。他们可能会想：这个竖式为什么这么长？下面的两个 6 是怎么来的？竖式中 4 下面的 0 为什么不写呢？因此教学中先让学生自主尝试，再畅所欲言自己写的竖式与标准格式相比所存在的困惑是必要的。而此时引导学生前面的直观操作与抽象的、程序化的竖式建立联系，正是学生理解除法竖式各部分含义必须经历的过程。

3. 教学"试一试"

出示第 51 页"试一试"。

提问：三位数除以一位数，怎样用竖式计算呢？你想分几步来进行计算？

结合学生回答，作如下引导：$246 \div 2$ 应先分什么？"1"为什么写在商的百位上？接下来分什么？为了和前面分 2 个百的过程区分开，我们将十位的 4 移下来，4 除以 2 商是几？应写在哪位上？接下去该怎样算？

让学生在书上完成计算，并组织反馈。

小结：三位数除以一位数，可以怎样计算？同桌两人互相说一说。

学生在同桌间讨论后，组织交流。

4. 练一练

出示下面的竖式，让学生根据"□"的提示完成计算，再指名说说是怎样算的。

$$4)\overline{848} \qquad 5)\overline{557}$$

【设计说明】理解竖式各部分的计算意义以及竖式结构的合理性是本课的重点。教学时应通过操作活动与竖式计算的连接来实现对除法竖式的理解。尽管如此，在初学时部分学生还是会出现书写格式的错误，这也是本课的难点。因此在教学过程中采用讲练结合的方式，结合新授及时组织练习，有利于学生逐步形成计算技能。

四、课堂练习

1. 对比练习

出示下面的题目，学生独立完成，再比较两道题的计算过程，说说有什么相同和不同。

$$3)\overline{63} \qquad 3)\overline{36}$$

2. 用竖式计算

$$4)\overline{84} \qquad 2)\overline{684} \qquad 3)\overline{994}$$

指名板演，其他同学在下面完成。

3. 完成"想想做做"第3题

先让学生估一估平均每个书架放的图书本数大约是几百多，再独立完成解答，然后组织展示和交流。

【设计回顾】

本节课教材安排了两个层次的教学内容，一是两位数除以一位数的笔算，二是三位数除以一位数的笔算。教学的关键是引导学生通过操作来理解从高位算起的道理。对于两位数除以一位数，只有理解了先分几个十，再分几个一的计算过程,才能理解除法竖式的结构,这对算法的抽象是至关重要的。而这一过程又是理解三位数除以一位数算理的基础。所以,整个教学过程以两位数除以一位数作为重点开展,同时注意处理好探究与接受、理解与训练的平衡。操作是学生理解算理的重要路径,在教学中安排了三个层次的操作来帮助学生理解算理,即动手操作、表象操作和符号操作。这样安排的目的是逐步抽象,将计算过程从一种表征形式转化为另一种表征形式,贯穿其中的思维主线是"两、三位数除以一位数,先分什么,再分什么"。相较于理解算理,学生的学习难点在于对竖式的理解和掌握,例如,在用竖式计算 46÷2 时,学生会有很多疑惑:这个竖式为什么这么长?竖式中下面的 6 是从哪儿来的?等等。对此,教师如果忽视学生的心理需求,直接采用讲授的方式进行教学,即便讲解得再清楚,后面的练习中学生也会出现各种问题。所以,教学时应尊重学生的学习需求,将操作过程与竖式计算的过程有机结合,这才更符合学生的学习现实。

理解算理：借助旧知、常理与推理

在第一学段的计算教学中，帮助学生理解算理的常用教学方法是通过操作来实现。由于教学内容的不同以及学生成长所带来的教学复杂性，要想仅靠这一手就"一招鲜吃遍天"无异于痴人说梦了。那么，帮助学生理解算理的教学方法还有哪些呢？

一、借助旧知帮助学生理解算理

像"三位数乘一位数"这样的教学内容，学生根据已有的学习经验进行自主探究，可以掌握算法进行正确计算。教师也往往认为教学过程中只要关注学生是否会算就可以了，会淡化甚至是忽略对算理的理解。下面是 Q 老师的教学片段。

师（出示图）同学们在图中看到哪些数学信息？

小华在体育场跑步，跑了3分钟，每分钟跑192米。一共跑了多少米？

生：小华每分钟跑 192 米，跑了 3 分钟，求一共跑了多少米？

师：求一共跑了多少米，就是求什么呢？

生：就是求 3 个 192 米是多少，用 192×3。

师：你能估计 192×3 大约是多少吗？

生：把 192 看成 200，大约是 600。

师：是的，我们可以将 192 看成是 200，这样就可以估计出积大约是多少了。不过，要知道 192×3 的准确结果，我们还要计算相乘的积究竟是多少。会算吗？自己试一试。

（学生自己计算结果。）

生：先用 2×3 = 6，再用 9×3 = 27，百位 1×3 = 3，加上 2 等于 5，结果是 576。

师：百位的 5 是怎么来的？

生：3×9 = 27，向百位进 2。

师：百位 1×3 得到 3 个多少？

生：3 个百。

师：再加 2 个百就是 5 个百。大家会算了吗？

生：（齐）会。

与 Q 老师的课后交流发现，她认为本节课的算理不重要，因为计算教学的重点是学生会不会算，前面教学强调算理的原因也是为总结算法服务的，而本节课的算理似乎也没有什么好讲的，因此主要关注学生是否能够掌握算法。那么，是不是学生能探索出算法就不必强调算理的教学？这是一个十分重要且值得关注的问题。很多有经验的教师都有这样的体验：学生在数学学习时常常会出现一些"规律性的错误"。例如，$\frac{2}{5} - \frac{1}{3} = \frac{1}{2}$、$202 - 108 = 106$ 等。这些错误产生的原因，一方面是由于学生自我建构中的不恰当推广，另一方面则反映出日常教学中对学生元认知能力培养的不足。解决这一问题的有效方法，就是必须关注学生自我描述其对结果的获取过程，能对结果的合理性作出解释。只有如此，学生才会关注思路是否合理，而不是将数学简单地处理成题目中数据的混合运算。

英国数学教育与心理学专家斯根普曾经指出：由于图式在新的学习活动中发挥了十分重要的作用，因此，不恰当图式的应用就可能给认识活动造成严重的消极影响。美国学者莫瑞也指出：现代研究表明，许多被认为是由于不小心而造成的错误事实上都是由于系统性的错误应用或错误推广所导致的。系统性错误的根源在于不恰当的"一般化"，也即是由于学习者把先前所学到的知识和方法等作了不恰当的推广。因此，尽管在计算教学过程中，有的学习内容学生可以根据已有的学习经验或数学知识对计算方法进行迁移，但是并没有深究其中的合理性，因而经验性操作可能带来正确的算法，也有可能带来错误的算法。更进一步看，数学学习的一个重要目标是培养学生的理性精神，所以计算教学中教师不能囿于学生会不会算，更要关注是否理解这样算的道理。

教师认为教学难度不大、学生可以自行掌握算法的计算教学内容，往往是新知与旧知存在较强关联的、教学类似的教学内容，要善于把握新旧知识之间的联系。因为从认知的角度看，数学学习过程是数学认知结构的不断建构（或组织与重新组织）过程。按照皮亚杰的观点，对客体的认识是一个"同化"的过程，即是如何把所说的对象纳入已有的认知框架之中。所以，让学生通过已有的知识与学习经验主动建构，更有利于学生理解算理，并且将新知同化到已有的认知结构中。下面就通过"三位数乘一位数"的课堂教学片段来看教师是怎样利用旧知帮助学生理解算理的。

师：谁来汇报自己是怎么算的。

生：我是用乘法竖式计算的，先用 $2 \times 3 = 6$，再用 9×3 得 27，向百位进 2，最后用 $1 \times 3 = 3$，再加上进上来的 2，结果是 576。

生：我是用加法竖式计算的。

师：你能在黑板上将加法的竖式写出来吗？

（学生在黑板上完成加法竖式，口述计算过程。）

师：还有其他方法吗？（没有学生举手）两位同学的计算结果相同，与我们刚才的估算结果很接近，并且通过加法结果的验证，可以发现结果 576 是正确的。老师想问问大家，你们是用什么方法计算的呢？

（绝大部分学生举手表示是用乘法计算的。）

生：用乘法计算简便，如果是 7 个 192、8 个 192，还是用加法算就会很麻烦。

师：确实如此，不过不能小看了加法，因为乘法计算的道理都在这加法竖式中呢。

（教师请一位同学上黑板写出乘法竖式，并且口述自己乘法竖式的计算过程。）

师：刚才计算 192×3，他是分几步计算的？为什么这样算你们知道吗？这里面的道理我们可以观察加法竖式知道。

（课件出示问题。）

（1）从哪位开始乘起？先算什么？再算什么？最后算什么？

（2）$9 \times 3 = 27$，7 为什么写在十位上？

（3）$1 \times 3 = 3$，3 表示什么？

师：观察加法竖式，思考这三个问题，有想法后和同座互相说一说。

教师在学生算法多样化的基础上，很好地利用了生成资源，巧妙地引导学生利用加法竖式去理解三位数乘一位数的算理，学生很自然地就理解了乘的顺序和每次相乘所得乘积的意义。

二、借助常理帮助学生理解算理

数学知识的来源并不囿于课堂，学生的课外生活是诸多数学知识的来源。教师应当善于将"日常数学"用作学校中数学学习的出发点和必要背景。"一个好的数学教师就应高度重视对于学生文化背景的了解，并应善于把它与学校中的数学教学活动联系起来。"

以"小数除以整数"为例，有的教师以"培养学生自学能力"为名，避谈算理。

师：仔细阅读第59页的例题，想一想，要解决什么问题？为什么要用除法计算？书中提供的计算方法你是怎样理解的？在小组中说一说。

（学生自学课本，然后在小组中讨论。）

师：同学们刚才讨论得很好。书中给我们介绍了三种不同的计算方法，谁来说一说？

（学生复述教材中提供的解法，教师在学生介绍小数除以整数的竖式计算时，完整地描述了一遍计算过程，然后请学生进行练习。）

事实上，教师用书在教材分析中指出：例题仍然以买东西为题材，因为它容易激活已有的经验，有助于领悟算法。教材例题中呈现的三种计算方法，前两种都是借助学生的生活经验，通过将 9.6 元想成 9 元 6 角或者想成 9.6 元可以分成 9 元和 6 角，然后进行计算。"因为这些算法都是接受小数除以整数的认知基础，有助于学生理解小数除以整数的竖式计算。"教师需要考虑的就是怎样将学生已有的"日常数学"与教学中的"学校数学"建立联系，以实现从"日常数学"向"学校数学"的转换。所以，从这个角度看，在从事新的数学学习活动之前，教师就应当重视并且帮助学生唤醒必要的经验和预备知识。

师：刚才我们是用"元"作单位的，所以商要加上小数点。现在你能用计数单位来解释商里为什么要点上小数点吗？

上面的教学片段中，教师很自然地利用生活常理帮助学生自我整理，初步理解算理，再从人民币单位过渡到小数中的计数单位，进一步帮助学生理解小数除以整数的算理，实现了数学的抽象。所以说，教师的工作具有一种化归的性质，即应使对学生来说原先是困难的、抽象的、复杂的东西，转化成较为容易的、具体的、简单的东西。要想实现这种化归，需要建立在对教学要求把握准确的前提下精心组织教学材料、选择教学方法，而要做到这两点，必须对学生的学情有准确的了解。从这个角度看，有效教学是教材、学情、教法的三维统一。

三、借助推理帮助学生理解算理

小学高年级的计算教学中，还可以突出转化思想，通过推理活动来理解算理。例如，教学五年级的除数是小数的除法时，就通过引发学生思考"除数是小数的除法，能不能转化成除数是整数的除法来计算"这个问题，从而帮助学生理解算理，归纳算法。不过，引导学生通过推理活动来理解算理，需要教师在教学方法上重视发挥学生的主体性，否则难有好的教学效果。下面是吴老师教学苏教版六年级上册分数除法的教学片段。

师：幼儿园李老师把 4 个同样大的橘子分给小朋友，每人吃 $\frac{1}{2}$ 个，可以分给几人？解决这个问题，算式怎样列？

生：用 $4 \div \frac{1}{2}$。

师：每人吃 $\frac{1}{2}$ 个，观察下面这幅图，你能想到什么？

$$4 \div \frac{1}{2} = ?$$

生：1 个橘子可以分给 2 个人，4 个橘子可以分给 8 个人。

师：（边说边出示图）是的，因为每人吃 $\frac{1}{2}$ 个，那么 1 个橘子就可以分给 2 个人，4 个橘子就可以分给 8 个人。

$$4 \div \frac{1}{2} = ?$$

师：$4 \div \frac{1}{2}$ 等于几？

生：等于 8。

师：解决这个问题除了用 $4 \div \frac{1}{2}$，还可以怎样列式？

生：还可以用 4×2。

师：那就是说 $4 \div \frac{1}{2} = 4 \times 2$。观察 $\frac{1}{2}$ 和 2，这两个数有什么关系？

生：这两个数互为倒数。

师：也就是说 4 除以 $\frac{1}{2}$ 等于 4 乘 $\frac{1}{2}$ 的倒数。

……

吴老师的教学过程急于引出计算法则，牵引的痕迹较重，导致学生的思考空间不足，这样的学习结果也仅是"会算"而已，学生的学习能力却得不到发展。类似这样的教学内容，教师需要放手让学生探究，因为探究是学生主体性发展的过程，意味着学生认识能力、情感体验、控制能力的提高，是学生独立思考的具体体现，是学生学习方式改善的重要路径。学生的学习不能再是单纯地依赖模仿与记忆，而是他们从自己的现实出发，主动地进行观察、实验、猜测、验证、推理、交流等有效的学习活动，得出有关数学结论的过程。在学生的探究活动过程中，要引导学生探讨"怎样算"和"为什么这样算"，理解算法中的道理；在安排小组讨论时，要引导学生关注他人的算法，把学生间的交流与师生间的交流融合起来，丰富解决问题的视角，理解不同算法的道理，为算法比较作好准备，因为交流过程也是一个理解算理的重要过程。同样，教师还应当准备好学生探究出现困难时的后手，鼓励学生树立信心，在学生遇到困难时，引导学生思考寻求解决问题的方法，例如"你是不是可以通过画图得到问题的解答"，而不是放任自流。从这一角度看，这样的教学过程也正体现了学习并不完全是一种个体行为，同样也有着社会化活动的成分。下面是王老师的教学片段。

（出示：一只鸽子 $\frac{1}{5}$ 小时飞行 12 千米。1 小时行多少千米？）

师：你会用线段图表示条件吗？（学生画图）求鸽子 1 小时飞行多少千米，算式怎么列？

生：求速度用路程除以时间，用 $12 \div \frac{1}{5}$。

师：$12 \div \frac{1}{5}$ 怎样计算呢？你能否根据线段图发现不同的解法呢？

生：$12 \div \dfrac{1}{5} = 12 \div 0.2 = 60$（千米）。

师：这是转化成整数除以小数进行计算。

生：只要用 12×5 就行了。

师：为什么乘 5？能在图中解释一下吗？

生：1 小时里有 5 个 $\dfrac{1}{5}$ 小时，每 $\dfrac{1}{5}$ 小时飞 12 千米，1 小时就可以飞 5 个 12 千米。

师：解释得非常清楚，从图中可以清楚地看出来 1 小时飞行的千米数就是 5 个 12 千米。那说明 $12 \div \dfrac{1}{5}$ 与 12×5 的结果应该怎样？

生：结果应该相等，因为都是求鸽子飞行的速度。

师：结果是多少呢？

生：$12 \div \dfrac{1}{5} = 60$。

师：你是怎么想的？

生：$12 \div \dfrac{1}{5}$ 和 12×5 都是求鸽子 1 小时飞行的路程，应该相等。

生：$12 \div \dfrac{1}{5}$ 等于乘 $\dfrac{1}{5}$ 的倒数。

师：你怎么想到的？

生：因为 $12 \div \dfrac{1}{5} = 12 \times 5$，5 是 $\dfrac{1}{5}$ 的倒数。

师：从一个例子推想出来的结论，是否适用于所有的例子呢？这时可称之为猜想。想证明猜想是正确的，你认为应该怎么办？

生：我们可以再举其他的例子。

（教师出示两个问题。）

① 蜜蜂的速度

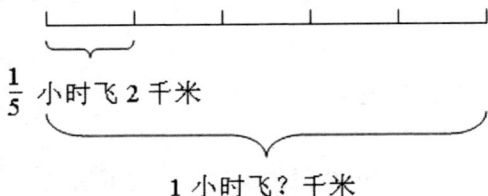

$\dfrac{1}{5}$ 小时飞 2 千米

1 小时飞？千米

② 猫的速度

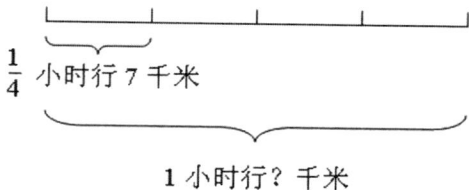

$\dfrac{1}{4}$ 小时行 7 千米

1 小时行？千米

师：自己试一试，看这两题的计算过程符合刚才的猜想吗？在小组中说一说。

师：（在组织学生讨论后，发现现有的验证只验证了整数除以几分之一的情况，进一步提问）能否说明猜想适用于所有整数除以分数的情况呢？

（继续提出一个问题。）

一只蝴蝶 $\dfrac{(\quad)}{4}$ 小时可飞行 （　　） 千米，1 小时可飞行多少千米？

师：你想知道四分之几小时飞行的千米数？为什么？

生：我想知道蝴蝶 $\dfrac{3}{4}$ 小时飞行的路程，因为 $\dfrac{2}{4}$ 小时就是 $\dfrac{1}{2}$ 小时，和刚才验证的重复了。

生：我想知道蝴蝶 $\dfrac{5}{4}$ 小时飞行的路程，因为我们刚才验证的都是真分数，还没有验证除数是假分数的情况。

（教师分别给学生提供数据后，学生在小组中继续交流验证结果。）

……

从上面的教学片段中，不难发现教师留给学生探究的空间大了，教学过程中教师有意识地渗透数形结合的方法，引导学生运用转化思想，化未知为已知，培养学生的验算意识，关注学生元认知能力的形成。所以，"放手"并不意味着教师置身事外，教师需要组织好探究内容的次序，组织学生探究活动中需要关注的数学问题。正如冯·格拉塞斯菲尔德指出：我们应该把知识与能力看成个人组织其经验的产物，教师的作用将不再是讲授"事实"，而是帮助和指导学生对特定领域的经验进行概念化的组织。根据他的观点，教师的首要任务在于为学生指明适当的方向，使他们能够借助特定的经验获得知识。

参考文献

［1］曹才翰，章建跃．数学教育心理学［M］．第二版．北京：北京师范大学出版社，2006.

［2］郑毓信．数学教育哲学［M］．成都：四川教育出版社，2001.

［3］郑毓信．数学哲学与数学教育哲学［M］．南京：江苏教育出版社，2007.

［4］郑毓信．数学教育：从理论到实践——热点透视与个案点评［M］．第二辑：上海：上海教育出版社，2001.

［5］徐斌艳．学生算法概念建构中的认知结构研究［M］．第二辑．上海：华东师范大学出版社，2003.

案例 "笔算两、三位数乘一位数（不进位）"教学实录

南京市建邺区教师发展中心　王凌　设计

南京师范大学附属中学新城小学　刘昕宇　执教

教学目标

1. 理解两、三位数乘一位数的笔算算理，掌握两、三位数乘一位数的笔算方法，并能正确进行两、三位数乘一位数（不进位）的笔算。

2. 经历两、三位数乘一位数（不进位）计算过程的探究，初步学会乘法竖式的书写格式，了解竖式每一步的计算含义。

3. 培养独立思考能力及合作交流的学习习惯，体验计算方法的多样化，发展初步的逻辑思维能力。

教学过程

一、复习旧知，激活思维

1. 算一算

师：今天学习新知识前，老师要检查一下咱们班小朋友的口算情况。

$20×3=$	$4×30=$	$20×4=$
$500×3=$	$400×2=$	$30×5=$
$60×6=$	$3×900=$	$500×8=$

2. 复习整十数、整百数乘一位数的口算方法

师：你们算得这么快有什么秘诀吗？例如这里的$400×2$，你是怎么算的？

生：$400×2$，先算$4×2=8$，再算$400×2=800$。

师：那这里500后面有2个0，为什么积的后面有3个0呢？

生：因为刚开始算$5×8=40$，40后面就有一个0了，所以积后面再添2个0，就有3个0了。

师：说得真好！除了像这样整十数、整百数乘一位数，很多情况下，也有其他的两、三位数乘一位数。

二、多种表征，探索算法

1. 出示情境图，湖面上飞过 3 队大雁，每队 12 只。

师：从图中你知道了哪些数学信息？

生：第一个条件是有 3 队大雁，第二个条件是每队有 12 只。

师：你能根据这两个条件提出一个数学问题吗？

生：一共有多少只大雁？

师：要想解决这个问题，你会列式吗？

生：用乘法算式，12×3。

师：知道得数是多少吗？（生纷纷举手）相信不少小朋友已经有了答案。

生：36。

2. 自主探索、交流算法

师：那得数到底是不是 36 呢？可以用不同的方法来验证一下。

出示活动要求。

（1）尝试用不同的方法验证结果。

（2）在小组内交流自己的方法。

师：请 4 人为一个小组，按照活动要求，展开讨论，看看哪一组想到的方法最多。

学生合作探究，教师巡视。

师：大家想到了不同的方法，谁愿意先上来展示一下？

生：我用的摆小棒的方法摆出来的。

师：请你上黑板来摆一摆，现在摆的是多少根？

生：36 根。

师：怎样一眼看出来是 36 根的？

生：捆在一起的有 10 根，一共摆了 3 捆，是 30 根，还剩下 3 个 2 根，是 6 根，合起来 36 根。

师：通过摆小棒，可以直观看出来结果是 36。还有不同的验证方法吗？

生：可以用 12+12+12。（板书：12+12+12 加法竖式）

师：你能说一说你是怎么算的吗？

生：先算 3 个 2 相加，得 6 个一，再算 3 个 1 相加，得 3 个十。

师：根据乘法的意义来理解，把乘法转化成加法来计算。还有不同的方法吗？

生 1：12×3 可以这样算，先算个位 3×2＝6，再算十位 3×10＝30，再用 30+6＝36。

生 2：也可以先算 3×10＝30，再算 3×2＝6，最后用 30+6＝36。

师：比较这两种算法有什么相同的地方？谁来说一说。

生 1：得数相同，都是 36。

生 2：都是把 12 分成 10 和 2，分别算出 3 个 10 和 3 个 2 各是多少，再把它们合起来。

师：看来这两种方法也验证了得数是 36。还有不同方法吗？

生：可以用乘法竖式。

3. 探究笔算方法

师：这是我们没有学习过的新方法，请一个小朋友上黑板列竖式，其他小朋友仔细看看他是怎么列竖式的。

生板书：
$$\begin{array}{r} 1\ \ 2 \\ \times\ 3 \\ \hline \end{array}$$

师：写到这里，列乘法竖式时你有什么要提醒大家注意的地方？

生：列竖式时，把大的数写在上面，小的数写在下面，这样方便我们运算。

师：也就是说，两位数乘一位数列竖式时，一般将位数多的放在上面，位数少的放在下面。

师：请你继续写，说一说你是怎么算的？

生：先算个位上 3×2，得 6，写在个位，再算十位上 3×1，得 3，写在十位。

师：学到这里，你知道乘法竖式从哪一位乘起吗？

生：个位。

生：高位也可以。

师：到底从哪一位乘起呢？我们不妨回过头来看看以前学习过的加法竖

式，在加法竖式中 3 个 12 连加，从哪一位算起？先算什么？

生：个位，先算 2+2+2。

师：个位上 3 个 2 相加，是几乘几？

生：3×2。

师：在加法竖式中能找到 3×2 吗？（能）用手指一指。

师：接下来算哪一位？

生：十位，1+1+1。

师：3 个 1 相加，就是几乘几？

生：3×1。

师：在加法竖式中能找到 3×1 吗？用手指一指。

师：现在你知道乘法竖式从哪一位乘起了吗？

生：从个位乘起。

师：明白从个位乘起，你能看着黑板说一说，12×3 是怎样用竖式计算的吗？

生：先算 2×3＝6，再算 1×3＝3。

师：我们在列乘法竖式时，一般这样说：用 3 乘个位上的 2 得 6 个一，再用 3 乘十位上的 1 得 3 个十，加起来是 36。今天所学乘法竖式和以前学习的加法竖式之间有什么联系？

生：都分成 3 步。先算 3×2＝6，再算 10×3＝30，最后加起来等于 36。

师：下次拿到 3 个 12 相加，你愿意用加法竖式，还是乘法竖式来计算呢？

生：乘法竖式，比较简便。

4. 比较归纳

师：聪明的小朋友们想了这么多方法证明结果是 36，请你比一比这些方法，有什么相同点和不同点？和你小组的成员交流一下。

生：相同点是得数都是 36，都是算 3 个 10、3 个 2 分别是多少，再把他们加起来。不同的是有的从十位乘起，有的从个位乘起。

5. 练一练

师：现在你们会列乘法竖式了吗？

出示：
$$
\begin{array}{cc}
3\ 4 & 2\ 3 \\
\times\ 2 & \times\ 3
\end{array}
$$

师：先说一说乘的顺序，再完成在随堂本上。

集体校对。

师：如果要想检验自己算得是否正确，可以用再乘一遍的方法来验算。

6. 试一试

师：两位数乘一位数，你们会算了，那三位数乘一位数，你们会算吗？

出示：3×312＝

指一名学生，上黑板列竖式。

师：其他小朋友看看，他列的竖式和你想的一样吗？

生板书：
$$
\begin{array}{r}
3\ 1\ 2 \\
\times \qquad 3 \\
\hline
\end{array}
$$

师：先观察这里的横式和竖式有什么不同？

生：横式是一位数 3 在前面，竖式是三位数 312 在上面了。

师：是啊，为了方便计算，我们在列乘法竖式时一般将位数多的放在上面，位数少的放在下面。

师：请你像这样列竖式，在随堂本上算一算。算得的结果是多少？

生：936。

师：谁来说一说你是怎么算的？先算什么？再算什么？

生：先算 3×2＝6，写在个位上；再算 3×1＝3，写在十位上；最后算 3×3＝9，写在百位上。

师：怎样验证这个结果呢？

生：加法竖式。

师：没错，312×3 可以想成 312＋312＋312。

师：个位就是几×几？（3×2）十位就是几×几？（3×1）百位就是几×几？（3×3）

师：那乘法竖式中，3×3 得到的 9 表示什么？写在哪个数位上？

生：表示 9 个百，写在百位上。

师：别忘了把横式的结果补充完整。

三、基础练习，巩固算法

1. 比一比

出示 3 道横式计算：

42×2＝   243×2＝   4×112＝

师：比一比谁算得又快又准。做好的小朋友，请你任选一道题，和同桌互相说一说乘的顺序。

集体校对。

师：通过这几道题计算，你能说说看怎样列竖式计算两、三位数乘一位数吗？

生：相同数位对齐，从个位乘起，用一位数分别去乘另一个数的个位、十位、百位，乘到哪一位积就写在哪一位上。

2. 做一做

师：学会了两、三位数乘一位数的竖式计算，我们一起来看看这道实际问题。

去年放养鱼苗 342 尾，今年放养的鱼苗尾数是去年的 2 倍，今年放养了多少尾？

师：会列式吗？请把这道题目完整地写在随堂本上。

四、拓展延伸，提升能力

1. 猜一猜

师：《疯狂动物城》你们看过吗？瞧，可爱的小动物们也来到了我们的课堂上，你能猜出它们后面藏着的数字吗？记住哦，每个小动物的身后藏了一个数字。

课件依次出示：

生 1：第一个，尼克身后是 3，3×3＝9，判断出尼克是 3，那 3×1＝3，朱迪应该是 3。

生 2：第二个，尼克是 3，6÷2＝3，朱迪表示 1，2÷2 等于 1。

生 3：我觉得鲍警官身后可能为 4，下面是 9。

师：可能吗？

生：（齐）可能。

生 4：我觉得鲍警官后面 1~9 都可以。

师：同意吗？

生：我不同意，假设鲍警官后面是 5，下面就是 10，要占两位，而每个

190

小动物身后只有一个数字。

师：那鲍警官身后的数字最大是几？

生：4。

师：谁能有序地说一说吗？

生：如果上面是1，下面填2；上面是2；下面填4；上面是3，下面填6；上面是4，下面填8。

师：说得非常完整，我们把掌声送给他。

2. 估一估

师：看来大家已经和这些小动物们成为好朋友了，朱迪和尼克想邀请我们去看演唱会呢，想去看看吗？

朱迪说："哇，演唱会的人真多呀！"

尼克说："是啊，每个区能坐212人呢，3个区一共有多少个座位呢？"

师：豹警官、朱迪、尼克分别给出了答案，但三个人中只有一个人是正确的。如果不计算你能快速地判断谁是正确的吗？

生：我觉得尼克说得对。因为212可以看作200，200×3，我们可以口算出是600。

3. 想一想

师：看完演唱会，朱迪来到了动物广场，她发现广场每隔21米就有一盏漂亮的街灯，朱迪从第1盏灯跑到第4盏灯，朱迪一共跑了多少米？

师：独立思考，完成在随堂本上。

师：谁愿意来和我们分享下自己的想法？

生：21×4＝84（米）。

师：同意吗？

生：不同意。（有学生举手）

师：说说你是怎么想的？

生：这里从第1盏灯跑到第4盏灯，中间只要跑3段路，画个图就看出来了，所以应该用21×3。

师：请你上黑板画一画，其他小朋友看仔细了。

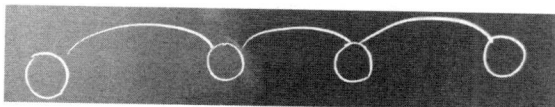

生：4盏灯中间有3个21米。

师：看明白了吗？更正一下自己的算式。

师：通过这道题，你有什么启发？

生：算这道题目不能只看有多少盏灯，要看段数，我们可以画一个图来理解。

五、畅谈收获，总结提升

师：今天我们学习了新的知识，回顾一下，通过本节课的学习你有什么收获呢？

生1：我知道了写两、三位数乘一位数笔算的时候，位数多的数放在上面，位数少的数放在下面。

生2：我明白了乘法竖式要从个位乘起。

生3：我学会列乘法竖式，用一位数分别去乘另一个数的个位、十位、百位，乘到哪一位积就写在哪一位上。

师：找到了方法也就找到学习的金钥匙了，把掌声送给最棒的自己！愿小朋友们在今后的学习道路上一路奔跑，一路收获！

分数除以整数

教学目标

1. 理解分数除法的意义与整数除法的意义相同，促进知识的迁移和整合。

2. 利用已有的知识基础推导分数除以整数的计算方法，并能正确计算分数除以整数。

3. 发挥自主学习，在算法多样化的基础上形成算法的优化，促进分析、比较能力的发展。

教学过程

一、复习

同学们，你能口算 95930÷362 等于多少吗？为什么？（学生回答数据太大，不好口算）

如果已知 265×362＝95930，你能说出答案吗？为什么？

（引导学生说出整数除法的意义：已知两个因数的积和其中一个因数，求另一个因数的运算）

二、教学分数除法的意义

1. $\frac{2}{7}×$（   ）$= 1$，括号内填几分之几？为什么？

2. 根据这道乘法算式，你能说两道除法算式吗？根据是什么？（引导说出分数除法的意义）

三、教学分数除以整数的计算法则

1. 这节课我们学习分数除法（板书课题）

2. 同学们已经了解分数除法的意义了，你还想学习关于分数除法的什么知识？（分数除法的计算方法）

3. 事实上，有一些分数除法同学们是会计算的。下面口算几题。

$$\frac{7}{8} \div \frac{7}{8} \qquad 0 \div \frac{5}{9} \qquad 1 \div \frac{4}{9} \qquad \frac{3}{4} \div 1$$

你是根据什么知识口算这几道题的？

4. 上面这四道题是一些特殊的分数除法，我们继续学习其他的分数除法。

出示例题：一张纸的 $\frac{3}{4}$ 平均分成 3 份，每份是这张纸的几分之几？

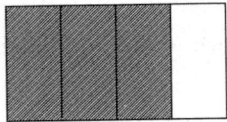

怎样列式？（学生可能会说 $\frac{3}{4} \div 3$ 或者 $\frac{3}{4} \times \frac{1}{3}$）

你能根据图说出算式的结果吗？怎样证明这个结果是正确的呢？（引导学生从多个角度证明结果的正确性：可以通过折纸；可以通过两道算式结果的相互验证；可以说明 3 个 $\frac{1}{4}$ 等分 3 份，每份是 1 个 $\frac{1}{4}$）

根据学生的回答板书。

$$\frac{3}{4} \div 3 = \frac{3 \div 3}{4} = \frac{1}{4}$$

你能归纳这种分数除以整数的计算方法吗？（分数除以整数，用分子除以整数的商作分子，分母不变）

5. 用这种方法口算

$$\frac{6}{7} \div 3 \qquad \frac{4}{5} \div 4 \qquad \frac{5}{8} \div 5 \qquad \frac{4}{9} \div 2$$

6. 质疑

你认为这种计算方法适用于所有的分数除以整数吗？能举例说明吗？

7. 小组讨论，自主学习分数除以整数

用学生所举的例子作为教学例题（例如 $\frac{1}{5} \div 3$），在数学学习过程中，我们经常遇到新问题，这时需要考虑如何将新问题转化为已学过的旧知。现在看一看，我们已经掌握了哪些分数除法的知识。

（1）分数除以整数，用分子除以整数的商作分子，分母不变。

（2）1 除以一个分数，结果是该分数的倒数。

（3）一个分数除以 1，结果是原分数。

你能将 $\frac{1}{5} \div 3$ 转化成已经掌握的分数除法吗？小组讨论并将讨论结果记录下来。

8. 小组汇报

（1）$\frac{1}{5} \div 3 = \frac{3}{15} \div 3 = \frac{1}{15}$

（2）$\frac{1}{5} \div 3 = (\frac{1}{5} \times 5) \div (3 \times 5) = 1 \div 15 = \frac{1}{15}$

（3）$\frac{1}{5} \div 3 = (\frac{1}{5} \times \frac{1}{3}) \div (3 \times \frac{1}{3}) = \frac{1}{5} \times \frac{1}{3} \div 1 = \frac{1}{15}$

（4）……（图略）

你能归纳自己小组讨论的分数除以整数的计算方法吗？

（1）现将分子和分母同时扩大相同的倍数，使除数能整除分子，再用前面的方法计算。

（2）利用商不变性质，将分数除以整数转化成 1 除以一个数，再计算。

（3）利用商不变性质，将分数除以整数转化成一个分数除以 1，再计算。

（4）画图可以发现答案。

9. 观察第三种方法

$$\frac{1}{5} \div 3 = (\frac{1}{5} \times \frac{1}{3}) \div (3 \times \frac{1}{3}) = \frac{1}{5} \times \frac{1}{3} \div 1 = \frac{1}{15}$$

这个计算过程还可以更简洁些，你能看出来吗？

化简得：$\frac{1}{5} \div 3 = (\frac{1}{5} \times \frac{1}{3}) \div (3 \times \frac{1}{3}) = \frac{1}{5} \times \frac{1}{3} = \frac{1}{15}$

观察 $\frac{1}{5} \div 3 = \frac{1}{5} \times \frac{1}{3}$，你能说一说吗？（引导学生说出分数除以整数，等于分数乘整数的倒数）

10. 计算方法的优化

刚才小组讨论时，每组用一种方法计算了 $\frac{1}{5} \div 3$，现在你能用其他的方法计算一下吗？

学生计算后提问：你认为哪种方法最好？为什么？

（在这里不强求统一，估计大多数同学喜欢用分数乘以整数的倒数这种方法。关键在于引导学生说出为什么这种方法好，不仅是计算简便，而且该方法适用于所有的分数除以一个非零的整数，具有普遍性。）

总结分数除以整数的计算法则：分数除以整数（零除外），等于分数乘整数的倒数。

11. 对其他的方法，你有什么要说的吗？

（引导说出当分子能被整数整除时，可以直接用分子除以整数的商作分子、分母不变的方法。培养学生从不同角度观察、分析问题。）

四、课堂练习

1. 计算下列各题

$$\frac{9}{10} \div 3 \qquad \frac{3}{8} \div 2 \qquad \frac{3}{4} \div 6 \qquad \frac{5}{6} \div 2$$

2. 讨论题

$\frac{1}{3} \div a$ 和 $\frac{1}{a} \div 3$（$a \neq 0$），哪道题的结果大？为什么？

案例　　"整数除以分数"教学设计

教学目标

1. 通过自主探究、合作交流，理解整数除以分数的计算方法。

2. 能正确计算整数除以分数，并能解决简单的数学问题。

3. 学生在学习活动中能进行观察、抽象、猜想、验证等数学活动，获得良好的学习情感。

教学过程

一、引入课题

1. 同学们，喜欢动物吗？这节课我们就通过数学来了解几种动物的情况。古代有一种动物被称作人们的邮递员，知道它是谁吗？鸽子每小时可飞多少千米呢？

2. 有这样一组信息

出示：一只鸽子 $\frac{1}{5}$ 小时飞行 12 千米。1 小时行多少千米？

你会用线段图表示条件吗？

求鸽子 1 小时飞行多少千米，算式怎么列？

这是整数除以分数（板书课题）。

二、探究新知

1. $12 \div \frac{1}{5}$ 怎样计算呢？你能否根据线段图发现不同的解法呢？

学生可能有以下三种方法。

$$12 \div \frac{1}{5} = 12 \div 0.2$$

这是转化成整数除以小数进行计算。

12×5

为什么乘 5？能在图中解释一下吗？

$$12÷\frac{1}{5}=60$$

2. $12÷\frac{1}{5}$的结果是多少？你是怎么想的？

学生可能会有：

（1）$12÷\frac{1}{5}$和 12×5 都是求鸽子 1 小时飞行的路程，应该相等。

（2）$12÷\frac{1}{5}$等于乘$\frac{1}{5}$的倒数。

提问：你怎么想到的？

从一个例子推想出来的结论，是否适用于所有的例子呢？这时可称之为猜想。想证明猜想是正确的，你认为应该怎么办？

3. 出示：

一只蝴蝶$\frac{(\ \ \ )}{4}$小时可飞行（　　　）千米，1 小时可飞行多少千米？

你想知道四分之几小时飞行的千米数？为什么？

补充$\frac{3}{4}$小时可飞行 24 千米。

算式怎么列？怎样计算呢？先独立思考，然后小组讨论。

学生可能有：

$24×\frac{4}{3}$，$24×3÷4$，$24×\frac{1}{3}×4$，$24÷3+24$，$24÷0.75$

如果$24×\frac{4}{3}$是正确的，结果应是相同的，验证一下。

这些算式之间有没有内在的联系呢？能否转化成$24×\frac{4}{3}$呢？

教师引导完成：

$$24×\frac{1}{3}×4=24×\frac{4}{3}$$

$$24÷3×4=24×\frac{1}{3}×4=24×\frac{4}{3}$$

$$24÷3+24=24×\frac{1}{3}+24=24×\frac{4}{3}$$

4. 猜想正确吗? 用不同的事例来证明猜想是非常了不起的办法, 老师告诉你们, 猜想是对的。在中学的学习中, 同学们还会学习如何证明猜想。

(若有化成除以小数的, 提问: 两种计算方法, 哪种更好?)

计算整数除以分数, 哪种方法最方便?

三、巩固练习

1. $4 \div \dfrac{2}{3} = 4 \times ($ $)$ $2 \div \dfrac{1}{5} = 2 \times ($ $)$

2. P35. 练一练 1

3. 计算 $8 \div \dfrac{2}{3}$ $10 \div \dfrac{15}{16}$

四、解决问题

1. 我们知道, 蝙蝠会捉苍蝇吃。蝙蝠除了利用超声波之外, 蝙蝠飞行速度比苍蝇快也是有利因素。(师出示下列信息)

苍蝇 $\dfrac{2}{3}$ 小时可飞 4 千米

蝙蝠 $\dfrac{2}{9}$ 小时可飞 4 千米

你能计算它们的速度各是多少吗?

2. 游戏: 请每个同学想一个整数 (最好想一个偶数), 想好后用这个偶数除以 $\dfrac{2}{3}$, 除得的商不要说出来。再用商除以 $\dfrac{3}{4}$, 这时只要你告诉我最后的商是多少, 我就能猜出你想的那个数是多少。(师生游戏)

案例　　"不含括号的三步计算式题"教学设计
南京市建邺区教师发展中心　　王凌　设计
南京市建邺区城路小学　　崔宏宇　执教

教学目标

1. 在解决简单的实际问题的过程中，联系现实问题中的数量关系，理解和掌握不含括号的三步混合运算的运算顺序，并能正确地进行计算。

2. 在按顺序进行计算和运用学过的计算解决实际问题的过程中，进一步增强策略意识，感受数学的应用价值，提高解决实际问题的能力。

一、自主探究运算顺序

出示情境图：买书付了150元，又买了5支笔，每盒6支，每盒120元，一共要付多少元？

自己独立完成，然后在小组中说说你的想法。

全班反馈交流。

解法1：分步计算，120÷6 = 20（元），20×5 = 100（元），150+100 = 250（元）。引导学生说出每步计算的意义：根据每盒笔120元，每盒6支，可以算出一支笔20元，再根据要买5支笔，求出5支笔需要100元，最后算出一共要付250元。

解法2：列综合算式计算，教师要请学生说出每步运算所求的是什么。

$$120÷6×5+150 \qquad 150+120÷6×5$$
$$= 20×5+150 \qquad = 150+20×5$$
$$= 100+150 \qquad = 150+100$$
$$= 250（元） \qquad = 250（元）$$

比一比解题思路和计算过程，有哪些相同点？又有哪些不同点？

引导学生发现都是先算5支笔的总价，再求一共要付多少元。有的是分步解答，有的是列综合算式解答。

揭题：今天学习不含括号的三步混合综合运算，我们都是怎么算的呀？

观察这两道综合算式的解答过程，运算顺序是怎样的？

怎样规范地书写呢，先算 $120÷6$，为了看得更清楚，在它的下面画上横线，不算的部分照抄下来，等于 $150+20×5$；再算 $20×5$，等于 $150+100$，结果是 250 元。

【设计意图】学生已经学习过两步计算的混合运算，了解混合运算的运算顺序，从两步混合运算发展到三步混合运算，可以借由原有的知识经验进行迁移，借助旧知学习新知，有利于学生把握新旧知识之间的联系。

二、巩固练习，掌握书写格式

出示：$45-20×6÷5$，谁说一说这道题的运算顺序？$28+84÷7-13$ 的运算顺序呢？

独立完成，反馈校对。

【设计意图】本节课要掌握三步混合运算的运算顺序，能正确计算三步混合运算，形成技能。因此在借助旧知掌握运算顺序之后，安排巩固练习，了解书写格式。这样安排有利于学生正确计算并形成相应的技能。

三、教学例题，掌握书写格式

1. 出示：每副象棋 12 元，每副围棋 15 元，如果买 3 副象棋和 4 副围棋，一共要付多少元？

请大家列出综合算式进行解答。

反馈校对。

观察这两道算式，有什么不同的地方？

$$12×3+15×4$$
$$= 36+15×4$$
$$= 36+60$$
$$= 96（元）$$

$$12×3+15×4$$
$$= 36+60$$
$$= 96（元）$$

加法左、右两边的乘法能不能同时计算呢？和你的同桌小声地交流一下。

结合题目的意思，不管先算象棋的价钱还是先算围棋的价钱，都是可以的，不会影响结果。所以可以同时计算，这样书写更加简洁。

2. 出示：小刚和小芳去体育用品店买一些东西，小刚要买 1 个乒乓球，小芳要买 3 根跳绳，每盒乒乓球有 6 个，共 18 元，每根跳绳 15 元，小芳比小刚多付多少元？

列综合算式独立解答，反馈校对。

小结：像这样，加、减法在中间，乘、除法在两边的混合运算，乘法和除法可以同时计算，这样书写比较简洁。

【设计意图】对于两边可以同时计算的混合运算，学生重点学习的是书写格式，要理解这样书写的合理性。教学时，先安排的数学问题与旧知联系紧密，有利于学生掌握运算顺序和书写格式。再安排左右两边同时计算的数学问题，这时学生已经有了相应的基础，只要理解同时计算的合理性与书写格式就可以了。这样的教学顺序，体现了从一般到特殊的变化过程，循序渐进，环环相扣，降低了学习难度，既突出了掌握运算顺序这一教学重点，也有效解决了左右两边可以同时计算这一教学难点。

四、发现游戏中的三步混合运算

1. 根据所给的数和符号，自己编出一道三步计算的综合算式。

80、40、4、2、×、÷、−。

全班反馈交流。

2. 如果要求算式中乘法和除法同时计算，并且结果最大。算式应该怎样列呢？

自己试着先写一写，再和自己的同桌说一说。

反馈校对。

3. 如果要求算式中乘法和除法同时计算，并且结果最小。算式应该怎样列呢？

自己试着先写一写，再和自己的同桌说一说。

反馈校对。

理解算理：自主建构　促进理解

　　加法和乘法的运算律，不仅对整数运算适用，对小数、分数的运算，乃至中学阶段的有理数、实数的运算也同样适用，是小学数学知识体系中最重要、最基础的知识之一。其中的教学难点是：理解并掌握乘法分配律的含义。可以说，乘法分配律是小学运算律教学中最具有挑战性的教学内容，不少学生在当堂学习中貌似掌握了，但是在后续的学习中仍会出现理解性错误。究其原因，学生没有真正理解乘法分配律的意义，只是在教师的安排下经历了教师预设的教学流程，缺少自我的意义建构。

　　教师通常的教学过程一般是这样的：呈现例题，引出可以用两种不同的方法解决，比较两道算式，发现其结果是相同的。进而，教师呈现两道有联系的算式，让学生观察并判断结果是否相等，并通过计算证明。再让学生照这个样子写出两道结果相同的算式，通过全班交流发现规律，并且用字母表示出来，教师指出这就是乘法分配律。接下来通过练习进行巩固。

　　学生的学习过程虽然结合情境，在解决问题的过程中初步感知乘法分配律，但是理解乘法分配律的核心环节是通过模仿写两道得数相等的算式完成的，在这个过程中尽管有观察、猜想、举例和验证，但是缺少解释，因而无法有效进行建构活动。所以，在学生的练习中不难发现"$25×（4+40）=25×4+40$"这样的错例。尽管也有教师借助乘法的意义帮助学生理解，如4个32加6个32，就相当于计算10个32是多少，这样的理解方式对于计算"$32×4+32×6=32×（4+6）$"特别适用，但是并没有涵盖其他情况。所以，乘法分配律的教学必须重视学生自主建构数学模型，达成对概念本身的深刻理解。吴仲和博士指出，学数学必须懂数学。可以从知晓、解释和应用三个方面去促进理解。对数学知识进行解释，可以通过建立数学模型来达成。《普通高中数学课程标准（2017年版）》中指出"提升学生的数学素养，引导学生会用数学眼光观察世界，会用数学思维思考世界，会用数学语言表达世界"，简明扼要地"概括数学学科核心素养的精髓"。史宁中教授也对此给出了具体的阐述,"数学模型:让学生学会'用数学的语言说'……数学模型是用数学语言讲述现实世界的故事,是沟通数学与现实世界的桥梁。"后面的课例清晰地展现了教师如何引导学生通过自主建构数学模型达成对乘法分配律的理解。

首先,教师聚焦于学生的数学模型建构。因此在例题教学时,并不满足于通过计算结果证明两道算式相等,而是引出一个开放性的问题"你们有办法证明这两道算式是相等的吗",学生中有通过计算结果发现的,有通过画矩形图来说明的,也有学生将例题用数据形象地画图进行表示。这样的教学给了学生充分的空间,让学生用自己的认知方式去对两道算式的关系进行表征,通过交流反馈丰富了学生的认知路径和表达方式。教师继续用点子图对两道算式的关系进行了解释,并且通过对 10 个 24 不同分解方式的讨论发现更多的具有联系的两道算式,让学生在丰富的学习素材中初步感知乘法分配律。

其次,小学生对乘法分配律的模型结构有不同的理解和表示方法。以 $(2+3) \times 4$ 为例,可以理解成 2 个 4 加上 3 个 4,结果是 5 个 4;也可以理解成 4 个 2 加上 4 个 3,结果是 4 个 $(2+3)$。这两种方式我们可以称之为数字表征。所以学生关于乘法分配律的数学模型可以分成两类,一类是几何表征,通常用矩形图的面积关系来表示乘法分配律;一类是数字表征。例题中的情境结构,反映了数字结构中的一种情况,另一种情况虽然不难理解,对于学生来说属于默会知识,但怎样将默会知识有效唤醒,需要教师合理组织。教师紧接着安排了买上衣和裤子的实际问题,这一问题源自上一版苏教版教材的例题。这样的安排既让所有学生有通过数学模型解释算式联系的机会,同时也很好地补充了乘法分配律的数字表征,进一步丰富学生对乘法分配律数学模型的建构活动。

教师并没有急于抽象归纳乘法分配律,而是进一步安排教学活动,引导学生写出与已知算式相等的算式并用数学模型解释,帮助学生内化知识本质。在学生的作品中可以发现对于同一算式的不同理解方式,但是同学们都用自己的数学理解建构起相应的数学模型进行解释。

至此,对于乘法分配律的抽象归纳就显得水到渠成。教师通过对已有学习素材组织学生进行观察比较,最终抽象出乘法分配律。教师又联系前面已学的知识,引导学生观察、分析,用新知的数学模型,对过去已知的事实,做出回溯性的科学解释，更进一步理解乘法分配律的意义。这无疑是在向学生渗透一个观点：数学学习过程中要学会寻求知识之间的联系，并善于通过比较发现其中的异同。这是非常重要的学习方法，通过这样的学习过程更"精致"地把握概念，对概念的精致越充分，越能导致良好的回忆。从教学过程中分析，希望教师关注以下五个方面。

第一，既要关注数学知识的言语描述，也要关注数学知识的本质揭露。知识是学习主体与学习环境相互作用而最终为学习主体自主建构的，其建构过程是数学知识在人脑中的能动反映，是学生对数学知识的主观表征。对教学的启示则在于要让学生利用已有的知识和经验自主地去对新知进行建构。老师要求学生用自己的方法说明两道有联系的算式结果是相等的，正是让学生主动建构新知的数学活动。教师如果只让学生孤立地记忆新知，机械地通过练习形成技能，学生的知识结构必然是碎片化的，并且因为缺乏对知识的本质理解，也难以在今后的学习中合理地应用。关注学生对知识的自主建构，用自己的方式去解释知识是应该引起教师高度重视的。早在课程改革之初，《义务教育数学课程标准（实验稿）》就主张数学教学"从学生已有的生活经验出发，让学生亲身经历将实际问题抽象成数学模型并进行解释与应用的过程。"

第二，借助几何直观，逐步引导学生将实际问题抽象成数学模型的过程。徐利治教授认为："数学模型乃是针对或参照某种事物系统的特征或数量相依关系，采用形式化数学语言，概况地或近似地表述出来的一种数学结构。"对教师来说，我们必须正视儿童的建立模型的过程是逐步推进的。因此建立模型的过程也必然是从直观逐步发展到抽象的模型结构。学生首先从具体情境中抽象出数学问题，并且用直观的方式表达求解思路，合理地将算式中各部分之间的关系形象地表示，凸显两道算式之间的联系。同样需要正视的是儿童学习概念时不可能一蹴而就，在这个过程中，数量、变式、典型性是教师提供的学习素材中非常重要的性质。科学模型只有在人们对于客体已具有一定认识，积累了一定知识、数据和资料的基础上才有可能建立起来。所以教师提供具有相同规律却又具有变式的学习素材，让学生在学习过程中不断地丰富对于乘法分配律的图式，学生逐渐学会舍弃无关紧要的细节，正如学生所说："我的想法和他差不多，但是我没有画衣服和裤子，因为换个题目就可能是其他东西了。"从而化繁为简，抓住规律本身，发现解决问题的关键，并最终从多个等式的共性规律中发现乘法分配律。

第三，教师要善于从学生的错误中分析错误原因，并且在教学中寻求合适的教学方法。对于乘法分配律的意义理解，为什么有的教师利用乘法的意义进行教学，也没有取得满意的教学效果？首先，没有重视学生的自主建构，仅靠教师的单向传授，学生并没有自觉地将原有概念有效激活，缺少对新概念的内涵与外延进行"深加工"，因此原有知识并没有与新概念建立联系，难以在后续学习中进行精准把握。其次，必须重视对乘法分配律的理解需要从不同的角度进行解释。乘法的意义对于理解 3×37+7×37 比较合适，矩形图对于理解 25×（4+40）比较合适。我们又必须尊重儿童学习新知的认知路径，正如进行文本解读时，"一千个读者会读出一千个哈姆雷特"，对同一个数学概念的理解也必然会有不同的建构方式。在教学设计时，既要考虑开放探究空间，营造好的学习环境，引导学生主动建构，提供合适的学习素材，便于学生联系已有经验，结合不同的数学问题去尝试建立不同的数学模型。同时，又必须组织开展交流活动，丰富学生对于同一问题的模型认识，利于学生理解乘法分配律的意义。

第四，避免孤立地教学新知，要善于在概念的系统中教学概念。任何数学知识的教学，教师都应主动关注知识之间的联系，并且要担任好先行组织者的工作。尽管学生在前面的学习过程中接触过乘法分配律的知识，但当时并不知道运用了乘法分配律，将旧知中所用的新知一一呈现，利用新知将不同的数学知识串联起来。还应思考数学知识的具体应用，引导学生利用所学知识解决实际问题。这样不仅可以深化对所学知识的理解，还可以帮助学生体验把现实问题抽象成数学问题的过程，积累解决问题的数学活动经验，逐渐形成解决问题的方法与策略，增强应用意识。这就是所谓的"瞻前顾后"。类似的例子在教材编写中多次出现，从这个角度看，教师在解读教材时，也应做到避免孤立地分析教材，学会发现教材中"隐含的教学法"，并且能够在类似的教学场景中自觉地进行迁移，最终能够在准确把握学情的基础上艺术地运用教学方法，合理组织教材，达到"教有法而无定法"的教学状态。

第五，课堂教学过程，应该既是学科知识的学习过程，也是学习方法的学习过程。如果教师能将学习科学知识和学习科学方法有机结合起来，对提高学生的科学研究能力是大有裨益的。在小学阶段，教师可以有意识地组织学生开展对学习过程的回顾，通过不断地回顾与反思，去感受知识究竟是如何获取的，学习过程中的困难是怎样克服的，用到的解决问题的方法是什么。随着学习经历的丰富，学生对学习方法的认识逐渐清晰起来，并且可以合理地组织不同的方法解决数学问题，发展解决问题的策略，形成学习能力。法国天文学家和数学家拉普拉斯在撰写的《宇宙体系论》中叙述了牛顿对万有引力等重要原理的发现，同时着重指出："认识一位天才的研究方法，对于科学的进步，甚至对于他本人的荣誉，并不比发现本身用处更少。科学研究的方法经常是极富兴趣的部分。"所以，数学知识的学习并不囿于机械地应用知识，在知识的学习过程中学会联系旧知探究新知，学会用数学模型对探究过程进行合理地解释，学会通过交流丰富自己的认知路径，学会在知识的应用中举一反三、触类旁通，真正理解知识本质，学会用适合自己的方式将有联系的数学知识组织起来，学会利用数学知识构造出符合生活实际的数学问题。这样的学习过程兼顾知识与方法，真正地在教学过程中让学生通过学习学会学习。从这个角度看，教师的教学过程中如何体现培养学生"学习如何学习"也是教学研究的一个重要话题。

参考文献

［1］孙小礼. 文理交融——奔向 21 世纪的科学潮流［M］. 北京：北京大学出版社，2003：373.

［2］曹才翰，章建跃. 数学教育心理学［M］. 北京：北京师范大学出版社，2006：122，131.

［3］义务教育学科核心素养与关键能力研究项目组. 义务教育学科核心素养·关键能力：测评与教学——初中数学［M］. 南京：江苏凤凰科学技术出版社，2018：127.

案例　　　　　　　　　"乘法分配律"教学实录

南京市建邺区教师发展中心　　王凌　设计

南京市致远外国语小学　　　　郑雪凤　执教

【教学目标】

1. 理解并掌握乘法的意义与乘法分配律的联系，能解释乘法分配律的意义，并能借助模型进行正确地表达。

2. 在解决问题的过程中，通过几何直观，经历乘法分配律的建模过程，发展学生的思维能力。

【教学过程】

一、观察分析，初步感知模型

师：同学们！首先我们来解决一个实际问题。请看屏幕，从图中你获得了哪些信息？

四、五年级一共要领多少根跳绳？

生：条件是四年级有6个班，五年级有4个班，每个班领24根跳绳。问题是四、五年级一共要领多少根跳绳？

师：你们会列综合算式解决吗？

生1：我列的算式是：6×24+4×24，我是想先求出四年级一共要领的跳绳数，再求出五年级一共要领的跳绳数，最后把它们加起来就是一共要领的跳绳数。

生2：我列的算式是：（6+4）×24，我是先求出四五年级一共有10个班，每个班领24根，所以再乘24，就能求出一共要领的跳绳数。

师：（板书：（6+4）×24　　6×24+4×24）同学们在解决这个问题时，想出了两道不同的综合算式，如果它们都能求出四五年级一共要领的跳绳数，那这两道算式的结果应该怎样？

生：相等。

师：你们有办法证明这两道算式是相等的吗？

生1：左边的算式是先算出有10个班，再乘每个班分得的24根，也就是有10个24；右边四年级领到的6×24也就是6个24，五年级领到的4×24也就是4个24，合起来也是10个24，所以这两道算式都表示的是10个24，所以是相等的。

师：他是根据乘法的意义来证明的，还有其他想法吗？

生1：我是计算的，左边等于240，右边也等于240，所以它们是相等的。

生2：我可以画图来证明。我是用一个圆圈表示24，上面表示一共有这样的10个24，下面就是把10个24分成了两部分来算，用6个24加上4个24。

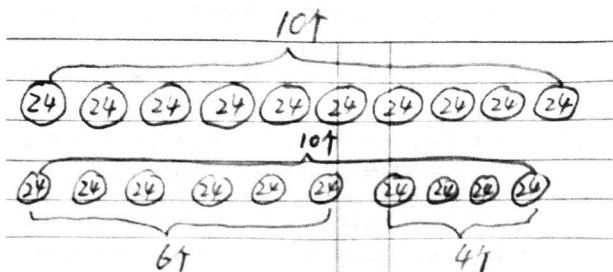

生3：我也是画图证明的，我是把两道算式都当成两个长方形，第一道算式24比较多，就当作长，宽呢，一个是6，一个是4。第一道算式是直接算出大长方形的宽，再乘长；第二道是先分别算出两个小长方形的面积，再把它们加起来。

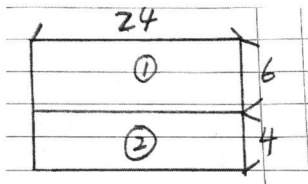

师：同学们真会联想，知道把今天所学的内容和之前学的建立起联系。其实，我们还可以用点子图来解释其中的道理。每个班领24根跳绳，也就是一行有24个点子，四年级相当于有这样的6行，五年级相当于有这样的4

行，你能借用点子图来证明这两道算式是相等的吗？

每个班级24根跳绳

$(6+4)\times24$ —
- 6×24
- 4×24

生：可以先求出 6 行有多少，再求出 4 行有多少，最后把它们加起来；也可以先求出一共有 10 行，再乘 24，其实都是在求 10 个 24 是多少。

师：是呀，这里我们可以把 10 个 24 看作一个整体进行计算，也可以把 10 个 24 拆分成两个部分先分别计算，再合起来。那这里的 10 个 24 除了可以分成 6 个 24 和 4 个 24，还可以怎样分呢？

生：也可以分成 8 个 24 和 2 个 24。

师：如果是这样，算式又可以怎样列呢？

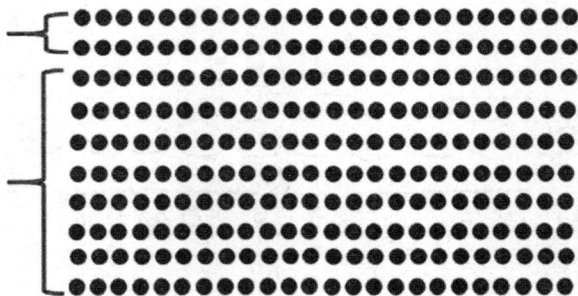

生：$(2+8)\times24$ 或 $2\times24+8\times24$（教师板书：$(2+8)\times24$　$2\times24+8\times24$）

师：10 个 24 还可以怎样分呢？又能写出什么样的算式呢？

生 1：可以分成 3 个 24 和 7 个 24，算式是 $(3+7)\times24$ 或 $3\times24+7\times24$

生 2：可以分成 5 个 24 和 5 个 24，算式是 $(5+5)\times24$ 或 $5\times24+5\times24$

……

（教师板书算式）

师：同学们想到了这么多算式，实际上都是把 10 个 24 看作一个整体，我们可以直接计算 10 个 24 是多少，也可以把它分成两个部分分别计算，再相加。既然左边的算式都和右边的算式相等，我们就可以用等号来连接。

二、画图明理，初步形成模型

1. 结合具体情境，画图明理

师：我们再来看一个例子。

上衣：50元   裤子:40元

买3件衣服、3条裤子，一共要多少元?

师：你们会列综合算式解决吗?

生1：我的算式是（50+40）×3，我想先求出一套的钱数，再乘3套。

生2：我的算式是50×3+40×3，我想先求出衣服的价钱，再求出裤子的价钱，最后把它们加起来，就能求出一共的价钱。

师：同学们真爱思考，解决这个问题时，也想到了两种不同的算式，你能想办法证明这两道算式相等吗? 先试一试，想好后跟你的小组同学进行交流。

生1：左边是把一件上衣和一条裤子看作一套，就是50+40＝90元，现在有这样的3套，也就是求3个90。右边其实就是分开算，先算3个50，再算3个40，合起来也就相当于是3个90。

生2：我先画3个圆圈表示3个50，再画3个圆圈表示3个40，左边相当于竖着看，把一件上衣和一条裤子看作一份，有3份就是3个90。右边相当于横着看，就是把3个50和3个40合起来，也相当于有3个90。

生3：我先画一个长方形，长是90，宽是3，左边就是直接用90×3，而右边相当于把90分成了两部分，一部分是50，一部分是40，我们可以先分别求出两个小长方形的面积，再把它们的面积合起来。

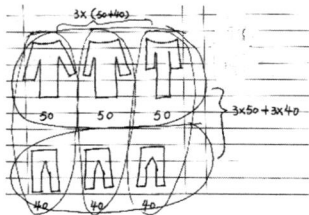

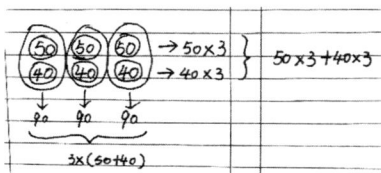

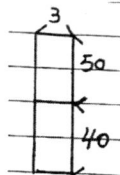

师：同学们真爱思考，想到了这么多证明的方法。我们会发现在这里竖着看，就是把 50 和 40 的和看作一个整体，一共有 3 个 90；横着看，就是把 50 和 40 分开来，先分别算出 3 个 50 和 3 个 40，再把算出的积相加。这两道算式的结果一样，所以也可以用等号连接。

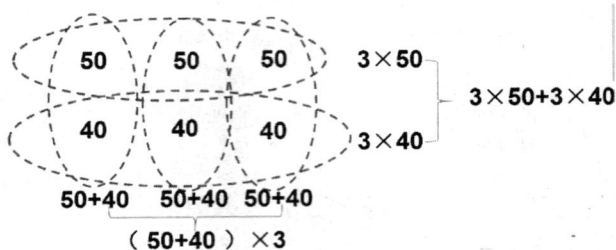

2. 脱离具体情境，画图明理

师：接下来，我们挑战一个有难度的，你知道（12+7）×5 表示的意思吗？

生：是把 12 和 7 看成一组，有这样的 5 组。

师：下面请大家完成这项活动，谁来读活动要求？

$$（12+7）\times 5=\underline{\hspace{4cm}}$$

活动要求：

1.画一画：先画图表示出上面算式的意思

2.写一写：写出与上面算式相等的式子

师：请同学们自己先试一试，完成后在小组中交流。

学生汇报。

生1：

生2：

生3:
$$12×5+7×5$$
$$=60+35$$
$$=95$$

生4:

生5: $6×7+5×12$

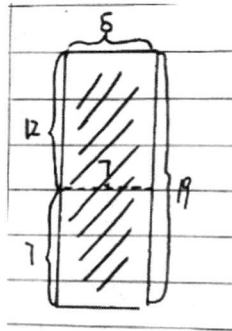

师：同学们，虽然他们的表示方法不同，但都有什么相同的地方呢？

生：原来都是把12+7的和看作一个整体乘5的，现在他们都通过拆分，先用12和7分别去乘5，然后再相加。

师：是的，所以（12+7）×5＝12×5+7×5 。板书算式：（12+7）×5＝12×5+7×5

三、回顾反思，在比较中建立模型

师：请同学们仔细观察我们写出的这几组算式，有什么共同的特点呢？

$$(6+4)×24 = 6×24+4×24$$
$$(8+2)×24 = 8×24+2×24$$
$$(3+7)×24 = 3×24+7×24$$
$$(5+5)×24 = 5×24+5×24$$
$$(50+40)×3 = 50×3+40×3$$
$$(12+7)×5 = 12×5+7×5$$

生：左边都是两个加数的和乘一个数，右边都是用两个加数分别去乘一个数，再相加，它们的结果相等。

师：符合这种特点的算式还有很多，你能想办法用一道算式把所有的算式都包含进去吗？

生1：$(\triangle+\bigcirc)\times\maltese=\triangle\times\maltese+\bigcirc\times\maltese$

生2：$(甲+乙)\times丙=甲\times丙+乙\times丙$

生3：$(a+b)\times c=a\times c+b\times c$

……

师：同学们想到了这么多算式，虽然它们的形式不同，但它们都想表示什么意思呢？

生：先把两个数看作一个整体去乘一个数，就等于把它们拆开分别去乘那个数，再把积相加。

师：那你们觉得谁的更加简洁呢？

生：$(a+b)\times c=a\times c+b\times c$

师：那你们有办法证明这个算式的左边和右边相等吗？

生1：　　　　　　　　　　　　　生2：

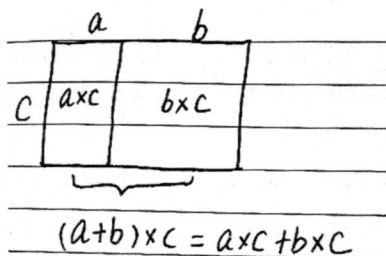

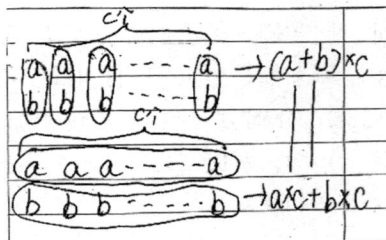

师：通过同学们的证明，说明用这个式子来表示我们发现的规律，是合理的。其实，这个规律还有个名称——

生：乘法分配律。

四、链接旧知，沟通模型内在联系

师：说起乘法分配律，大家并不陌生，在我们以前的学习中就已经接触过了，现在让我们一起来回顾。二年级时我们学过两位数乘一位数：14乘2怎么算的？生：14可以分成10和4，先算10×2，再算4×2，最后把积相加。

$$14 \times 2 = 10 \times 2 + 4 \times 2$$

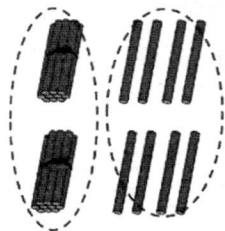

师：你能找到乘法分配律吗？

生：能。

师：在三年级学习三位数乘两位数的笔算中，仔细观察：你想到了什么？

```
      128
×      16
      768  ……6个128
    128    ……10个128
    2048   ……6个128加10个128
```

生：$128 \times 16 = 6 \times 128 + 10 \times 128$，也用到了乘法分配律。

师：除了计算中可以找到乘法分配律，我们在学习周长计算时，也有呢。我们一起来看，你发现了吗？

篮球场长28米，宽15米。篮球场的周长是多少米？

$$28 \times 2 + 15 \times 2 = (28 + 15) \times 2$$

生：也用到了乘法分配律。

师：看来，乘法分配律在我们学习中的运用非常广泛，下面我们就来做一些练习。

五、分层练习，灵活运用模型

练习1：（课件逐一出示，学生口答，并解释理由。）

1. 在□里填数，在○里填运算符号。

（42+35）×2＝42×□+35×□

27×12+43×12＝（27+□）×□

15×26+15×14＝□○（□○□）

72×（30+6）＝□○□○□○□

练习2：学生独立完成，集体汇报

2. 横着看，在得数相同的算式后面画"√"

（28+16）×7　　　28×7+16×7　□

15×39+45×39　　（15+45）×39□

74×（20+1）　　74×20+74　　□

40×50+50×90　　40×（50+90）□

师：74×（20+1）和74×20+74，它们的结果为什么相等？

生：左边表示21个74，右边20个74加上1个74也表示21个74，所以它们是相等的。

练习3：我们已经认识了乘法分配律，那学习它又有什么用呢？

生：简便计算

出示算式：计算下面两题，比一比，你有什么发现？

64×8+36×8　　（64+36）×8

生：这两道算式是相等的。我更喜欢算第二道。

师：为什么？

生：第二道正好可以凑整。

师：如果今后我们遇到第一道算式时，就可以根据乘法分配律将算式先进行变形，转化成第二道算式，这样计算起来就比较简便。

六、课堂总结，回顾建模过程

这节课我们学习了什么？我们是怎样得到乘法分配律的？

案例　　　　　开展深层体验　感悟知识本质
——以"间隔排列"为例
南京市致远外国语小学　　郑雪凤
南京市建邺区教师发展中心　　王凌

《义务教育数学课程标准（2011 年版）》中指出：体验是指学生参与特定的数学活动，主动认识或验证对象的特征，获得一些经验。这指出了体验的主体是学生，通过参与数学活动而感悟数学知识的本质，并积累数学活动经验。学生作为学习的主体愈发得到教师的认可，教师都会在课堂教学中安排学生的数学活动，期望丰富学生的数学体验，因为数学体验的效果会直接影响学生的数学学习。不过，并非安排数学活动，就会有好的数学体验，有时学生的活动虽多，思考得却很少，从而导致学生的学习也只是停留在表面上，缺乏深度。怎样避免学生产生肤浅、零散的体验呢？主要在于体验活动的层次和深度。下面就以苏教版三年级上册"间隔排列"这节课为例来谈谈。

教学目标

1. 通过多层次的数学活动，探究间隔排列的两种物体个数之间的关系，初步体会其中蕴含的简单数学规律，并能利用发现的规律对一些生活中的间隔排列现象进行解释。

2. 在探索活动中体会观察、比较、归纳是发现规律的基本方法，能在小组中交流表达自己的发现，初步培养分析、比较、综合和归纳的能力。

3. 感受数学与生活的联系，进一步发展用数学的眼光分析日常生活现象的意识和能力，感受数学在生活中的广泛应用，树立学习数学的信心。

教学过程

一、游戏引入，认识间隔排列

师：看图中六个礼盒中的礼物分别是什么？

依次呈现礼盒中的物品分别是橡皮、铅笔、橡皮、铅笔、橡皮、铅笔。

师：如果后面还有礼盒，按这样的规律，礼物装的是什么呢？

生：继续放橡皮、铅笔、橡皮、铅笔，像这样放下去。

师：看来同学们找到了橡皮和铅笔排列的规律。像这样的排列现象生活中还有很多，你能找到一些这样的例子吗？

生：教室里课桌椅的排列就是这样的，一张桌子，一把椅子，又是一张桌子，一把椅子。

师：这是一张桌子和一把椅子一个隔着一个排列的。

生：公园里的长廊，柱子和椅子也是一个隔着一个排列的。

生：黑板上贴的一排磁铁也是的，一个红色的和一个绿色的一个隔着一个。

师：这样的例子还有很多，刚才举的三个例子中有哪些相同的地方？同座互相说一说。

学生交流后反馈。

生：都有两种物体，而且两种物体是一个隔着一个排列的。

师：像这样两种不同的物体一个隔着一个的排列现象称为间隔排列。

【评析：从学生熟悉的场景引入，调动学生的生活经验，初步感受间隔排列的现象，再请学生找出生活中的间隔排列现象，进一步丰富对间隔排列的感知，通过比较发现间隔排列的特点。】

二、多层体验，探究间隔排列

1. 操作体验，初步探究

师：黑板上的磁铁，如果按规律继续放下去，最后一个磁铁会是什么颜色？

生：可能是红色的，也可能是绿色的。因为只要是一个隔着一个就是间隔排列了。

师：你能用图形或符号画一组间隔排列现象吗？自己先画，然后和同座说一说你的想法。

生：我写的是"Gogogogogo"，字母 g 和 o 是间隔排列的，因为它们是一个隔着一个的。

生：我画的是○△○△○△○△○△○△，○和△是间隔排列的。

生：我画的是!?!?!?!?，它们也是一个隔着一个排列的。

师：为什么画的不同，都是间隔排列呢？有什么好方法来判断呢？

生：就是一个东西和一个东西一组，一个隔着一个就行，最后可以是多出一个，也可以正好不多不少。

师：有道理啊，怎样表示出一个物体与一个物体是一组呢？

生：可以画个圈把两个物体圈起来。

生：可以在两个物体下面画条线。

师：同学们可以用自己喜欢的方法，在自己画出的间隔排列中画一画，看一看你的作品中有几组。

【评析：首先调动学生的生活经验，通过对磁铁的摆放进一步感受间隔排列的特征：两种物体一个隔着一个排列下去。再通过学生自己画图创作出间隔排列的图形，并在同桌交流活动中进行判断。对自己作品的介绍、对同学作品的判断，其本身就是学生对概念的进一步明晰，进一步认识间隔排列现象的特点。教师安排了利用生活经验、自我创作、小组活动等多个有层次的数学学习，进行了充分的自主体验活动，让学生初步发现间隔排列的特征。】

2. 多元体验，深化探究

教师出示学生小组活动要求：

问题：用□和○组成间隔排列现象，有4个□，需要几个○？

拿出□和○的学具摆一摆，每摆好一种就在练习纸上画一种。能摆几种就摆几种。

反馈后，教师在黑板上呈现出学生四种不同的摆法。（如下图）

师：四种摆法中，你认为哪一种是与众不同的？说出你的理由。

生1：第三种，因为只有它的○比□少。

生2：第四种，因为它用的○最多。

生3：第二种，它○和□的个数一样多。

生4：第一种，它○和□的个数也一样多。

师：在你们的心中都有一种是与众不同的。不难发现，□的个数与○的个数有时不相等，有时又相等，但是它们的个数之间是有关系的。先来研究第一种，这一排○和□的个数之间有什么关系。

生1：我通过数一数，○有4个，□也有4个。所以它们的个数相等。

生2：（在黑板上边圈边说）我们也可以把一个○和一个□看为一组，像这样圈一圈，正好有4组。所以它们的个数相等。如果继续摆下去，不管摆多少个，始终都是一个□和一个○为一组，它们的个数还是相等的。（学生边说边画出图）

师：其实把这里的□和○每两个为一组圈起来，就是一一对应。这里每一个正方形都正好对着一个圆，正好完全对应。所以这一排中□和○的个数相等。用一一对应的方法来比较两个物体数量的关系，你有什么想说的？

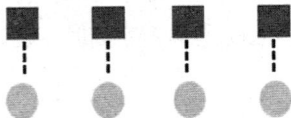

生：不用数个数就能一眼看出谁多谁少。

师：那另外三组□和○的个数又有什么关系呢？请同学们在练习纸上圈一圈，比一比。

生：通过圈一圈，我发现第二种方法中○和□的个数相等。

生：我发现第三种摆法中，□的个数比○多1个。因为最后一个□没有○和它对应了。

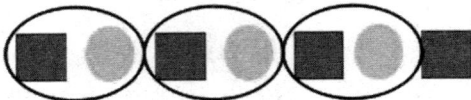

生：我发现第四种摆法中，○的个数比□多1个。最后一个○没有□和它对应了。

生：我发现用一一对应的方法可以让我们很快就发现每排中□和○的个数关系。□的个数和○的个数可能相等，也可能□比○多一个，也可能○比

□多一个。关键看前面对应后，最后一个多出的是什么图形，这种图形就多出1个。

师：那什么情况下两种物体个数相等，什么情况下会相差一个？

生：如果两种物体正好完全一一对应，它们的个数就相等。如果前面一一对应了，但是最后一组里只有一种物体，这种物体就多一个。

【评析：在这个片段中，首先让学生站在自己的角度去观察哪一组与众不同？充分利用学生不同的建构活动说出了四种摆法的特点。再引出深层的问题——两种物体个数之间有什么关系？通过交流活动去不断地促进对一一对应的理解。学习并不是单纯的个体学习行为，是一个以个体学习为基础、以社会活动为过程的自我建构。因此，让学生自己去找与众不同，就是加强自主体验；小组交流就是通过群体学习的过程让学生认识到其他的观点，在表述的过程中又能发现，不管认为哪一种与众不同，都离不开一一对应。在讨论的过程中，又进一步促进了对间隔排列的本质理解，最终又划归为学生个体对知识的理解。深度体验的达成，学生的学习过程需要经过个体的自主体验、群体的交流活动和个体的进一步体验三个过程。】

三、建构模型，理解本质

1. 观察两端，比较分析

教师出示小组活动要求：

用□和○组成间隔排列现象，有6个□，需要几个○？先画一画，再把○的个数填在表格里。

	画法	□的个数	○的个数
第一种		6	
第二种		6	
第三种		6	
第四种		6	

学生反馈不同的方法。

师：观察黑板上的四种画法，观察每种画法的两端的物体，你有什么发现？

生：两端物体不同，两种物体的个数正好相等。两端物体相同，两种物体就相差一个，而且两端物体是什么，就多一个这种物体。

2. 想象操作，初步应用

师：如果有 15 个□，需要多少个○可以和它组成一一间隔排列呢？在小组里说说想法。

■ ■ ■ ■ ■ ■ ■ ■ ■ ■ ■ ■ ■ ■ ■

生：○至少是 14 个，最多 16 个。

师：如果是 15 个○，第一个是□，可以怎么摆呢？

生：末尾是○。如果开头是○，那么末尾是□。因为这时□和○个数相等，说明两端物体是不同的。

师：如果是 14 个○怎么办？

生：两端物体是□。

师：如果是 16 个○呢？

生：只要两端物体是○就行了。

3. 建立模型，理解本质

教师依次出示以下问题

（1）图中苹果和梨子一一间隔排列，苹果和梨子谁多？

（2）图中苹果和梨子一一间隔排列，苹果和梨子谁多？

（3）图中苹果和梨子一一间隔排列，苹果和梨子谁多？

生：这三种摆法都无法确定苹果和梨子哪个多，因为我们不知道两端物体是什么。

（4）图中苹果和梨子一一间隔排列，苹果和梨子谁多？

生：苹果和梨子同样多，因为虽然中间被盖住了，但是只要是一一间隔排列，那么无论中间有多少，都是可以一一对应分成若干个小组，所以只要看两端物体不同，那么就表示苹果和梨子同样多。

（5）图中苹果和梨子一一间隔排列，苹果和梨子谁多？

生：苹果比梨子多一个，因为两端物体相同，所以所有的梨子都和苹果一一对应了，但是最后还多出一个苹果。

（6）看下图，在小组中讨论：间隔排列的两种物体，什么情况下，它们个数相等？什么情况下，它们个数相差1？

【评析：教师安排了三个层次的体验活动，来达成建立模型、理解本质的目标。首先借助学生的原有体验活动，要求学生凭借想象，直接在纸上画出间隔排列的不同情况，通过比较发现两种物体个数相等或者不相等的判断方法，可以通过观察两端物体进行判断；然后借助表象操作，逐步抽象间隔排列现象的模型。第三个层次则更加聚焦到判断方法上，前三题都是无法判断出谁多谁少的，原因在于不知道两端物体是什么。而第4题和第5题都能确定出谁多谁少，原因在于它知道了两端物体是什么，而判断方法的数学本质就是一一对应。要想达成深度体验，就不能仅仅停留在外部操作上，而是要从具体的动手操作活动转为抽象的思维活动。】

四、联系生活，应用规律

1. 苹果和梨子一一间隔排列，苹果有 100 个，梨子有（　　）个。

2. （1）足球和篮球——间隔排列，篮球有 80 个，足球有（　　）个。

（2）如果足球有 80 个，篮球有（　　）个。

3. 木桩和篱笆——间隔排列，木桩有 20 个，篱笆有（　　）个。

4. （1）张叔叔在路的一边种了 15 棵柳树，他还要在每两棵柳树之间栽一棵桃树，一共需要种（　　）棵桃树。

（2）张叔叔沿圆形池塘岸边种了 15 棵柳树，他还要在每两棵柳树之间栽一棵桃树，一共需要种（　　）棵桃树。

总评："间隔排列"是苏教版三年级上册的内容，是学生第一次接触到探寻规律的内容，教材中一共安排了五个层次的活动，读懂教材，切实理解教材编写意图是有效教学的基本前提。教师如果不深刻挖掘间隔排列中所蕴含的数学思想，不理解教材中五个层次的编写意图，就容易出现浅层次观察，不利于学生分析比较，难以发现间隔排列中的数学本质，从而落入模仿学习的窠臼。纵观整个教学过程，多层次的体验活动有效地发挥了学生的学习主体性，教师有效的问题引领开拓了学生体验的深度。我们发现影响体验层次与深度的教学因素主要有学生的经验，教师的问题引领、学生对知识的自我建构，学习中的交流讨论，以及学生是否能在数学学习中完成建模。

数学学习离不开学生的经验，经验也是学生探究有效性得以保证的前提。从贴近学生的生活情境引入问题，以此为基础开展摆、画、交流等多层次的体验活动，强化"找规律"的过程，将学生对知识已有的感觉在课堂的学习中逐步变为知觉，最终形成表象，为进一步理性思辨的学习做好铺垫。学生在反复找规律的过程中感悟、理解了对应思想，并能用自己的方法表达并最终形成表象，就为观察两端物体提供了理性思考的基础，而这些都与多层次的体验密切相关。

学生的学习过程一般分为三个阶段，先是个体的学习，接着是进入群体的交流学习，最后又转为个体的自我建构。教学时，先安排学生自己动手去摆一摆、画一画。接着，再安排小组合作交流环节，让每个学生带着自己的想法去跟其他人的想法进行碰撞。最后每个学生在原有的基础上，对知识又有了新的认识。只有经历了这样的学习过程，才能促进学生的深度体验。

借助数学模型，发展深度体验。数学建模的构建过程就是一个思维深入的过程。教师要设置有效的活动（通常伴以好的数学问题），帮助学生将感性体验抽象为数学模型，而后借助模型思想来处理生活中的数学问题，借助数学模型，提升学生思考的深度，从而达到发展深度体验、理解数学本质的目标。

"小数乘小数"教学实录

南京市建邺区教师发展中心　王凌　设计

南京市中华中学附属小学　沈军　执教

教学目标

1. 在具体情境中经历探究小数乘小数的过程，理解小数乘小数的算理，掌握小数乘小数的计算方法，能正确进行笔算，并且会运用该知识解决一些实际问题。

2. 积极主动地参加学习活动，经历探索计算方法的过程，培养初步的推理能力以及抽象概括能力，并能用数学语言表达自己的想法并进行交流。

3. 进一步体会数学知识之间的内在联系，感受数学探究活动本身的乐趣，感受数学知识间的内在联系，养成发现问题、提出问题的习惯，并寻求解决问题的办法，增强学好数学的信心。

教学过程

一、唤醒旧知

师：同学们，计算其实也很有趣，今天老师和同学们一起继续探寻计算的奥秘。请看问学单第一题，说说自己的想法。

根据 $17 \times 23 = 391$，直接写出得数

$$17 \times 2.3 = \qquad 17 \times 23 = \qquad 17 \times 0.23 =$$

生1：$17 \times 2.3 = 39.1$。因为17不变，$23 \div 10 = 2.3$，积也应该除以10，所以 $17 \times 2.3 = 39.1$。我用的是积的变化规律。

生2：$1.7 \times 23 = 39.1$。因为23不变，$17 \div 10 = 1.7$，根据积的变化规律，积也应该除以10，所以 $1.7 \times 23 = 39.1$。

生3：$17 \times 0.23 = 3.91$。因为17不变，$23 \div 100 = 0.23$，积也要除以100，所以结果就等于3.91。

师：如果没有 $17 \times 23 = 391$，这三题你想怎么计算？

生：我觉得可以列竖式计算。第一题我们将2.3看成整数23，$17 \times 23 = 391$。根据积的变化规律，也能得到39.1。

师：你刚才解释了第一题，后两题和第一题都是已经学过的小数乘整数。今天我们一起来研究小数乘小数。

【设计意图：课前问环节，试图唤起学生已有知识的积累，通常会找一些与本节课有着密切联系的旧知作为课前问的内容。此处是让学生复习积的变化规律和小数乘整数的计算方法，为小数乘小数的算理教学作铺垫。】

二、探索算法

1. 合理估算

师：同学们已经预习了例 7，请大家在小组内交流预习成果。

师出示小组合作要求：

（1）小组交流问学单第二题的 1、2 两小题。

（2）交流过程中，请认真倾听。有不同想法可及时补充。

（3）如有疑问，先在组内解决。组内暂时不能解决的，结束后在全班交流。

师：先解决第一个问题：估计一下小明的房间有多大？说说你的想法。

生 1：要求小明的房间有多大，可以用 3.8×3.2。我估计小明的房间大约是 12 平方米。因为 3.8 米 ≈ 4 米，3.2 米 ≈ 3 米，所以 4 米 × 3 米 = 12 平方米。

生 2：我估计小明的房间比 12.8 平方米小。3.8 米看成 4 米，看大了。$4 \times 3.2 = 12.8$，所以小明的房间比 12.8 平方米要小。

生 3：我估计小明的房间比 11.4 平方米大。3.2 米看成 3 米，看小了。$3.8 \times 3 = 11.4$，所以小明的房间比 11.4 平方米要大。

师：同学们已经确定了小明房间的大小范围。小明的房间比 11.4 平方米大，比 12.8 平方米小。

【设计意图：让学生通过估算，初步了解房间大小的大致范围。是培养学生的数感比较好的一种方法，也是作为后面计算检验的依据。】

2. 探究算法

师：接着解决第二个问题。试着列竖式计算。同学们刚才已经在组内交流了想法。老师课前整理了大家的问学单，大致有五类。

师：有两位同学是这样写的。看了他们的想法，你们有什么疑问？

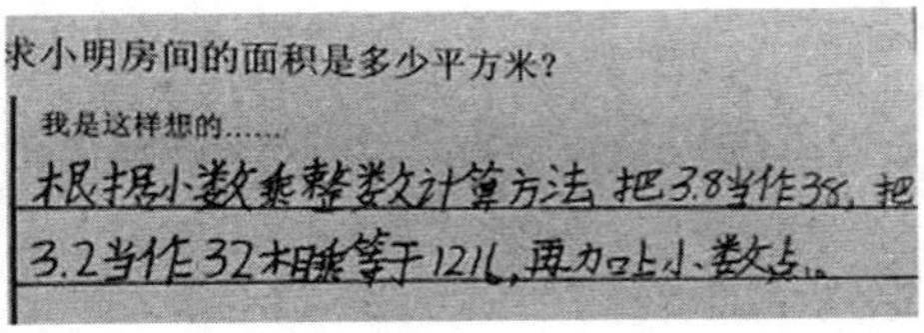

求小明房间的面积是多少平方米？
我是这样想的……

根据小数乘整数计算方法，把3.8当作38，把3.2当作32相乘等于1216，再加上小数点。

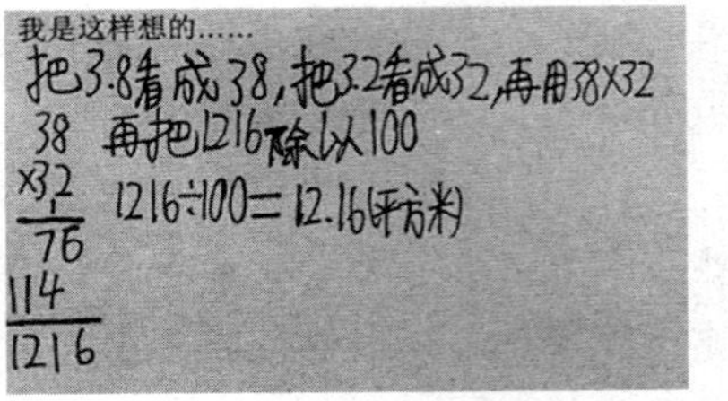

我是这样想的……
把3.8看成38，把32看成32，再用38×32
38
再把1216除以100
×32
1216÷100=12.16平方米
76
114
1216

生：把 3.8 看成 38，把 3.2 看成 32，用 38×32 = 1216。再把 1216 除以 100。另一位同学前面也是这样，最后再加上小数点。这里的除以 100 和加上小数点是怎么来的？没有说清楚。

师：再看这种方法。

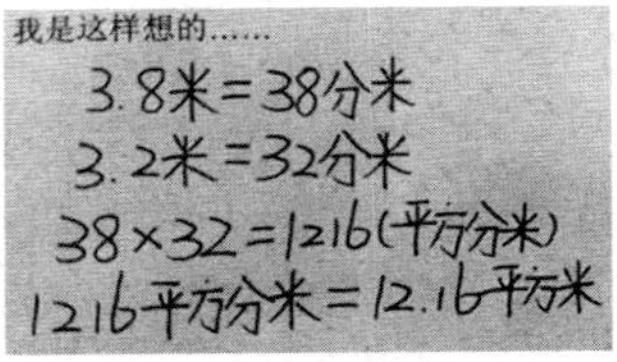

我是这样想的……
3.8米=38分米
3.2米=32分米
38×32=1216（平方分米）
1216平方分米=12.16平方米

生 1：我用了单位换算的方法。3.8 米 = 38 分米，3.2 米 = 32 分米，38×32 = 1216（平方分米），1216 平方分米 = 12.16 平方米。

生 2：她是把图中的数据转换了一下，还是求这个长方形房间的面积。

师：还有什么不同想法吗？

生：我用了积的变化规律。3.8×10 = 38，3.2×10 = 32，把小数乘小数转化成了整数乘整数。38×32 = 1216，再用积的变化规律还原，用 1216÷100 = 12.16。

我是这样想的……
3.8   ×10→   38
×3.2   ×10→   ×32
76   76
114   114
12.16 ←100 1216

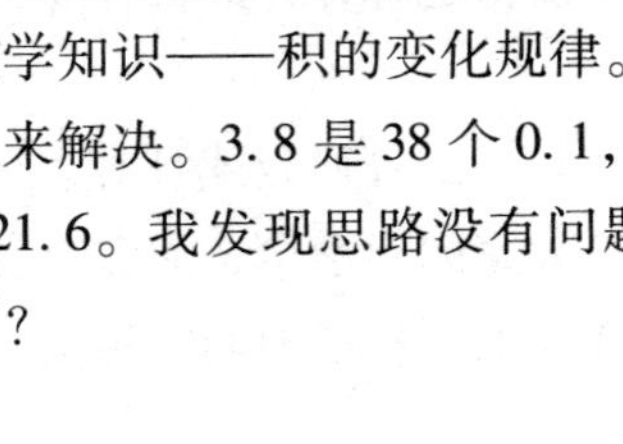

师：她用了学过的数学知识——积的变化规律。还有其他想法吗？

生：我用小数的意义来解决。3.8 是 38 个 0.1，3.2 是 32 个 0.1，38×32 = 1216，1216 个 0.1 是 121.6。我发现思路没有问题，怎么算出来的和竖式计算出来的结果不一样了？

我是这样想的……

3.8是38个0.1,
3.2是32个0.1,
38×32＝1216
1216个0.1是121.6   ?

师：大家来讨论一下，感觉上思考的过程没有问题，怎么结果就不一样了呢？小组讨论一下。

生：我来解决。我发现他忽略了一个问题。1 里面有 10 个 0.1，他把两个数都用了小数的意义进行换算，所以要将两个 0.1 相乘，10 乘 10 是 100，应该要将 1216 除以 100，而不是除以 10。

师：老师帮大家再仔细分析一下。3.8 可以写成 38×0.1，3.2 可以写成 32×0.1，看到这里你想到什么了？

生：38×0.1×32×0.1＝38×32×（0.1×0.1），用了乘法交换律和乘法结合律。应该是 0.1×0.1，我只看成了 1 个 0.1 了。

师：0.1×0.1 又是多少呢？用一个正方形表示 1，将它平均分成 10 份，其中的一份就是 0.1。0.1×0.1 就是在将 0.1 平均分成 10 份。像这样，这里的一份就是 0.1×0.1。这个图形大家非常熟悉，0.1×0.1 就是 0.01。

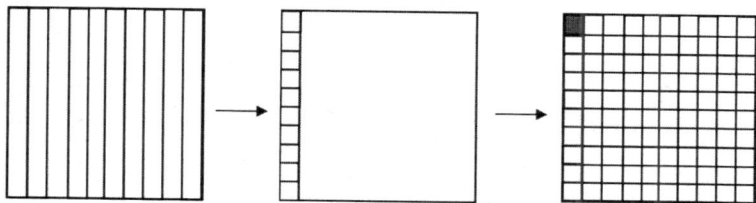

结果还应该是 12.16. 还有其他的想法吗？

生：我的想法是用图形来解释竖式的。76 是打阴影的部分，114 是空白部分。我把 3.2 分为 3+0.2，用乘法分配律来完成。用图形也能解释竖式，然后再用乘法分配律解释。

师：真了不起。用到了数形结合的数学思想，并且用旧知解释新知。此处应有掌声。

【设计意图：此处放手让学生提出问题，再通过小组交流讨论，学生之间互相提问、解答，从而解决问题。这是典型的课中问，学生与学生之间的问与答。教师只是在关键的时候出来做适当的引导，培养了学生的学习素养。】

3. 优化算法

师：同学们，通过刚才同学们呈现的多种想法。两位同学现在知道为什么要除以 100，怎么去点小数点了吧？

师：老师把用得比较多的三种想法呈现出来，找找有什么共同特点？

生：三种想法中都有 38×32 = 1216。

师：也就是把乘数怎么变化了？

生齐：都是把小数当成整数乘。

师：是的，可以先按照整数乘法计算。你会选择哪一种方式进行计算呢？

生：最喜欢竖式。

师：说说理由。

生：竖式里都包含了其他的两种想法。计算过程中都有 3.8×10 和 3.2×10 的过程。

师：在计算时是看成整数乘整数来算的。中间的过程应该怎么写？

生：按照整数乘法的过程来算，过程中就不用点小数点了。结果等于 12.16。

师：学到这里，有什么收获？

生：以前学小数加减法和小数乘整数的时候，结果的小数点都和竖式里的小数点对齐，这里积的小数点和乘数的小数点不对齐了。我们要根据乘数中小数的位数来确定小数点的位置。

师：同学们已经初步学会了小数乘小数，对照一下刚才估算的结果，得数是否在估算范围之内？

生：得数在估算范围之内。

师：怎么检验计算结果呢？

生：可根据乘法交换律进行验算。

【设计意图：这一教学环节充分呈现了学生的多种想法，并将学生的想法在课前进行分类，做到照顾到每一个学生。这种全覆盖式的问题搜集归类，凸显了学生的学习主体地位。充分尊重学生的每一个学习生长点。再通过教师的提问和对多种想法的比较，让学生优化出小数乘小数的笔算方法。用"中间过程该怎么写？""有什么收获？"等一系列问题串，既突出重点，又能突破难点。而教师在这期间主要起穿针引线的作用，放手让学生自主解决。】

三、提出疑问，师生互动答疑解惑

师：大家交流了预习成果，预习的过程中有什么困惑？你们的困惑是否得以解决？

生 1：我的困惑是乘的过程中为什么没有小数点？我知道了是按照整数乘法来乘，乘的过程中不需要点小数点。

生 2：我的困惑是积的小数点为什么不和乘数的小数点对齐？已经解决了。积的小数点和乘数的小数点有关，不能只是对齐横线上的小数点。

师：这两个困惑已经得到解决，那我们一起来完成练习。

【设计意图：学生的能力有所高低，不是每一位学生都能按照教师设计好的教学思路顺利完成。此时，小组合作发挥其应有的作用。本节课采用异质分组，互帮互助，本来的设计是先在组内解决问题，解决不了的再全班讨论。由于学生在解决多种想法时比预期的设计要更加深入，课前预习时产生的问题在课堂上已经得以解决。课前的问题不用在课堂上全班解决了。】

四、巩固练习积的小数点

师：请大家看练习第一题，在（ ）里填一填，并在积中点上小数点。

```
     1.4 5              1 4 5                 2.3 9             2 3 9
   ×   3.1            ×   3 1             ×  0.5 8          ×    5 8
   ─────────          ─────────           ─────────         ─────────
     1 4 5              1 4 5               1 9 1 2           1 9 1 2
     4 3 5              4 3 5               1 1 9 5           1 1 9 5
   ─────────          ─────────           ─────────         ─────────
     4 4 9 5            4 4 9 5           1 3 8 6 2         1 3 8 6 2
```

生1：第一题 $1.45×100=145$，$3.1×10=31$，积就 $×1000$，还原，1.45乘3.1的积就是 $4495÷1000=4.495$

生2：第二题 $2.39×100=239$，$0.58×100=58$，积就 $×10000$，还原，积就是 $13862÷10000=1.3862$

师：有的同学做得特别快，有什么窍门吗？

生：我是看乘数中的小数点的。第一题一个乘数是一位小数，另一个乘数是两位小数，积就是三位小数。第二题乘数中两位小数加两位小数一共是四位小数，积就是四位小数。

师：观察刚才两道竖式中积的小数点，你有什么发现？

```
       3.8                 1.4 5               2.3 9
     × 3.2               ×   3.1             ×  0.5 8
   ─────────            ─────────           ─────────
       7 6                 1 4 5               1 9 1 2
     1 1 4                 4 3 5               1 1 9 5
   ─────────            ─────────           ─────────
    1 2.1 6               4.4 9 5           1.3 8 6 2
```

生：乘数中一共有几位小数，积就是几位小数。

师：积的小数点和什么有关？

生：乘数中一共有几位小数，就从积的右边起数出几位点上小数点。（教师顺势出示）

师：这句话其实和积的变化规律，以及小数乘整数的计算方法是一致的。知道了如何在积中点小数点，你能很快地给下面各题点上小数点吗？完成书本 P65 "练一练"。

$$
\begin{array}{r}
8.7 \\
\times\ 0.9 \\
\hline
7\ 8\ 3
\end{array}
\qquad
\begin{array}{r}
7\ 2.9 \\
\times\ 0.04 \\
\hline
2\ 9\ 1\ 6
\end{array}
\qquad
\begin{array}{r}
1\ 6.5 \\
\times\ 0.6 \\
\hline
9\ 9\ 0
\end{array}
$$

生 1：第一题乘数中一位小数加一位小数，积就是两位小数。结果是 7.83。

生 2：第二题乘数中一位小数加两位小数，积就是三位小数。结果是 2.916。

师：第三题积就应该是 9.90。看来大家都会点小数点了。这三道题有没有需要提醒大家的地方？

生：计算的结果要注意化简，可以去掉计算结果小数末尾的 0。

师：看来同学们都已经总结出小数乘小数的计算方法了。你会计算小数乘小数了吗？

【设计意图：这一环节是为了让学生解决如何在积中点小数点，设计了两组练习和一组算式的比较。是让学生用积的变化规律点积中的小数点，通过比较发现规律，再运用规律去练习。这是一个完整的数学建模的过程。通过此处的建模，学生能很快总结出点积的小数点的方法，从而增强数学学习能力。】

五、完成试一试

师：小明的房间面积已经求出来了，你们能独立求出小明家阳台的面积吗？

出示：阳台长 3.2 米，宽 1.15 米，阳台的面积是多少平方米？

请学生校对结果。

师：计算过程中有什么提醒大家注意的？

生 1：要注意先在结果中点小数点，然后再化简。

生 2：我们小组还有一个问题，有位同学摆竖式时把小数点对齐了。

师：列竖式计算时两个乘数的位置怎么摆？你们是怎么想的？

生：既然小数乘小数的时候是按照整数乘法来乘的，那这里的 1.15 就看成 115，3.2 就看成 32，115×32 你会摆吗？再把小数点点上去就行了。

师：两个问题实际上就是乘数怎么对齐？

生：乘数应该末尾对齐。

【设计意图：放手让学生自己求小明房间的面积，预设有学生会把竖式中乘数的位置写错。事实上也是如此。由此，学生产生了新的问题：列竖式时，乘数和乘数该如何对齐？这是典型的课中问。是学生在学习过程中必然经历的一个过程。教师没有在之前强调乘数如何对齐，就是希望学生自己去发现。在这一环节学生思维活动的直觉、灵感、猜想、推理、联想、类比、抽象、概括、想象等内部机制，得以充分地启动。】

六、全课总结

师：同学们真了不起，通过这节课，解决了好多问题。说说这节课有什么收获？

生1：我知道了小数乘小数的计算方法。

生2：我会把新的问题转化成已经学过的知识去解决。

生3：我还知道计算可以和图形结合起来思考。

师：还有什么问题吗？

生：如果积的位数比乘数中的小数位数少，该怎么办呢？

师：这个问题就留到大家课后去研究，这也是我们后面要学习的小数乘法，同学们可以自己先试一试。

【设计意图：这一环节不但是全课总结，也是课堂的延伸，除了总结收获之外，还让学生提出课后问，留给学生课后去思考。通过这一环节的设计，培养了学生多问多思考的学习品质。】

案例　　　　　"和的奇偶性"教学实录

南京市建邺区教师发展中心　王凌　设计
南京市中华中学附属小学　赵霞　执教

教学目标

1. 通过自主探究与合作交流，了解两个或几个数的和的奇偶性，初步发现其中蕴含的数学规律。

2. 经历举例、观察、猜想、验证、归纳、总结等数学活动过程，通过数形结合的方法感受由具体到抽象、由特殊到一般的探索发现方法，在活动中体验研究方法，提高推理能力。

3. 使学生进一步积累数学活动经验，增强与他人合作交流的意识，增强学好数学的信心和应用数学的意识。

一、游戏激趣，师生初探规律

师：这节课我们从一个数学游戏开始，谁来读一读游戏规则？

> 游戏规则：
>
> 任意点两个颜色相同的球，
> 如果两个球上数字的和是偶数就不获奖，
> 两个球上数字的和是奇数就可以获奖。

生：任意点两个颜色相同的球，如果两个球上的数字和是偶数就不获奖，两个球上数字和是奇数就可以获奖。

师：谁想先来试试手气？

生 1 点出了 4 和 18，生 2 点出了 12 和 18。

学生判断都没有获奖。

生3上台点开了左边袋子中所有的数字，发现都是偶数。

师：你泄露了天机，如果只点黄色的球，你们觉得能获奖吗？为什么？

生：不能获奖，因为黄色的球上全都是偶数，偶数+偶数＝偶数。

师板书：全偶　　偶数+偶数＝偶数

师：大家不可能再点黄色的了，那怎么点呢？谁来试试？

生4点出了7和15，生5点出了9和19。

学生判断这两位同学依然没有获奖。

师：你们觉得继续点红色的球能获奖吗？为什么？

生：不能，因为红色的球上全都是奇数，奇数+奇数＝偶数。

师：这是你们猜测的，我们一起来看一看到底是不是这样（师点开所有的红色的球）红色的球上面全都是奇数。大家觉得不能获奖的原因是什么呢？

生：因为奇数+奇数＝偶数。

师板书：奇数+奇数＝偶数

师：刚才我们通过这个小小的游戏，得到了这两个猜想，你们觉得这个猜想到底对不对呢？我们还得怎样？

生：举例子验证。

【设计意图：点球的游戏环节，试图激起学生对本节课知识学习的兴趣。由一开始的看似随机的点球实际是在球上的数字做了设计，黄色的球上都是偶数，红色的球上都是奇数，这样通过游戏引发学生猜想：奇数+奇数＝偶数，偶数+偶数＝偶数，同时产生验证的欲望。】

师：没错，举例子确实是咱们验证猜想常用的一种方法，其实除了举例验证还有其他的方法，请看屏幕。

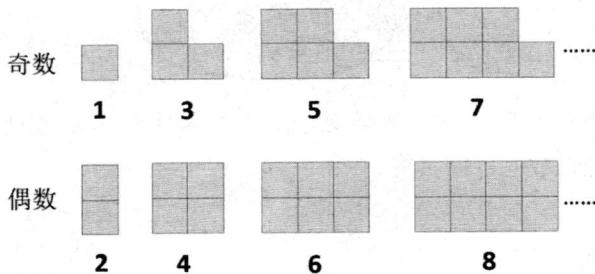

师：如果用一个小方格表示数字1，两个小方格就表示2，三个小方格就表示3……第一排的数都是奇数，第二排的数都是偶数，因为偶数都是2的倍数，所以我们刚好能摆成这样的两排，它的后面都是这样平平的齐齐的，奇数都是2的倍数多1所以它后面都有这样的小尾巴。我们也可以尝试用拼图的方法进行验证。接下来我们就进行小组活动。

出示小组活动要求：

（1）利用所给的材料，验证两个非0偶数或奇数之和的奇偶性。

（2）尝试用不同的方法验证。

（3）试着解释为什么不会中奖。

【设计意图：给学生提供适当的学习学具和知识在数学学习过程中是非常有必要的，和学生介绍尝试用摆方格的方式进行验证其实不仅仅是此环节，更为后面进行多个奇数以及多个偶数相加和的奇偶性的判断做铺垫。】

（一）举例验证，简单易懂

师：用举例子验证的同学请举手，刚才这位同学也是用举例子的方法来验证的，下面我们就掌声有请她来汇报。

生介绍自己举的数字的例子。

师：像这样的例子能举得完吗？

生：举不完。

师：我们用省略号来表示举不完。刚才大家在举例子的过程中有没有举到反例，偶数加偶数不等于偶数，奇数加奇数不等于偶数。

生：没有。

师：那看来举例子可以验证刚才的两个猜想是正确的。

（二）数形结合，形象具体

师：除了举例子，有没有不同的方法？

生：用小方格拼一拼。

生边拼边解释自己的想法 偶数+偶数＝偶数

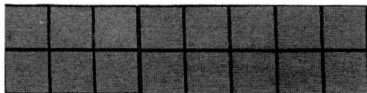

生：这两种颜色的方格都是偶数，拼在一起后刚好还是两排。说明结果是2的倍数，2的倍数就说明它一定是一个偶数，所以偶数加偶数一定是偶数。

师：如果赵老师把刚才她拼的数换一个偶数（师拼）和还是偶数吗？再换一个偶数，再换……为什么？

生：不管怎么换，结果都是偶数，因为后面都没有小尾巴。

生接着解释 奇数+奇数=偶数。

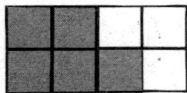

生：两种颜色的方格都是奇数，因为它们后面都有一个小尾巴，但是把这两个方格图拼在一起，后面的小尾巴就没有了，所以奇数加奇数一定等于偶数。

师：大家看刚才这位同学在拼的时候，她把两个小尾巴怎么了？

生：拼到了一起。

师：如果赵老师换一个大一点的奇数（师拼）你觉得和还是偶数吗？继续换下去呢？和还是偶数吗？为什么？

师：脑子里面想象一下这样的图，也就是说，不管怎样的两个奇数它的和一定是什么？

生：偶数。

（三）字母表示，思维抽象

师：看来拼图也可以帮我们验证猜想，还有其他验证的方法吗？

生板书 2a+2b=（a+b）×2　　2a+1+2b+1=（a+b）×2+2

生：我认为偶数加偶数还是偶数，2a 是一个偶数，它是 2 的倍数，2b 也是一个偶数，也是 2 的倍数，2 的倍数加 2 的倍数和还是 2 的倍数，所以偶数+偶数=偶数；2a+1 也就是一个偶数加 1 是一个奇数，那这样 2b+1 也是一个奇数，因为（a+b）×2 是一个偶数，所以（a+b）×2+2 的和一定是偶数，所以奇数+奇数=偶数。

师：大家看，她是用什么方法进行验证的？

生：字母表示。

师：这位同学能用这么严谨的方法进行验证太了不起了，掌声再次送给她。如果我们将字母验证的方法和拼图联系起来，这里的 2a 其实就表示的刚才上图中的这个偶数，这里的 2b 表示另一个偶数。它的和还是什么？谁能结合字母表示和图来解释一下奇数+奇数=偶数呢？

生：2a+1 的 1 和 2b+1 这两个 1 就是两个小尾巴，连在一起后小尾巴就没有了，所以它们的和一定是偶数。

师板书两种方法之间的联系

$2a+2b=(a+b) \times 2$

$2a+1+2b+1=(a+b) \times 2+2$

师：所以不管是用字母表示，还是用拼图，还是用举例都可以验证咱们刚才的猜想是正确的。一起大声地读一读，我们得到的这两个结论。

【设计意图：鼓励学生尝试用不同的方法进行验证，其实是不同思维方式的体现，不同层次的孩子选择的方法不一样，同时思考问题的方式也不一样，三个学习材料其实是为不同学习层次的孩子提供的，这样既能尊重学生的思维差异同时也能让思维的过程可视。再将几种不同方法进行对比，通过对比异同将不同的思维方式与知识之间进行勾连。】

师：那在这个游戏规则下你觉得能获奖吗？

生：不能。

师：如果还是点两个球，要想获奖，你打算怎么办？

生：我打算偶数点一个，奇数点一个。

师板书：奇偶混合　奇数+偶数=奇数

师：奇偶混合为什么就能获奖呢？

生：因为无论什么奇数和什么偶数的和一定是奇数，我们可以用拼图的方法轻易地看出灰色方格表示一个偶数，黑色方格表示一个奇数，奇数加偶数后，奇数的小尾巴还在，所以能断定和一定是奇数。

生板书小方格图

【设计意图：自主利用刚才验证的方法验证：奇数+偶数=奇数，对刚才的方法进行复习巩固，经过上面几种方法的对比，由一开始方法的随机选择方法，到这时根据经验优选方法。】

二、放手体验，再探规律

师：掌声送给他，用拼图的方法可以验证猜想，那这样获奖也太容易了，咱们得把游戏规则换稍微难一点。

出示游戏规则；

只点若干个奇数，或者若干个偶数，

如果数字的和是偶数就不获奖，

数字的和是奇数就可以获奖。

师：你们觉得还有获奖的可能吗？

生：有。

师：那到底怎样点才能获奖呢？接下来我们就一起小组研究，请看小组合作的要求。

出示小组活动要求

（1）你认为怎样才能获奖？为什么？

（2）在小组中交流你的想法。

生小组合作研究。

师：有选若干个偶数的吗？为什么？

生：没有，因为如果是点若干个偶数是不可能获奖的，偶数+偶数=偶数，3个偶数相加还是偶数，4个偶数相加还是偶数，不管多少个偶数相加都是偶数，所以永远都不可能获奖。

师：他的意思是

屏幕出示：

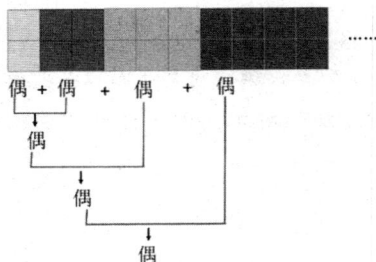

师：那你们的意思是，若干个偶数的和？

生：还是偶数。

师板书：若干个偶数的和是偶数

师：看来你们选的都是奇数，选奇数能获奖的请举手，请你说一说，你们选了几个奇数？

生分别说点了 3 个、7 个、9 个、19 个奇数都能获奖，师板书生所说的个数。

师：你们都选了多少个奇数？

生：奇数个奇数。

师：那为什么不选偶数个奇数呢？

生：因为两个奇数的和是偶数，再来两个奇数还是偶数，再来两个奇数还是偶数。

师：你把几个奇数看成了一组？

生：两个奇数看成一组。

师：所以你们都不选偶数个奇数的原因是什么？

生：偶数个奇数的和还是偶数。

师板书　偶数个奇数的和是偶数

师：那你们觉得这个游戏获奖的奥秘在哪里？小组里讨论一下。

生小组讨论

师：获奖的奥秘在哪里？

生：只要点奇数个奇数就能获奖，因为奇数个奇数的和还是奇数。

师板书 奇数个奇数的和是奇数

师：刚才同学们又有了三条新的发现，我们一起来读一读。

若干个偶数的和是偶数

偶数个奇数的和是偶数

奇数个奇数的和是奇数

师：你觉得咱们刚才的三条发现中哪一条最特别？

生：我认为奇数个奇数的和是奇数最特别，因为其他两个的和都是偶数，而这个和是奇数，所以它最特别。

【设计意图：学生完全自主探究奇数＋奇数＋……＝？偶数＋偶数＋……＝？不再一一摆或者举例子，而是进行概括总结，这正是具象思维向抽象思维提

升的过程。】

师：那这个游戏也被你们破密了，不能再玩了，再改一改。

出示游戏规则

从黄球和红球中各点若干个球，

如果数字的和是偶数就不获奖，

数字的和是奇数就可以获奖。

师：小组里商量一下，你们打算怎么点？

生小组讨论

师：直接说你点了多少个偶数，多少个奇数，和是奇数还是偶数？

生：我点了 2 个偶数 1 个奇数，和是奇数。

生：我点了 10 个偶数 5 个奇数，和是奇数。

生：我点了 11 个偶数 7 个奇数，和还是奇数。

生：我点了 1 个偶数 1 个奇数，和还是奇数。

师：你们觉得能不能获奖，关键看谁的个数？

生：奇数的个数。

师：你发现了什么？

生：奇数的个数都是奇数个，偶数的个数可以是奇数个也可以是偶数个。偶数的个数不会影响和的奇偶性，只要奇数的个数是奇数个，和就一定是奇数，就一定能获奖。

师：刚才这个游戏，如果老师把两个袋子里的球混到一起，你还会坚持刚才的选择吗？为什么？

生：因为混到一起后还是有黄球和红球两种颜色，黄球上都是偶数，红球上都是奇数，那只要点奇数个奇数就可以了，偶数的个数不影响和的奇偶性，所以我坚持刚才的选择。

师：透过现象看到了问题的本质，了不起，掌声送给他，刚才玩的几个游戏都被你们破密了，不玩了，下面我们玩抢答，好吗？

【设计意图：学生利用前面发现的规律利用归纳的方法得出奇偶混合时和的奇偶性的规律，思维再次得到了提升。】

三、边玩边学，妙用规律

（一）小练，让规律相通

师：任意翻开一本数学书，翻开两页页数的和是奇数还是偶数？

生：奇数，因为任意翻开一本书的两页页数都是两个连续的自然数，也就是一个奇数一个偶数，那和就是奇数。

师：那如果再翻一页，得到的四页的和呢？

生：偶数，因为 4 页有两页是奇数，两页是偶数，奇偶混合时和的奇偶性就和奇数的个数有关，所以偶数不需要看，这里是 2 个奇数，所以和还是偶数。

【设计意图：看似简单的求数学书页数的和，不仅是对前面所学知识的练习更是对学生全面思考问题能力的考验。】

（二）抢答，让规律内化

师：太厉害了，接下来就是真正的抢答环节了，老师会快速出示一组数字，请你快速判断它们和的奇偶性，好吗？

师依次闪过数字 28 31 60 72 14 199

师：和是奇数还是偶数？

生：偶数，因为刚刚老师出示的数字中有两个奇数，两个奇数的和是偶数。

师：你为什么只说奇数的个数呢？

生：因为当奇偶混合在一起的时候，偶数的个数是不影响和的奇偶性的，只要看奇数的个数，现在奇数有 2 个，所以和是偶数。

师接着闪过数字 33 155 67 216 98 22 43 110 52

生：我觉得和是偶数，因为刚才闪过的数字中有 4 个奇数。

师：你们刚才在做这两道抢答题时，有什么小秘诀吗？

生：只需要注奇数的个数，因为奇偶混合时和的奇偶性只和奇数的个数有关，奇数个奇数的和就是奇数，偶数个奇数的和就是偶数。

【设计意图：通过迅速出题迅速判断，也是对学生思维的一个提升，在抢答的过程中让学生真正体会到判断一组数据和的奇偶性就看奇数的个数，奇数个奇数和就是奇数，偶数个奇数和就是偶数，而偶数的个数并不影响和的奇偶性。】

（三）对比，让规律升华

师：了不起的总结，接着再来。

出示题目 1+3+5+7+9+……+29 和是奇数还是偶数？

生：我觉得它们的和是奇数，因为 1+3+5+9 一直加到 29，说明它们是连续的奇数在相加，而里面有 15 个奇数，所以和还是奇数。

师：如果题目变成这样呢？和是奇数还是偶数呢？

出示题目　1+2+3+4+5+6+6+8+……+30

生：我觉得和是奇数，因为从 1 一直加到 30 里面有 15 个奇数、15 个偶数，偶数不用看，15 个奇数的和还是奇数，所以和还是奇数。

师：那大家观察一下，这两题的区别在哪？

生：第一题里面都是奇数，而第二题里面有奇数有偶数。

生：就是在第一题的奇数里加了偶数，但是我觉得不影响和的奇偶性，因为当奇偶混合时，和的奇偶性就看奇数的个数。

四、全课总结

师：今天这节课我们通过摸球游戏、抢答游戏一起来研究了和的奇偶性，你有什么收获吗？

生：我们通过小组合作从简单到复杂一起探索了和的奇偶性的规律，很有成就感。

生：一组数的和的奇偶性主要看这组数中奇数的个数，有奇数个奇数和就是奇数，偶数个奇数和就是偶数。

师：其实大家可以带着我们今天验证猜想的方法验证积的奇偶性，期待你们的研究成果。

为促进学生发展设计练习

L老师是一位工作三年的新教师，她认为教学活动的重点是教学数学知识，在练习的安排上应当按教材编排执行。前不久刚刚执教了苏教版二年级下册的两位数加两位数的口算，下面是她的教学片段。

【案例描述】

1. 在完成新授教学后，教师完成第60页"想想做做"第1题的练习。先出示了一组口算：

32+50　　82+7　　32+57

学生口答后，教师提问：这三题有什么联系呢？

生：这三题的答案，十位都是8。

教师觉得不满意，又重复问了一遍：这三题有什么联系呢？

生1：它们第一个加数的个位都是2。

生2：中间的算式，十位上是8，最下面的算式，十位上也是8。

教师发现学生难以发现题组间的联系，开始引导。

师：十位都是8，为什么会有这样的相同点呢？看32+57，你打算怎样计算？

生：先算十位，3+5=8。

教师不等学生说完，轻轻"嗯"了一声，学生调整了思路。

生：把57分成50和7，用32+50=82，82+7=89。

师：很好，那你有什么发现呢？32+57我们是怎样口算的？

生：把57分成50和7，用32+50=82，82+7=89。

师：就是我们前面讲的。所以，先算32+50，就是第一题，再算82+7，就是第二题，前两题就是第三题思考的过程。

教师继续出示题组：

26+40 66+9 26+49

学生口答后，教师提问：26+49 你是怎样口算的?

生：把 49 分成 40 和 9，先算 26+40＝66，再算 66+9＝75。

师：就是前面我们学的方法。

继续出示题组：

14+50 64+6 14+56

学生口答后，教师提问：14+56 你是怎样口算的?

生：先算 4+6＝10，再算 10+50＝60，个位进一，结果是 70。

师：你这是在心里摆竖式，能不能用今天的方法口算。

学生按教师的要求重新口算。

2. 教师出示"想想做做"第 2 题

23 + 36 =	25 + 62 =	26 + 42 =
28 + 36 =	25 + 69 =	26 + 44 =

请学生在教材中完成口算，全班校对答案。

师：观察这三组题的结果，你们有什么发现?

生：第二行得数十位上的数比第一行多 1。

师：为什么呢?

生：第二行的题目，个位相加满十了，要进一。

3. 教师出示"想想做做"第 3 题。

先说说得数是几十多，再口算。

54+14＝   38+54＝   69+25＝

49+37＝   26+29＝   32+45＝

请学生先估算，然后在教材上完成口算。

【分析与建议】

  L 老师的教学片段是诸多新教师课堂教学的真实写照，缺少对教材习题的研究，没有理解教材习题的编排意图，难以通过练习将所学知识深刻理解，只囿于技能的达成，因此会较为机械地完成教材安排的数学习题。机械表现为将新授予练习人为地割裂开来，在练习时按顺序完成教材习题，却又不了解每道习题的训练点，也不会根据学生的学情灵活地调整习题，更谈不上全面地重组习题。存在的原因固然是多方面的，教学经验不足，对学情把

握不够准确，但是首要的原因还是在于对数学教学的任务缺少理解，简单地将数学教学与数学知识教学等同起来。《义务教育数学课程标准（2011 年版）》指出：问题情境的设计、教学过程的展开、练习的安排等要尽可能地让所有学生都能主动参与，提出各自解决问题的策略，并引导学生通过与他人的交流选择合适的策略，丰富数学活动的经验，提高思维水平。

课堂练习是教学设计的重要组成部分。数学习题对学生数学学习的发展主要体现在形成技能、训练思维、丰富数学学习情感、感受数学文化这四个方面，在解题活动中积累数学活动经验，感悟数学思想。形成技能、训练思维是目前数学教师形成共识的，习题对发展学生的数学情感是非常重要的，波利亚说过：认为解题纯粹是一种智能活动是错误的，决心与情绪所起的作用很重要。练习设计应该在问题的现实性、趣味性、新颖性上激发学生学习数学的兴趣，让学生在解决问题的过程中培养坚忍不拔的毅力，体验成功的喜悦。数学习题中隐含的数学精神、思想方法和语言，都是数学文化的组成部分，教师也可以在习题中关注数学家、数学史等因素，广泛地让学生在练习中感受数学文化。

教师在练习设计中应从练习内容的编排和练习的组织形式两个方面予以足够的关注。在练习内容的编排上应考虑练习设计的层次、联系和变式。练习层次需要教师从教学重点和学生实际出发，在练习设计中合理地编排基础性练习、综合性练习与提高性练习。教师还应关注各层次间的联系，层层递进，不断加深对所学知识的理解程度，并且在其中感悟数学思想。变式可以从水平变式与纵向变式两个维度去考虑，水平变式指不改变题目的内在结构和思维难度，但是改变问题的情境载体或呈现形式。纵向变式指题组之间虽然存在联系，所用的知识点基本相同，但是认知水平的要求在不断提高。常用的变式路径有从具体到抽象、从直接到间接、从单一到综合、从技能到思维。

从具体到抽象，以苏教版四年级"认识整万数"为例，教材"想想做做"的前三题编排就是一个典型的示例。

1 在计数器上一边拨珠一边数。

(1) 一万一万地数，从一百九十五万数到二百零六万。

(2) 十万十万地数，从九百六十万数到一千零二十万。

2 先说出下面各数分别是多少个万，再写一写、读一读。

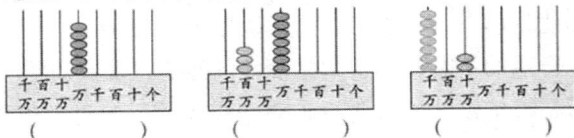

3 读一读，比一比。

85 和 850000	805 和 8050000
850 和 8500000	8005 和 80050000
8500 和 85000000	8050 和 80500000

从直接到间接指的是变换题中的条件，使之从直接条件变为间接条件。如以下题组所示。

1. 甲班人数是乙班人数的 $\frac{8}{9}$，甲班比乙班少 4 人，乙班多少人？

2. 甲班人数是乙班人数的 $\frac{8}{9}$，甲班转来 4 人就和乙班同样多，乙班多少人？

3. 甲班人数是乙班人数的 $\frac{8}{9}$，如果从乙班转到甲班 2 人，两班人数就同样多，乙班多少人？

从单一到综合既包括习题中所包含的知识点从单一知识点发展到几个知识点的融合，也包括纯数学式题训练向利用数学知识解决生活中实际问题的发展。例如：

1. 小明有 5.8 元，到超市购买了 3.9 元的口香糖，还剩多少元？

2. 小明用铁丝围一个等腰三角形，围好后量得其中两条边的长度分别是 15.3 厘米和 7.4 厘米，小明至少用了多少厘米的铁丝？

第 1 题只训练小数减法，第 2 题既需要回顾三角形三边之间的关系，也训练小数加法。

从技能到思维是指习题应避免完全纯技能的训练，应当在兼顾技能的同时，重点关注学生思维水平的发展。例如：

1. 用汽车运一批货，已经运了 6 次，运走了货物的 $\frac{3}{5}$。照这样计算，运完这批货物要运（   ）次。

　　A. 8　　　　B. 9　　　　C. 10　　　　D. 11

2. 用汽车运一批货，已经运了 5 次，运走的货物比 $\frac{3}{5}$ 多一些，比 $\frac{3}{4}$ 少一些，照这样计算，运完这批货物要运（　　　）次。

　　A. 8　　　　B. 9　　　　C. 10　　　　D. 11

　　习题设计的核心要点在于让学生在练习过程中保持高认知水平。因为学生数学认知水平的提升，主要是通过完成数学习题获得的。高认知水平数学教学任务为学生提供了高水平的思维和推理的机会，日复一日，学生从高水平任务中体验到的累积效果，就在于学生对数学本质的认识得到潜在的发展，创新精神和创造能力得到提高。

　　练习的组织形式既包括习题本身的呈现形式，避免单一形式的简单重复。例如计算课的练习就应避免单一的计算技能训练，练习形式上可以是口算、选择、操作、说理、解决生活实际问题、开放性习题等，计算结果可以是估算或精算。同时也要考虑学生的活动形式，可以安排独立完成、同座讨论、小组交流等多种形式。从这个角度看，优秀教师的一个突出表现就在于能营造一个适合学生学习数学的环境。正如《美国数学教育的未来的报告》中所说的：好的教师不是在教数学，而是能激发学生自己去学数学。教育调查提供了令人信服的证据，那就是只有当学生通过自己的思考建立起自己的数学理解力时才能真正学好数学。

　　回到"两位数加两位数的口算"教学，练习设计既要兼顾口算技能的形成，同时也要兼顾利用口算解决实际问题。教材中安排了先估计再口算的习题，旨在引发学生对不进位与进位的关注，那么练习设计中能否将估算与解决实际问题相结合呢？对于口算教学来说，既可以考虑给出式子口算结果，也可以反过来给出结果去想式子，这对于学生的数感发展是有好处的。设计时，同样需要考虑要给学生提供差异性发展的可能，因此适当地安排开放性问题也是有必要的。下面是 W 老师的教学片段。

【第二次教学】

1. 师出示"想想做做"第 2 题，请学生在教材上完成。

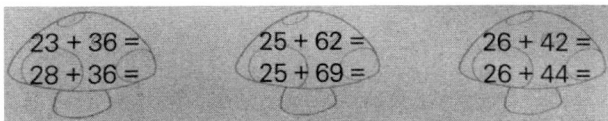

$$
\begin{array}{lll}
23 + 36 = & 25 + 62 = & 26 + 42 = \\
28 + 36 = & 25 + 69 = & 26 + 44 =
\end{array}
$$

校对时，有个别学生 25+69 计算错了。老师说："让老师来猜一猜，你是不是算成 84 了？"学生感到很惊讶，老师怎么猜到的呢？老师指出学生忘记进位了，问学生："老师教你一个好办法，你就不会算错了，想学吗？"引出"想想做做"第 3 题。

2. 先估计得数是几十多，再口算。

54+14　　　38+54　　　69+25

49+37　　　26+29　　　32+45

学生估算后再口算果然全对了。

师：估算不仅能够帮助我们提高口算的正确率，还能帮助我们解决实际问题。

3. 出示情境图，小船可乘 28 人，大船可乘 44 人。

师：两条船能带 92 个小朋友吗？

生：不能。因为 28+44＝72，比 92 小。

师：算出两条船一共可乘 72 人，这是精算还是估算？需要精算吗？

生：不需要精算，估算也是可以的，二十几加四十几最多是七十几。

师：所以估算也能帮助我们解决问题。

4. 出示情境图：笑笑和淘气玩套圈

笑笑第一次套中小企鹅 29 分，第二次套中小猫 30 分。淘气第一次套中小鹿 23 分。

套圈游戏

	第一次	第二次
淘气	23	
笑笑	29	30

师：笑笑两次一共套中多少分？

生：59 分。

师：淘气第二次要套中多少分才能超过笑笑？

生：比 40 大。

师：为什么？

生：因为二十几加四十几至少是六十几。

师：小丽也来参加了，她一共套了 70 分。她可能套中哪两个分数？

生：23 和 47。

师：你怎么算得这么快？很多同学还没有找到呢？

生：70 的个位是 0，我就看哪两个分数的个位加起来是 10。

师：真棒！大家用他的办法找一找，还有没有其他可能？

生：29 和 41 相加也是 70。

5. 出示情境图：三位小朋友跳绳比赛。

	第一次	第二次	合计
小聪	24	30	
小明	29	29	
小亮	26		

师：小聪一共跳了多少下？

生：54 下。

师：小明呢？

生：小明跳了 58 下，9+9=18，20+20=40，40+18=58。

师：还有其他方法吗？

生1：我把两个 29 都看成 30，加起来是 60，再用 60 减 2 就等于 58。

生2：我把一个 29 看成 30，30 加 29 等于 59，再减去多加的 1 个就是 58。

师：真善于动脑筋，用了 29 看成 30 的方法来口算。

师：小亮最后得了第二名，他可能跳了多少下？

生：55、56、57。

师：第一次 26，那他第二次可能跳多少下？你会在 55、56、57 中先选哪个数来想？

生：选 56，它和 26 的个位都是 6。第二次 30 下。

师：那如果跳了 55 下呢？

生：如果跳 55 下，第二次就跳 29 下，因为 55 比 56 小 1，所以第二次也比 30 小 1。

师：如果跳 57 下呢？

生：第二次跳 31 下，因为 57 比 56 大 1。

6. 出示情境图：鸡 25 元，鸭 29 元，牛肉 18 元，羊肉 23 元。三个小朋友每人带 50 元钱。

师：买两种不同的食品，你会买什么？

生：买鸡和羊肉，25+23=48，50 元够买。

师：挑你喜欢吃的，够不够？

生：牛肉和鸡。

师：牛肉价钱 18 元，鸡 25 元。同学们在心里帮他算一算，够买吗？

生 1：我估算需要四十多，够买。

生 2：我精算，18+25＝43，够买。

生 3：十位是 2+1＝3，个位怎么进，十位也不可能进到 5 的。

师：你喜欢吃什么？

生：鸭和牛肉，29+18。

师：够吗？用你拿手的方法算一算？

生：47 元，把 29 看成 30，30 加 18 等于 48，再减 1 等于 47。

师：你能一下，看买哪两种食品，50 元是不够的？

生：买鸭和羊肉，29 加 23 和是五十几，不够买。买鸡和鸭，25 加 29 也是五十几，不够的。

从上面的教学片段看出，练习设计既顾及学生口算技能的形成，但又不囿于口算技能，还需要在训练中发展思维。习题设计层次递进，但又相互存在联系，既有常规问题，也有开放性的、逆向思考的问题；既有精算，又有估算。在面向全体的基础上又考虑到学生的差异性发展。可以看出，练习设计并不是单纯地为了掌握知识、形成技能，还要关注思维，发展学习情感，合理地组织练习可以让学生感受到数学的美妙。所以说，教师应当从促进学生发展的角度设计练习。

参考文献

［1］张维忠，程孝丽．中国和澳大利亚教科书习题的数学认知水平比较——基于"高中函数"的分析［J］．数学教育学报，2016，25（2）：15-19.

［2］沈翔．数学新题型研究［M］．上海：华东师范大学出版社，2003.

案例　"两位数加两位数的口算"课堂教学实录

教学目标

1. 使学生经历探索两位数加两位数口算方法的过程，能选择自己喜欢的方法正确口算和在 100 以内的两位数加两位数。

2. 能根据实际情境，联系生活经验，合理地选择精算或估算方法解决实际问题。

教学过程

课前交流

师：看屏幕，你知道今天我们学习什么吗？（两位数加两位数的口算）

师：会吗？（会）谁能证明自己会？比如说，举个例子。（40 + 50 = 90，……）

师：我估计大家都是会的。那今天我们学什么？（复习）

师：说复习也可以。孔子说"温故而知新"，这节课就在已经会的知识中体会还能学到什么新的知识。先做个游戏好吗？这是一个美国的游戏，要求：从起点走到终点，所走路线加到一起是 150。

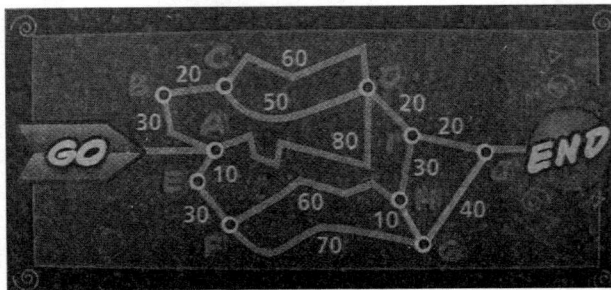

指名回答，师通过课件演示路线，其他学生帮着算

师：这是个简单的游戏，是整十加整十。要注意什么？（数位对齐）这组题你会口算吗？（出示教材第 40 页"想想做做"第 4 题）

比一比，算一算。

60+70	50+90	80+40
600+700	500+900	800+400

指名学生口算：130、1300……

师：你有没有发现第一组题……

生：下面的得数比上面的多加个0。

师：你们知道这是为什么吗？

生：60、70是整十数，600、700是整百数。

（设计意图：由于是借班上课，课前的师生交流就很重要了，学生的知识基础、发言习惯、课堂学习常态等信息都需要通过短暂的交流来获取。同时，快速地拉近师生间的情感距离也是必需的，更重要的是有效地建立起师生共同学习的场，将学生的注意力吸引到学习内容上去。）

一、探究算法，自我优化

师：不进位的口算好算吗？像21+31怎么口算？

生：个位上1加1等于2，十位2加3等于5，和是52。

师：有没有先算十位的？

生：十位2加3等于5，个位1加1等于2，和是52。

小结：不进位，个位加个位，十位加十位，这是你们统一的想法。

1. 算一算

32+45	45+14	23+12
51+34	61+12	70+19

指名回答，全算对的举手。

2. 教学"25+36"

师：两位数加两位数不进位大家都会算了，那进位加呢？

生：先算5+6=11，十位上2+3=5，再进1变成6，是61。

师：有不一样的算法吗？

生：先算十位2+3=5，再算个位5+6=11，最后5+1=6，是61。

师：他是先算个位吗？

生：不是。

师：先算十位加十位，再算个位加个位，最后进位。这种算法也是可以的。

师：还有其他的算法吗？

生：把它弄成不进位的加法 25+36＝25+34+2＝59+2

师：能不能拆成其他的情况？

生：25+36＝25+30+6

生：25+36＝25+35+1

小结：所以口算的方法是多样的，要选择使计算更简便的方法和适合自己的方法。

3. 教学"29+39"

师：你能介绍自己口算 29+39 的方法吗？

生：9+9＝18，20+30＝50，18+50＝68。

生：30+40-2。

师：接近整十数可以看成整十数再计算。谁还有其他的方法？

生：30+39-1。

生：29+31+8。

生：29+1+38。

师：从本质上讲和拆数法是相同的。

小结：把接近整十数看成整十数作为特殊的方法。

师：前面这些方法，哪种对自己更适合？

二、巩固练习，拓展深化

1. 完成"想想做做"1

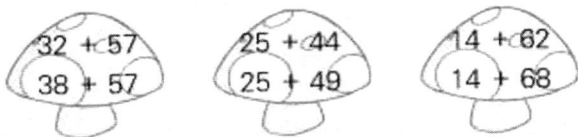

（1）独立完成在书本上，师巡视指导。

师：做口算不要急，要慢慢的，算准确。

（2）校对答案：师说算式，生答。

师：自己对一下，正确的举手。错的举手，哪一题错了？

生：25+44，十位上算成 2 乘 4 得 8。

师：这是口算中经常出现的错误。所以不是追求绝对的速度，要又好又快地完成。

师：谁还愿意介绍自己的错误？

生：25+49＝64。

师：没有进位，进位加时容易把进的 1 忘加。

老师先介绍自己的方法：先估一估，再口算。

2. 先估计得数是几十多，再口算（"想想做做"第 5 题）。

35+32　　45+14　　37+55　　26+29

35+38　　49+14　　21+78　　44+17

（1）师：35+32，进位吗？和是几十多？

生：六十多。

师：算算是多少？

生：67。

（2）剩下的题目同座小声说一说。

全班校对。

怎样上好复习课

L 老师是一位工作 7 年的男教师，平时幽默诙谐，与学生相处融洽，因此在他的数学课中学生敢于表达自己的观点，相互讨论交流是课堂教学中的常态。教师很满意这样的状态，他觉得这样的状态体现了课程标准的理念，学生主动学习，体现了主体性。因此在学生讨论交流时，教师常常隐于幕后，笑看风云。下面是 L 老师执教苏教版六年级下册总复习中"分数、百分数的复习"的教学片段。

【教学片段】

师：请同学们拿出复习单，我想大家已经完成了，下面在四人小组中交流。

L 老师的复习单由四个问题组成。

1. 你了解分数、百分数的哪些知识？

2. 分数和除法有什么联系？你能举例说明吗？

3. 分数的基本性质是什么？小数的基本性质是什么？它们有怎样的联系？

4. 小数、分数、百分数怎样互相改写？你能举例说明吗？

学生四人一组交流，历时 9 分钟。

生 1：把单位"1"平均分成若干份，表示这样一份或几份的数叫作分数。表示一个数占另一个数的百分之几的数叫百分数，也叫百分率或百分比。

生 2：分数分为真分数、假分数和带分数，真分数的分子小于分母，假分数的分子大于或等于分母，带分数大于 1。

师：说得很好，不过我们重点要研究的是分数、百分数和小数的关系，谁来补充。

生1：百分数是特殊的分数，分数可以表示无限循环小数、无限小数，百分数和小数就不能表示。

生2：我不同意，书上说计算除不尽时，得数保留三位小数，说明小数是可以表示无限小数的。

师：他们说的，你们同意吗？

全班同学表示同意。

生1：分数与百分数的意义不同，百分数是表示一个数占另一个数的百分之几的数，百分数不带单位名称，分数既可以表示分率，也可以表示具体数量。

生2：百分数不约分，它的分母是100，不过分数的分母是100的话，未必是百分数。

师：有点绕，你们能理解吗？

学生表示能理解。教师要求学生完成"想想做做"第1题。

1. 分别用分数、小数和百分数表示图中的涂色部分。

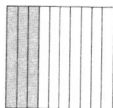

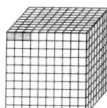

分数（　　）　　　分数（　　）　　　分数（　　）

小数（　　）　　　小数（　　）　　　小数（　　）

百分数（　　）　　百分数（　　）　　百分数（　　）

校对答案。

师：小数与分数有什么区别？表示数时分别怎么表示？

生1：例如$\frac{1}{10}$可以用0.1表示，也可以用10%表示。

生2：小数是分数的一种表示形式。

生3：一位小数表示十分之几，两位小数表示百分之几，三位小数表示千分之几。

生4：30% = $\frac{30}{100}$，把它化成小数，只要用30除以100，也就是小数点向左移动两位。

师：百分数、小数的互化后面再说。

生：分数基本性质与商不变性质差不多。

师：谁来说说这两个性质？

生答略，教师要求全班完成"想想做做"第 2 题。

2. （1） $3 \div 5 = \dfrac{15}{(\quad)} = \dfrac{(\quad)}{(\quad)} = (\quad)\%$

（2）把一根 3 米长的绳子剪成同样长的 8 段，每段长是全长的 $\dfrac{(\quad)}{(\quad)}$，每段长 $\dfrac{(\quad)}{(\quad)}$ 米。

师：小数的基本性质是什么呢？

生：小数的末尾添上 0 或去掉 0，小数的大小不变。

师：能举个例子吗？

生：例如 0.9 = 0.90。

师：分数的基本性质与小数的基本性质有什么联系？

生：数值大小不变，但是计数单位不同。

师：其实这两个性质是一样的。关于分数、小数和百分数，你们还有什么补充？

生 1：我们还学习了怎样将分数化成小数，可以用分子除以分母，如果除不尽，通常保留三位小数。

生 2：百分数化成分数，可以先写成分母是 100 的分数，再约分。

生 3：像 3.5% 这样的百分数，可以先将分子和分母同时乘 10，然后再约分。

师：同学们说得很好。下面请大家完成"想想做做"第 4 题。

小数	0.4		
分数		$\dfrac{3}{4}$	
百分数			120%

全班完成后校对答案。

师：我们还学了什么知识？谁愿意来说说。

生 1：百分数的意义实际上是分率，不能带有单位名称，一般不写成分数，生活中常常表示各种百分率。

生 2：利息、打折、利润中经常会用到百分数。

生 3：农业中也会用到成数。

生 4：分数的分子、分母不能为 0，真分数小于 1，带分数大于 1，假分数等于或大于 1。

生 5：我不同意生 4 的意见，$\dfrac{0}{1}$ 不是分数吗？

师：$\dfrac{0}{1}$ 没有意义。谁再说说百分数的应用。

生交流后教师要求学生完成"想想做做"第 3、6、7、8 题。

案例分析

课后与 L 老师进行了交流，他觉得起到了复习课的效果，学生自主整理了知识，开展了小组交流汇报，完成了教材中的练习。这正反映了大部分教师对于复习课教学的认识，只要学生自主整理、交流汇报、完成练习就完成了复习任务。看上去是有道理的，细细分析，却又总觉得对问题的思考还没有深入进去。那不妨让我们回到原点去琢磨：复习课的功能是什么？在阶段学习之后，要组织学生回顾知识，查漏补缺，分析知识间的联系以形成知识网络；回顾学习过程中所用的学习方法，提升学习能力；通过反思促进理解，达到温故而知新。简单讲就是查漏补缺、形成网络、总结方法、促进理解、旧中见新。

从学生的角度看，在回顾知识的过程中，往往会从表面开展整理，这些知识似乎都明白，可就是不会用，很难起到查漏补缺的作用。因此教师需要针对学生日常学习中普遍存在的问题，做好日常的收集整理工作，发现学生知识缺陷的关联性，在复习阶段设置问题引发学生思考。就本节课而言，分数、百分数、小数三者之间有怎样的联系是核心问题，通过复习进一步理解分数意义的本质。要形成知识网络，需要引领学生在自主整理的过程中，关注知识之间的联系，将有联系的知识以自组织的方式恰当地表示出来，使得所整理的内容变得有结构。这样的能力不是一蹴而就的，在低年段，教师可通过带领学生阅读课本，整理教学内容，通过课内讨论来完成单元结构板书。教师应根据单元内容展现不同的单元结构呈现方式，例如列表格、画树状图或分级图等，并渗透概念的呈现方式（例如举例子）；在中年段，可以适度提高要求，学生可以自主整理，教师重点要在课堂教学中引导学生有条理地表述，并组织学生观察、比较不同的呈现方式；高年段则需要引导学生针对整理结果开展评价，并有意识地回顾学习方法。

复习不仅仅是简单的知识回顾，需要在复习的过程中促进对知识的理解。可以从三个方面予以关注，首先，复习中需要关注数学概念理解的深刻性。例如通过复习，不难发现研究多边形的特征都会从边与角这两个角度开展，那么为什么要从这两个角度开展呢？所以，在复习中不仅仅是回顾知识"是什么"，更要从"为什么"上去深刻地理解。其次，复习中需要关注加强解题方法运用的灵活性，通过复习整合知识网络，使得关联知识之间融会贯通，能够从不同的角度去思考解决问题的方法，发展思维的流畅性和发散性，丰富数学学习的良好情感。例如在解决百分数问题的过程中，合理地将百分数与分率、比相互转化，灵活地解决问题，相应地开展一题多解或题组训练，在变化中寻求不变，在不变中寻求变式，感受灵活运用知识解决问题的快乐。最后，复习中需要关注所学知识的延续性，为后续的进一步学习做好铺垫。例如在复习用数对确定位置时，观察下图，思考以下问题。

图中 A 点的位置用数对可以怎样表示？你能用数对表示 B 点的位置吗？如果要用数对表示 C 点的位置，你有什么方法？用数对可以表示平面上点的位置，如果要表示空中的物体位置，例如飞行中飞机的位置，你能想到合适的表示方式吗？

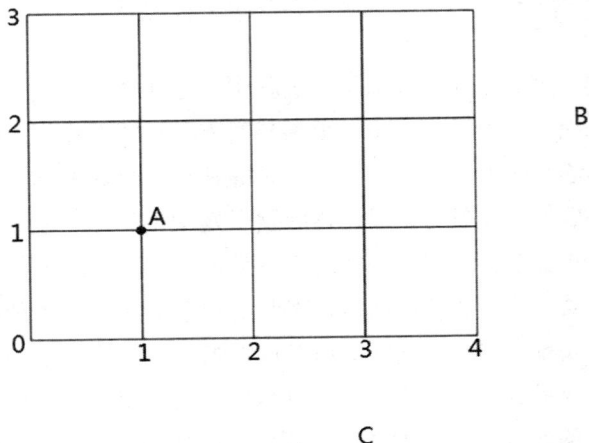

因此复习课不是简单的知识回顾，而是对知识的再加工，在原有的基础上深刻理解，举一反三，融会贯通，旧中见新。引导学生更细致、更全面、更灵活、更深刻地理解所学知识，教师可以在问题的开放性上下功夫，促进

学生的个性化学习，创造性地体验教学内容。例如在复习长方形、正方形的周长时，可以请学生在方格纸上设计周长为 20 厘米的平面图形，那么除了长方形与正方形之外，所设计的"凹形""凸形""楼梯形"等等，虽然不是长方形，但是在求周长时都在用到长方形周长的计算方法。又如求圆的面积，既可以通过半径求解，也可以通过 r² 求解。再如，复习百分数的实际应用，引导发现百分数问题与比的应用、与分数问题的转化，发现本质互通是最重要的。要达成这样的效果，仅靠学生的自主学习是比较难以实现的，教师应在问题设计与习题设计上深度思考。以打折为例，除了常规问题之外，还可以设计这样的问题：

打折意味着亏本吗？

一种商品，商店的进货价是 60 元，售价是 80 元，如果想打折销售，最多打几折可以保本销售？

如果想盈利 20%，应打几折？

在 L 老师的复习课中，教师要更准确地把握要复习的数学知识，包括有可能衍生出的相关数学知识，否则很难对学生的讨论进行有针对性的指导。课堂讨论中学生关于分数的分类、关于零分数的观点都是存在问题的，教师淡然处之，这样以其昏昏使人昭昭是行不通的。与 L 老师交流中，他表示不知道零分数的概念，因此简单地以"没有意义"来处理，而零分数是有意义的。《中国小学教学百科全书（数学卷）》中是这样介绍的："在分数的原始定义中，没有包含分子为零的情况，但根据分数与除法的关系，可类推出：

$$0 \div a = \frac{0}{a} = 0 \ (a \neq 0),$$

所以补充规定：$\frac{0}{a} = 0$，并称之为零分数。在小学里，对零分数一般不作专门介绍，它在分数减法运算中自然出现"。正如巩子坤与宋乃庆所认为的：掌握牢固的基础知识不一定就能成为一名好老师，但是，不掌握牢固的基础知识则肯定成不了一名好老师。数学教学的问题"并不在于教学的最好方式是什么，而在于数学是什么……如果不正视数学的本质问题，便解决不了关于教学上的争议"。学生在复习过程中经历了知识的梳理，重新建构了知识网络，会产生新的问题，就像复习了关于角的分类，自然会想到"大于 180 度而小于 360 度的角叫什么角"之类的问题。对此，教师应当有相应的知识储备，因此加强日常学习是非常必要的。

　　复习要抓住核心知识开展，提纲挈领，不宜散乱地回顾知识点，所以"复习求联"是一个基本要领。复习中教师很容易以练代讲，只做不评讲，只做不说理，只做不比较。本节课中教师让学生做一做"想想做做"的习题，说一说相关的数学知识，但是对于核心知识的研究显然不够，对知识间的联系也显得关注不足。本节课的核心问题应当引导学生去关注分数、百分数的意义，这个问题理清了，对分数意义的本质就清晰了，那么分数的基本性质与小数的基本性质之间的关系自然也就清楚了。同样，也就理解了百分数问题与分数问题的本质是一回事了。教学设计需要针对复习内容与学生现实，努力凸显核心概念，以此为基础去强化概念间的联系，以利于学生形成知识网络。凸显核心概念、强化概念联系的常用教学方法就是在了解学生的基础上，设计有针对性的问题和有联系、有层次的题组。本节课中只是程序性地完成教材习题，缺少二度开发与加工。必须在训练的基础上开展问题研讨和练习后的思考，这样的设计旨在促进学生在解决问题的过程中开展反思活动，解决数学问题的过程就成为反思材料。

　　对 L 老师教学改进的建议，首先应从教师的角度梳理复习内容，包括教材中的数学概念与衍生概念，值得引起注意的，教师还需要对相关的数学史有所了解。这实际上就牵涉到一个重要的问题：教师的专业知识应该包括哪些内容？怎样获得这些专业知识？

　　其次要在课前深度了解学生自主整理的情况。从提高复习的针对性和有效性的角度看，教师需要事先了解学生的真实思维情况，例如学生自主整理的完备度、关联度及表达方式，即所有应该整理的内容是否都整理了，是否表现了相关知识间的联系，是怎样表达这种联系的。要想了解这些，教师可以通过学情调查的方法获取。良好的教学效果离不开有效的教学组织，而教学组织离不开对学生思维状况的了解。

　　教师的教学设计要促进学生思考"为什么"，促进学生对核心知识的理解。通过不断地追问为什么，让学生在会与不会之间螺旋上升，并且从单纯的知识整理上升到对数学思想、方法的感受。例如分数、小数、百分数之间有怎样的联系？你打算怎样表示这样的联系？这样表示的依据是什么？如果在你的整理单中增加新的数学概念，你会增加什么？为什么？进一步，还可以组织学生讨论：小学中所学关于"数"的概念有很多，怎样进行整理？分类的好处是什么？为什么会有不同的分类方法？不同的分类中，分类标准分别是什么？

要将习题与问题整合为有序的题组，在不断的自我调整中，达到温故知新。我国数学教学的许多经验是正确的，"大容量、快节奏、高密度"的复习课，独具特色。这是训练学生基本技能的重要手段。教师的示范讲解，知识的系统铺展，问题的巧妙串接。没有扎实的数学基础，很难上好这样的课。没有基础不行，光有基础也不行，复习课中应做到基础知识覆盖，练习层次递进，通过设计题组来加强比较，教师重在设计与习题相匹配的问题，促进学生思考。

关注学生的表达、倾听与质疑。语言是思维的工具，也是思维的表达。通过个体、同座、小组交流等方式让学生表达对复习内容的理解，进一步明晰概念，强化概念与概念、概念与应用之间的联系。培养学生认真倾听他人的观点，并且对他人的观点作出相应的评价，例如我同意他所说的哪些方面，不同意哪些方面，对哪些方面还有补充等。此外还要高度关注学生的质疑。学贵有疑，疑则有进，小疑小进，大疑大进。学生主动质疑正是学习主体性的具体表现，学生质疑能力的高低从一个侧面反映了教师对学生学习力的关注程度。学生的质疑可以是不会的习题，可以是对数学概念的不理解，也可以是从复习内容联想出的数学问题等。

复习课离不开理一理、做一做、说一说、想一想等常见的形式。要上好复习课，必须在了解学生的基础上，通过问题设计去凸显核心知识，强化概念间的联系；尊重学生的主观感受，尊重个性化的表达方式，引导学生用自己的语言去表达，注意倾听他人的观点并能给予评价；复习课中需要有练习，光说不练的课是不行的，简单机械地完成教材习题达不到好的复习效果，要将复习内容与习题合理编制成层层递进、有关联的题组，促进学生深度思考。

"乘法口诀表"（复习）教学实录

教学目标

1. 在自主整理乘法口诀表的过程中，进一步了解口诀间的联系，能记口诀、用口诀，培养发现简单规律的能力。

2. 在整理口诀表的过程中，经过观察、比较、归纳等数学活动，发展数学活动经验。在用口诀的过程中，进一步理解口诀的意义，体会口诀在解决问题中的作用。

3. 通过合作交流发展数学表达能力与合作学习水平，在游戏中体会数学的趣味性，丰富对数学的兴趣，树立学习数学的信心。

教学过程

一、情境导入

师：同学们仔细观察屏幕，鸽子们在干什么？（课件出示鸽子送信的场景）

生：送信。

师：昨天你们在家有没有帮它们把信送到？

生：送到了。

师：打开书，谁来把你填的表格给大家读读。

生：一一得一，一二得二，一三得三，一四得四，一五得五……三九二十七。

师：听到这里你知道他是按照什么顺序填的？

生：他是竖着填的。

师：那你们能不能这样竖着填完？请大家一起小声填表格。

生：四四十六……九九八十一。（课件逐一出示）

师：除了这样竖着读，我们还可以怎么读？

生：还可以横着读。

二、找规律

师：仔细观察完整的乘法口诀表你能发现什么规律吗？

生：竖着看，这些都是一几的口诀。

课件依次点出各列，引导学生说出：一乘几、二乘几、三乘几……九乘几。

师：竖着看分别从一乘几一直到了九乘几。那还可以怎么看，找到其他规律？

生：还可以横着看，横着都是一、二、三、四、五、六、七、八、九的口诀。

课件依次点出各行，引导学生说出：一的口诀、二的口诀……九的口诀。

生：斜着看两个乘数都相同。（课件点出斜行）

三、记忆口诀

师：看来小朋友们不仅能完整地整理出乘法口诀表（板书课题），还能发现藏在其中的规律呢！那我们能不能利用这些规律来记住所有的乘法口诀呢？你打算怎么记？

生1：我打算横着记。

生2：我打算竖着记。

师：这乘法口诀表中你觉得哪部分难一些？请你小声地把难的部分读一读，熟练的同学也可以小声背一背。

四、巩固练习

师：现在同学们对乘法口诀印象更加深刻了，下面老师就来检查你们掌握的情况。

视算：6×8   4×3   9×5   4×6   5×4   3×6   7×3   9×8

集体校对。你哪道题错了？

生：4×6错了。

师：如果4×6这句口诀突然想不起来了，怎么办？

生1：可以想三六十八，再加一个六就是四六二十四。

生 2：五六三十，减去一个六就是四六二十四。

师：我们可以联系口诀中的上下句来帮助记忆突然想不起来的某一句。

课件出示"想想做做"第 1 题。

师：第一横排和第一竖列分别出现了 1—9，现在我们将这些数相乘，并且已经算好了一些乘积。你知道这些积是怎么算出来的吗？选一个说说看。

生 1：我选 4，$2 \times 2 = 4$。

生 2：9 是 3×3 得来的。

师：那 21 是怎么得来的？

生：21 是 3×7 得到的。

师：那这个格子（随机指一个空格）应该怎么算？

生：应该是 $3 \times 6 = 18$。

师：那我们一起来算算第一横排，请你报出算式和乘积……

师：观察一下，我们刚才填的都是？

生：一乘几。

师：接下去你会填了吗？打开书填写。

师：请同学一排排直接报得数，其余同学看着自己的书认真核对。

师：观察这张表格，第 2 排都是什么样的乘法？

生：二乘几。

师：第 4 排呢？

生：四乘几。

师：第 9 排呢？

生：九乘几。

师：这里的乘积，有的只出现一次，有的出现好几次，以 7 为例，你找找乘积 7 在这里出现了几次？

思考片刻后有学生喊出：两次。

师：都认为有两次，那咱们在表中找一找，说出算式。

生：$1 \times 7 = 7$ $7 \times 1 = 7$

师：那乘积 8 出现了几次呢？

生：2 次、3 次……

师：你觉得这样找快不快？要想很快找到某个乘积还是要想乘法口诀。乘积是 8 的口诀有哪几句？

生：一八得八   二四得八   （师板书）

师：根据一八得八可以写几道乘法算式？

生：1×8＝8　　　8×1＝8　　　（师板书）

师：那二四得八呢？

生：2×4＝8　　　4×2＝8　　　（师板书）

师：根据这里的口诀和算式，再回到表中找找，8出现在哪里？跟着鼠标说算式。

生：1×8＝8　　　8×1＝8　　　2×4＝8　　　4×2＝8

师：那8出现了几次？现在你觉得在表中找某个积难吗？有了好方法就容易了。回忆刚才的方法，我们先想什么？

生：先想口诀。

师：再想什么？

生：再想算式。

师：最后再回表中找一找，那我考考你，乘积20在表中出现了几次？先想什么？

生1：先想四五二十。

生2：再想两道算式4×5＝20　　　5×4＝20　　　（师板书）

师：再回到表中找……那乘积20确实出现了两次。

师：看黑板，根据一道乘法口诀可以写出几道乘法算式？

生：可以写出两道乘法算式。

师：再看看乘积64出现几次？先想什么？

生1：先想八八六十四。

师：还有别的口诀吗？再想什么？

生2：再想算式，8×8＝64　　　（师板书）

师：还能再写一道吗？为什么？

生：因为两个乘数都相同，反过来还是一样的。

师：64这个积只出现了几次？那像这样只能写一道乘法算式的口诀我们称为特殊的口诀。这样特殊的口诀还有哪些？

生：二二得四、六六三十六……（师点出对角线上的乘积，1、25、49、64、81用红色，4、9、16、36用黄色）

师：同学们用这些特殊的口诀算出的积都在这条斜线上。我们知道64出现了一次，那81呢？说说口诀。

生：九九八十一，81出现了一次。

师：那49呢？

生：出现一次，七七四十九。

师：那25呢？1呢？这些积只和一句口诀有关系，而且是句特殊的口诀，只能写出一道乘法算式，因此它们只出现一次。老师用红色表示。那剩下来的黄色的积出现了几次呢？选一个研究研究。

生：选36。

生：六六三十六、四九三十六。

生：$6×6=36$　　$4×9=36$　　$9×4=36$　　（师板书）

师：乘积36和两句口诀有关，但其中一句是特殊口诀，所以只能写三道算式，它出现几次？

生：三次。

师：其他几个黄色的积和36的类型是一样的。在这里乘积出现三次的老师用黄色表示。观察在这条斜线上的乘积，要么出现一次，要么出现三次。你对哪个数感兴趣，可以回家找找看它出现几次，为什么？

师：用刚才学习的方法，老师想比一比，看谁想的算式多。

出示：（　）×（　）= 8　　（　）×（　）= 18　　（　）×（　）= 24

学生口答。

师：下面我们来做个游戏——数字火车。

课件依次出示：

师：仔细观察第一列火车前一节车厢上的数，再看后一节车厢上的数，你有什么感觉？再看第二列火车　　　　　和刚才的感觉一样吗？

师：第三列火车　　　后一节车厢上的数是谁？

生：后一节车厢上是14。

师：为什么？

生：想乘法口诀，$2×7=14$。

师：看来通过这三列火车，同学们已经发现游戏规则了，规则是什么？

生：用前面两个数相乘就得到后面的数。

师：游戏正式开始，抢答。

47

59

87

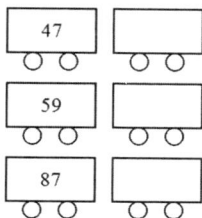

师：请你把下面的火车一直开完。

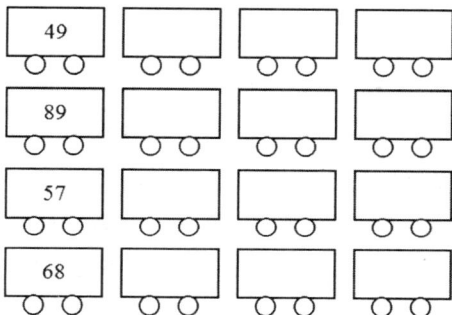

49

89

57

68

师：给你后一节车厢上的数，让你倒想前一节车厢上的数，你行吗？（有多种答案）

28

14

16

36

12

24

8

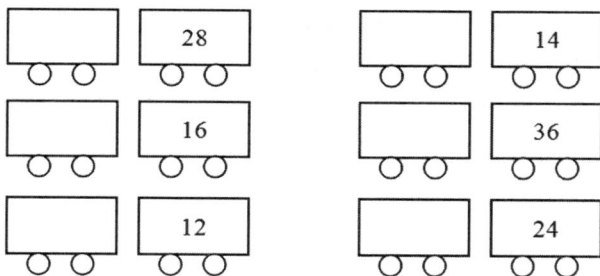

师：游戏到最难的环节了，给你最后一节车厢 你能向前开吗？看谁开的火车长？

五、全课总结

师：今天我们一起整理和记忆了乘法口诀表，不仅能有顺序的记忆，还能在游戏中边玩边记，课后有兴趣的还可以继续做这个游戏。

数学教学要讲"理"

　　不含括号的两步混合运算是苏教版义务教育教材三年级下册第四单元第一课时的教学内容，学生已经学习过只含同级运算的两步式题和乘加、乘减两步式题，运算顺序都是从左向右依次运算。本节课教学的内容则涉及两步混合运算的各种情况，运算顺序的规定就成为教学的重点。因为运算顺序的规定是后续学习的基础知识，因此，让学生体会相关运算顺序的合理性，并能按运算顺序正确计算就显得尤为重要。

　　那么，怎样在教学中让学生体会运算顺序的合理性呢？苏教版《义务教育教科书数学教师教学用书 三年级下册》（以下简称《教师用书》）中指出：运算顺序本质上是一种数学规定，这种规定的合理性主要源自运算自身的层级性特点。例如，由于乘法是同数连加的简便运算，所以在含有乘法和加法的算式中，自然应该先算乘法。这是一种避繁趋简的理性选择。但对学生而言，上面的道理显得过于抽象，因此较为现实的做法是引导他们联系相关实际问题中的事理和数量关系进行体会。

　　从学生的生活经验入手无疑是合理的。人们在实际生活中遇到需要先乘除后加减的问题的数量，要远多于需要先加减后乘除的问题。所以从生活经验入手，对于理解先乘除、后加减的数学规定是有帮助的。但是只从经验入手，就难以对运算顺序的数学规定作出深刻的解释，并且容易引发逻辑上的混乱和教学上的困难。假定学生遇到下面的实际问题：小明要买 3 份煎饼包油条，每份煎饼需要 4 元，每份油条需要 2 元，一共需要多少元？学生列出算式 4+2×3，是否也意味着这里可以先算加法，后算乘法？丁国忠在《让情境拥有数学的"脊梁"》一文中指出：形成上述的运算顺序，只是为了保证每个综合算式有唯一的计算结果。……如果学生通过这样的"现实素材"去理解本应属于纯数学范畴的运算顺序，在逻辑上是说不通的，在教学上也会产生"到底是鸡生蛋还是蛋孵鸡"的悖论。

从上述的分析不难发现，作为数学规定的运算顺序，仅靠学生的生活经验还不能触及其数学本质。混合运算顺序的本质是什么？为什么要先算乘法，后算加法？《教师用书》已经给出了解决之道：乘法是同数连加的简便运算。所以不妨先"退"，将含有乘法与加法的混合运算，先"退"到连加算式去，通过将连加算式与含有乘法和加法的混合运算式题的比较，首先体会含有乘法和加法的混合运算式题的简洁，然后再感悟先算乘法后算加法的合理性。这实际是从另一个方面反映了教学中教师的作用：教师是学生学习活动的促进者，可以为学生的学习活动创造一个良好的学习环境。正如郑毓信教授指出的：在从事新的学习活动前，教师就应帮助学生获得必要的经验和预备知识。学生在学习了乘法的意义之后，已经能够根据乘法的意义解决现实情境中的乘法问题，但是在运用乘法解决问题时，已经逐渐淡忘了乘法的初始意义，即几个相同加数的连加。因此在教学过程中，我们从两个方面帮助学生理解运算顺序规定的合理性，一是来自学生的生活经验，借助情境图中的实物，从日常购物的经历中理解买 3 本笔记本和一个书包，要先算 3 本笔记本的价钱，再加上书包的价钱。因此无论是 20+3×5 还是 3×5+20，都要先算乘法。二是从数学的角度帮助学生理解先算乘法的合理性，将算式先还原成最初的状态，写成加法连加的形式是 20+5+5+5 或者是 5+5+5+20，从算式简洁的角度，联系乘法的意义理解可以将 3 个 5 连加写成 3×5，那么 3×5 表示的就是 3 个 5 连加的部分，那么在 20+3×5 或者 3×5+20 中，3×5 都是一个整体，如果先算加法就与算式的意义相悖，因此无论算式怎样写，都要先算乘法，再算加法。随即请学生改写算式 7+7+7+7+7+3，并提出小组活动要求：

（1）你能使这个算式变得简洁吗？习题纸上写一写。

（2）同桌互相解释你的想法。

（3）在改写的算式中把什么看成一个整体？先算什么？

通过学生的数学活动进一步内化先算乘法、后算加法的运算规则。那么怎样理解先算乘法、后算减法的合理性呢？通过改写算式 60-8-8-8-8，并结合线段图理解将算式改写成 60-4×8 是从 60 中减去 4 个 8 的和，所以要先算乘法，后算减法。在这个教学环节当中，图的作用是非常重要的，无论是开始的实物图，还是后面的线段图，都通过图示将抽象的运算顺序与学生已有的知识与经验直观地联系起来，正如波利亚指出的：抽象的道理是重要的，但要用一切办法使它们能看得见摸得着。

　　本课的设计带给我们的启示在于怎样在学生可以接受的范围以内，尽可能地以"数学"的方式去教数学，避免只讲规定、忽视道理，只讲结果、忽视过程的教学现象。从教学的一般意义上看，即便是数学规定，学生也不能被动地去接受它，必须有一个理解或者是解释的过程，这也正反映出学生是学习的主体这一教学的客观要求。学生可以根据自身的经验去进行理解或者是解释的主动建构，也可以通过教师提供的材料去进行相应的建构活动。仔细研读教材，不难发现教材中潜在的线索和丰富的资源，例如通过丰富操作感知去让学生"悟理"，像"9加几""长方形、正方形的面积计算"都是通过操作活动帮助学生积累数学活动经验，通过对丰富的操作活动的加工提炼发现相应的计算方法；又如"分数的初步认识"中，对分数写法的规定，教材就通过"你知道吗"这样的数学史料帮助学生理解；在"分数的基本性质"教学中，教材就安排了"根据分数和除法的关系，你能用除法中商不变的规律来说明分数的基本性质吗"，让学生通过新知与旧知之间的联系理解新知中的道理。所以，数学教学是要讲"理"的，学生对"理"的建构过程正是将新的概念与已有的知识和经验建立联系的过程，缺少讲"理"的数学教学，新知与原有的认知结构很难建立有效的连接，新知也很难在解决综合问题时被有效地调用，更值得注意的是会影响学生的学习信念。同样，我们也不能单纯地期望学生会主动地从相应的数学活动中去想"道理"，要想让学生的数学学习从感性到理性，教师除了要安排学习线索，准备学习材料，创设学习环境，更重要的是通过问题引发学生的理性思考，通过不断地去回答"为什么？""我怎样证明我的想法""从实验中我能发现什么""这些问题的相同点和不同点是什么"等问题不断地去提高学生讲"理"的意识和能力。数学教学要讲"理"，教师责无旁贷！

案例　　　　**深挖本质　回归起点**
——"不含括号的乘法和加、减法两步混合运算"教学实录与评析
南京市致远外国语小学　桑坤　执教
南京市建邺区教师发展中心　王凌　设计　评析

教学目标

1. 通过探究学习，了解不含括号的乘法和加、减法的两步混合运算的运算顺序，并能正确计算。

2. 经历探索和交流解决实际问题的过程，感受解决问题的一些策略和方法。

3. 在独立思考的基础上，在合作交流的过程中，增强对数学学习的兴趣和信心。

教学重点：经过探究学习懂得含有两级混合运算的运算顺序，并能正确计算。

教学难点：帮助学生理解算式中有乘法和加、减法，应先算乘法及书写格式。

教学过程

一、情境导入，体现算法多样

1. 出示例 1 情境图

师：小军和小晴要去文具店买一些学习用品，我们一起去看一看。仔细观察，从图中你知道了哪些数学信息？

生：一盒蜡笔 15 元，一本笔记本 5 元，一个书包 20 元。

师：小军买 3 本笔记本和 1 个书包，一共用去多少元？你能帮他解决这个问题吗？请在你的习题纸上写一写、算一算。

2. 反馈不同的算式

生：3×5 ＝ 15（元）　　15＋20 ＝ 35（元）

师：你能将分步算式列成综合算式吗？

生：3×5＋20 ＝ 30（元）

师：还有不同的想法吗？

生：20＋3×5 ＝ 30（元）

师：先来看这道算式，这里的 3×5 算的是什么？

生 1：算的是 3 本笔记本多少元。

师：加 20 呢？

生：再加上一个书包的钱就是一共要用的钱。

师：在 20＋3×5 这道算式中，先算什么，再算什么？

生：先算的是 3 本笔记本多少元，再加上一个书包的 20 元钱就是一共要用的钱。

课件出示下图：

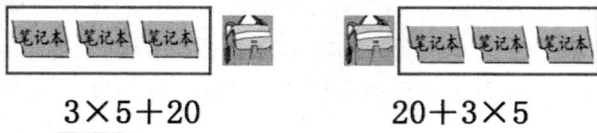

$$3×5＋20 \qquad 20＋3×5$$

揭题：像 3×5＋20 和 20＋3×5 这样的算式就是这节课要学习的内容——混合运算。

【评析】课始，开门见山直接情境导入，提出问题。引导学生讨论：要解决这个问题，先算什么？让学生根据情境，结合自己的生活经验，初步体验"先算乘法"的合理性。再通过不同算式的比较，将题意以实物图的形式进行呈现，突出先算的"3×5"就表示图中 3 本笔记本的价钱，渗透将 3 本笔记本作为一个整体，为后面把进一步解释算式中的乘法实际上是将几个相同加数看成一个整体的学习做好铺垫。

二、讨论交流，理解运算顺序

1. 提问交流、反馈

师：在这样的混合运算中，有乘法和加法，那应该先算什么？你能说清其中的道理吗？

生：先算 3×5 就是先算出 3 本笔记本的钱。

师：3×5 就是 3 本笔记本的价钱，可以用 5+5+5 来计算。

$$5 + 5 + 5 + 20 \qquad\qquad 20 + 5 + 5 + 5$$

$$3 \times 5 + 20 \qquad\qquad\qquad 20 + 3 \times 5$$

师：先算出 3 本笔记本的钱，是将 3 本笔记本的价钱看作一个整体。在 5+5+5+20 这个式子中相当于先算什么？在 20+5+5+5 这个式子中相当于先算什么？

生：相当于先算 3×5。

2. 观察算式

$$5+5+5+20 \qquad\qquad 20+5+5+5$$
$$3\times5+20 \qquad\qquad\quad 20+3\times5$$

师：比较每组的两道算式，你更喜欢哪一道？为什么？

生：喜欢第二道算式，比较简便。把 3 个 5 相加写成了 3×5。

师：将算式中的 3 个 5 相加看作一个整体，这个部分就可以用 3×5 来表示。因此，在计算有乘法和加法的综合算式时，先算乘法，再算加法。

3. 改写算式，同桌交流反馈

7+7+7+7+3

活动要求：

（1）你能使这个算式变得简洁吗？在习题纸上写一写。

（2）同桌互相解释你的想法。

（3）在改写的算式中把什么看成一个整体？先算什么？

学生讨论后反馈。

生：将算式改写成 5×7+3，因为 5 个 7 相加，可以用乘法 5×7 表示，在

277

这个算式中，5×7 就表示 5 个 7 相加的整体。

4. 继续改写算式，小组交流反馈

出示三道算式：20+6+6+6　　　12+12+12-7　　　60-8-8-8-8

师：老师这里还有三道算式，不计算，你能把这些算式改写吗？改写后和同桌说说你的想法。

同桌汇报：

20+6+6+6 ⟶ 20+ <u>3×6</u>

12+12+12-7 ⟶ <u>3×12</u>-7

60-8-8-8-8 ⟶ 60-<u>4×8</u>

师：同学们，最后一道是连减算式，为什么也可以改写成这样的算式呢？

生：可以把 4 个 8 合起来减掉。

出示图：

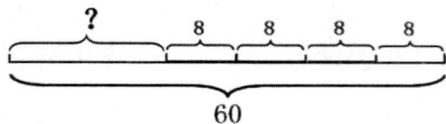

师：先算出 4 个 8 是多少，再把总和一起减掉。

师：同学们，我们今天学的混合运算中，有乘法和加、减法。你知道先算什么吗？为什么要先算乘法？

生：乘法是高级运算，所以要先算。

师：为什么乘法是高级运算呢？你能观察屏幕上的式子回答吗？

生：把几个相同的数看成一个整体，所以要先算乘法。

师：正是因为这样，所以在数学上才规定：在算式中有乘法和加、减法，应先算乘法。

【评析】在乘法和加、减法的两步混合运算中，究竟为什么要"先算乘法"？既要紧扣例题中的实际问题，通过情境唤醒学生的生活经验，让学生体会"先算乘法"的合理性。作为教师，还必须从数学的角度引导学生理解为什么要"先算乘法"。我们知道，加法是数量变化的低级形式，是四则运算中最基本的运算，而乘法是人们在解决问题的实践应用中，总结出的相对于加、减法更为高级的运算，用乘法计算相同加数的和大大提高了计算的效率，使得计算更为简便。因此，"先算乘法"，归根到底是为了简化计算，提高计算效率。鉴于此，教学时，合理利用了学生的已有认知，通过两道算式的对比，引导学生去发现"先算乘法"的根本原因。在引导学生发现的过程中没有采用教师一言堂的教学方式，而是利用同桌、小组合作的方式，在合作、交流的过程中自主探究，使学生获得更深刻的体验。这一重要方法，不仅有助于他们改善学习方式，而且为今后自主学习过程中的"再发现、再创造"积累经验。

三、师生互动，规范书写格式

1. 介绍书写格式。

师：大家明白了混合运算的运算顺序，那它的书写格式应该是怎么样的呢？谁知道，向大家介绍一下。

生：用递等式计算，一步一步地往下写，不计算的部分照抄下来。

师：你们会写递等式吗？请大家在习题纸上试着先写一写。

学生独立完成，投影反馈。

师：计算过程中要先算乘法，再算加法，所以会有两个计算步骤。计算过程中两个等号要对齐，计算时把每步的计算结果表示出来，3×5 等于 15，不参与运算的部分照抄下来，15+20 等于 35 元。

比一比，需要调整书写格式的同学请改正。

2. 巩固练习：先说运算顺序，再用递等式计算。

15×2+10　　　　　18+4×5

=　　　　　　　　=

=　　　　　　　　=

【评析】数学教学活动应当以学生已有的知识经验和认知发展水平为基础，并在此基础上不断进行拓展和延伸。在这个教学环节中，教师大胆放手，让学生自己尝试用递等式计算，借助部分学生的"已有经验"，充当"小老师"的角色，在交流互动中加深对混合运算书写格式的理解。巩固练习的及时训练进一步巩固了混合运算格式的书写，为后面的练习打下良好的基础。

四、运用新知，解决实际问题

1. 出示例题

师：小晴买 2 盒水彩笔，付出 50 元，应找回多少元？解决这个问题，要先算什么？再算什么呢？同桌互相说一说。

生：先算 2 盒水彩笔多少钱，用 15×2，再求找回多少元，用 50−15×2。

师：你会帮助小晴解决这个问题吗？请你列综合算式，用递等式计算。

学生列综合算式，用递等式计算。

2. 改错

师：下面的三题都有错误，你能找出错误原因吗？

50+50×7	40−4×7＝12	15×3−25
＝100×7	＝28−40	＝45−25
＝700	＝12	＝20

学生先独立完成，再和同桌说一说每题的错误之处，全班交流汇报。

生：第一题的算式中，有乘法和加、减法时，应先算乘法。第二题要注意用递等式计算时，不需要再写横式得数。第三题要注意不算的部分要照抄下来，否则每步的结果就不相等了。

3. 算 24 点游戏

师：会玩算 24 点游戏吗？规则是根据出示的 3 个数，用学过的运算使得3 个数的计算结果是 24。例如给出的三个数是 4、7、4，谁来示范一下。

生：用 4×7＝28，再用 28−4＝24。

师：你能把分步计算的两个算式改写成综合算式吗？

生：4×7−4。

出示另四组数，请同桌互相算一算，说一说怎么算出 24 点，再将分步算式改写成综合算式

6.6、3　　　3、9、3　　　3、5、9　　　2、9、6

【评析】围绕本节课的重点和难点设计练习，引导学生从不同角度去分析和解决问题。改错题中，设计了学生错误较多的几种类型，通过改错，进一步明确不含括号的乘法和加、减法两步混合运算的运算顺序和书写格式。为了进一步提升学生的综合能力，设计了"算24点"的游戏练习，其中巧妙渗透了混合运算的知识，既有效提高学生学习的积极性，又对本节课的重、难点进行了再次巩固。

五、全课小结，畅谈学习收获

师：刚才我们一起研究了那么多道算式，你有什么收获？

生1：如果算式中有乘法和加、减法，都是先算乘法，再算加、减法。

生2：先算乘法，因为乘法表示一个整体。我还学会了用递等式计算。

师：在解决实际问题时，我们可以用综合算式计算结果来解决实际问题，在后面的学习中，大家会继续学习更多的混合运算的知识。

【总评】

对于混合运算的顺序，不能简单地和学生说这是一种人为的规定，因为数学是讲"道理"的。这种规定的合理性怎样解释？就成为本节课教学设计的重点。从相关文献的收集和整理中发现，要让三年级的学生理解这种规定的合理性，既要考虑到他们的年龄特征，不要从纯数学的角度去给予解释，又要超越生活经验，理解运算顺序规定的数学意义。所以在教学设计时，首先要用好教材的情境图，图中是学生熟悉的购物场景，可以有效地唤醒学生的生活经验，理解先算3盒笔记本的合理性。同时，进一步将所购买的物品细化，通过图示发现3本笔记本的价钱是一个整体，可以用5+5+5表示，也可以用3×5表示，这里的3×5就是一个整体，表示的是3本笔记本的价钱。通过比较发现，用含有乘法和加法的综合算式比连加算式要简便得多，正体现出了混合运算产生的需要，也说明了先算乘法的这种规定是基于计算的简便。鉴于此，这节课就有了如上的设计，深挖数学的本质，让学生在观察、对比中发现先算乘法的道理，追溯到知识的本源。

1. 情境感悟，突出对比

课堂伊始，教师利用课本中的情境图，开门见山直接情境导入，提出问题。将重点放在引导学生讨论："要解决这个问题，先算什么？"。学生根据情境，能很自然地说出先算乘法的道理，在此过程中让学生初步体验到"先算乘法"的合理性。但仅仅能够体会其合理性是不够的，其不足以回答"为什么"。因此，必须弄清"先算乘法"的真正道理，于是在课始，通过将综合算式和连加算式进行对比，从而达到突出"几乘几"即"几个几相加"的目的，为后面把几个相同的数看成一个整体的学习做好铺垫。

2. 深挖本质，回归起点

混合运算属于数学规则教学的范畴。混合运算顺序的教学，需要合理呈现运算顺序的本源，这样运算顺序就不会因缺失"算理"的支撑而无法确认。也就是说，只有让学生充分体验"为什么先算乘法"，才能便于运算顺序的概括，这也是本节课设计的理论依据，也是本节课需要突破的重、难点。

鉴于此，在乘法和加、减法的两步混合运算中，为了让学生不仅理解"先算乘法"的合理性，还要明白究竟要"先算乘法"的道理。教学时，合理利用了学生的已有认知，通过两道算式的对比，引导学生去发现"先算乘法"的根本原因。在引导学生发现的过程中没有采用教师一言堂的教学方式，而是利用同桌、小组合作的方式，在合作、交流的过程中自主探究，使学生获得更深刻的体验。紧接着通过一系列改写的练习，进一步让学生透过算式发现"先算乘法"的本质，即几个相同的加数可以写成几乘几。用乘法计算相同加数的和大大提高了计算的效率，使得计算更为简便。因此，为什么"先算乘法"，归根到底是为了简化计算，提高计算效率。

3. 合理认知，提升能力

教学方法的选择必须考虑以学生为主体，让其以主人翁的身份真正地参与到教学中去。在数学教学活动中要以学生已有的知识经验和认知发展水平为基础，并在此基础上不断进行拓展和延伸。对于学生是否会用递等式计算，课前已经做了相应的学情调查，从调查的结果中不难发现"小老师"的身份，因此，在这个教学环节中，教师大胆放手，让学生自己尝试用递等式计算，借助部分学生的"已有经验"，充当"小老师"的角色，在交流互动中加深对混合运算书写格式的理解和记忆，突出了以"生"为本的教学理念，最终促进学生的真正发展。本节课中的练习围绕本节课的重点和难点来设计练习，引导学生从不同角度去分析和解决问题。在进一步明确不含括号的乘法和加、减法两步混合运算的运算顺序和书写格式的同时，为了进一步提升学生的综合能力，巧妙地设计了"算24点"的练习，既渗透了混合运算的知识，又有效提高学生的学习能力，且对本节课的重、难点进行了再次巩固与强化。

　　总之，本节课不仅关注的是知识本身的传授，而且注重的是对知识本源的探究，从数学知识的内在联系入手，深挖本质，回归起点，让学生看到数学知识的同时，也看清了数学知识的本源，让他们在探索知识的过程中又多了一份喜悦与激情。